新入生テスト対策に！
ニガテ発見に！

実力チェックテスト

英語／算数／社会／理科／国語

中学入学準備
小学の総復習全科
改訂版

切り取り線

切り離して使用できます

使い方は右に ▶

3 次の質問に適するほうの答えを選び，記号で答えなさい。　1つ6点【24点】

(1) How's the weather?

ア It's Monday.　　イ It's sunny.

(2) When is your birthday?

ア It's March 18th.　　イ I want a soccer ball.

(3) What time do you usually get up?

ア I have two dogs.　　イ I usually get up at seven.

(4) What would you like?

ア I'd like spaghetti.　　イ It's 810 yen.

4 日本語に合うように下から英語を選んで書きなさい。ただし，同じ語は２度使えません。（大文字で書き出す語も小文字で示しています。）　1つ6点【36点】

(1) 私は南小学校に通っています。

I (　　　　) to Minami Elementary School.

(2) 彼《かれ》はギターをひくことができます。

He can (　　　　) the guitar.

(3) あなたはエジプトでピラミッドが見られますよ。

You (　　　　) see the pyramids in Egypt.

(4) ２番目の角を左に曲がってください。

(　　　　) left at the second corner.

(5) 私は動物園でパンダを見ました。

I (　　　　) a panda in the zoo.

(6) 私は中学校では科学部に入りたいです。

I (　　　　) to join the science club in junior high school.

can　　go　　want　　play　　saw　　turn

1	(1)	(2)	(3)	(4)
2	(1) ①		(1) ②	
	(2) ①		(2) ②	
3	(1)	(2)	(3)	(4)
4	(1)	(2)	(3)	
	(4)	(5)	(6)	

切り取り線

実力チェック

英語

時間 30分

氏名

得点

／100

答え 別冊 p.25

1 音声を聞いて，それぞれの内容に合う絵を選び，記号で答えなさい。英文は２回読まれます。 1つ5点【20点】

♪18

(1)

ア

イ

(2)

ア

イ

(3)

ア

イ

(4)

ア

イ

2 音声を聞いて，それぞれの質問に対する答えを日本語で書きなさい。英文は２回読まれます。 1つ5点【20点】

♪19

(1) ①クリスの好きなスポーツは何ですか。

(　　　　　　　　　　　　　　　　)

②クリスができることは何ですか。

(　　　　　　　　　　　　　　　　) こと。

(2) ①２人は何について話していますか。

(　　　　　　　　　　　　　　　　) について。

②亜《あ》美《み》が楽しんだことは何ですか。

(　　　　　　　　　　　　　　　　)

ポイント❶

時間を計って解こう！

時計やストップウォッチを用意して，きっちり時間を計って解いてみよう。英語は，リスニング用のアプリの用意も忘れずに。

ポイント❷

まちがえたところは見直そう！

解き終わったら，解答解説を見て答え合わせをしよう。まちがえた問題は，小学校の教科書などを読み直して，しっかり復習しておこう。

使い方

“最後”に解く！

中学校によっては，入学直後に「新入生テスト」がある場合も。まず本文の問題を解き，最後に「実力チェックテスト」で総しあげをして，新入生テストの対策をしよう。

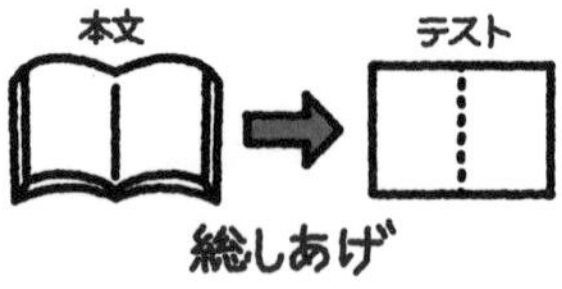

“最初”に解く！

時間が無い場合には，最初に「実力チェックテスト」を解こう。自分のニガテな教科・分野がわかったら，本文でその部分の問題を解いて，弱点を強化しよう。

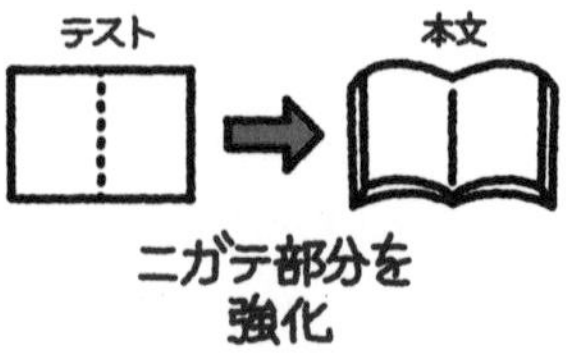

実力チェック

算数

氏名

時間30分

得点

／100

答え 別冊 p.26

切り取り線

1 次の計算をしなさい。わり算は，わり切れるまで計算しなさい。 1つ4点【16点】

(1) 3.25×4.8

(2) 0.19×0.37

(3) $2.9\overline{)9.86}$

(4) $1.75\overline{)0.84}$

2 次の計算をしなさい。 1つ4点【16点】

よく出る

(1) $\frac{3}{4}+\frac{9}{20}$

(2) $\frac{7}{15}-\frac{3}{10}$

(3) $\frac{5}{6}\times\frac{9}{10}$

(4) $2\frac{1}{14}-\frac{2}{5}\div0.7$

3 次の図形の面積を求めなさい。 1つ4点【12点】

(1) 底辺が 4 cm，高さが 6 cm の平行四辺形

(2) 底辺が 5 cm，高さが 4.8 cm の三角形

(3) 上底が 3 cm，下底が 9 cm，高さが 8 cm の台形

4 右の円柱の体積を求めなさい。 【4点】

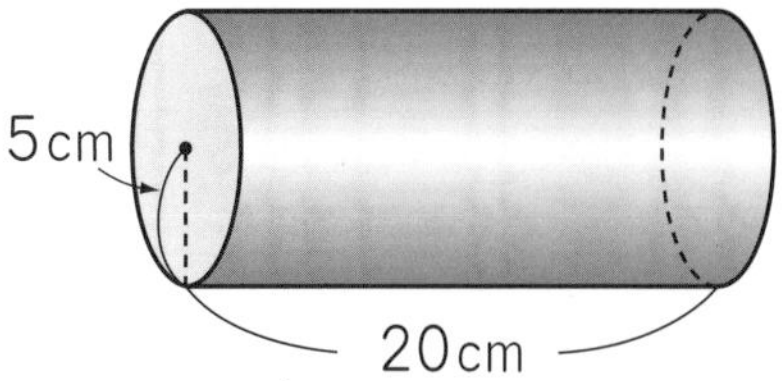

5 144 km を 3 時間で走る電車があります。 1つ4点【12点】

(1) この電車の速さは時速何 km ですか。

(2) この電車は 4 時間で何 km 進みますか。

(3) この電車は 120 km 進むのに何時間何分かかりますか。

4 江戸幕府《えどばくふ》について，次の問いに答えなさい。 1つ4点【24点】

(1) 江戸幕府を開いたのはだれですか。

(2) (1)の人物が，1600年，豊臣《とよとみ》方の大名を破って全国の大名を従えた戦いを，何といいますか。

(3) 右の絵は，ある制度のために行われた行列です。この制度を何といいますか。

（会津若松市立会津図書館）

(4) (3)の制度は，何というきまりの中に定められましたか。

(5) (3)の制度を定めたのはだれですか。

(6) (3)の制度の結果，大名はどうなりましたか。簡単に答えなさい。

5 国の政治のしくみについて，図を見て次の問いに答えなさい。 1つ4点【20点】

よく出る

(1) ①，②にあてはまる言葉を次の**ア**～**オ**からそれぞれ選び，記号で答えなさい。

ア 政党《せいとう》　**イ** 国会　**ウ** 天皇
エ 内閣《ないかく》　**オ** 省庁《しょうちょう》

(2) 国の政治を，立法《りっぽう》・行政《ぎょうせい》・司法《しほう》の３つの独立した機関が分担《ぶんたん》して行うしくみを，何といいますか。

(3) 次の①，②のはたらきを示す矢印を，図の㋐～㋕から１つずつ選び，記号で答えなさい。

① 法律《ほうりつ》が憲法《けんぽう》に違反《いはん》していないかどうか判断する。

② 内閣総理大臣を指名する。

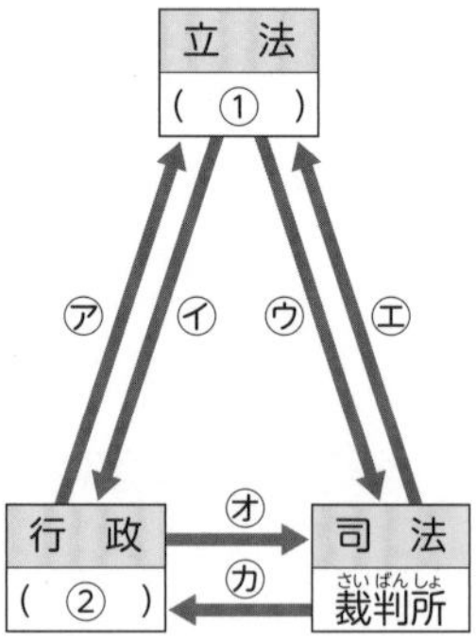

1	(1) A	B	C	D	(2)
2	①	②	③	④	
3	(1)	(2)			
	(3)	(4)			
	(5)				
4	(1)	(2)	(3)		
	(4)	(5)			
	(6)				
5	(1) ①	②	(2)	(3) ①	②

切り取り線

実力チェック

社会

氏名

得点　／100

時間 30分

答え 別冊 p.26

1 次のA～Dの文を読んで，あとの問いに答えなさい。

1つ4点【20点】

A　米どころとして品種改良などにも努め，東京や大阪にも米を送っている。

B　冬でも暖かい気候をいかして，ピーマンやきゅうりなどをビニールハウスで栽培《さいばい》している。

C　地域の気候をいかして，キャベツ，レタスなどの高原野菜を栽培している。

D　大規模な酪農《らくのう》がさかんで，牛乳やバター，チーズが多くつくられている。

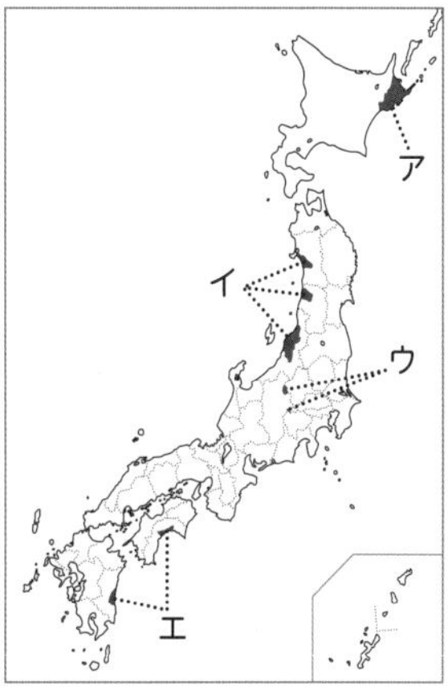

(1)　A～Dの説明にあてはまる場所を地図の**ア**～**エ**からそれぞれ選び，記号で答えなさい。

(2)　Cの文中の「地域の気候」とは，夏のどんな気候のことですか。

2 四大公害病について，次の①～④の事がらにあてはまるものを下のア～エからそれぞれ選び，記号で答えなさい。

1つ3点【12点】

①　石油化学工場から出たけむりが原因。せきが止まらなくなる症状《しょうじょう》が出る。

②　熊本県や鹿児島県の八代海《やつしろかい》沿岸で発生。化学工場から出た有機水銀が原因。

③　阿賀野《あがの》川下流で発生。化学工場から出た有機水銀が原因。

④　鉱山《こうざん》から出たカドミウムが原因。骨がもろくなって，折れやすくなる。

ア　新潟水俣病《みなまたびょう》　**イ**　イタイイタイ病　**ウ**　四日市《よっかいち》ぜんそく　**エ**　水俣病

3 資料を見て，次の問いに答えなさい。

1つ3点【24点】

(1)　㋐の資料を，何といいますか。

(2)　㋐の資料に関係の深いものを次の**ア**～**カ**から２つ選び，記号で答えなさい。

ア　卑弥呼《ひみこ》　**イ**　聖徳太子《しょうとくたいし》

ウ　聖武天皇《しょうむてんのう》　**エ**　法隆寺《ほうりゅうじ》

オ　大仙古墳《だいせんこふん》　**カ**　弥生《やよい》土器

㋐

一、人の和を大切にしなさい。
二、(　　　)をあつく信仰《しんこう》しなさい。
三、天皇の命令には，必ず従いなさい。
(一部)

(3)　㋐の資料の(　　)にあてはまる言葉を書きなさい。

(4)　㋑の歌をよんだ人物はだれですか。

(5)　(4)の人物の時代と関係の深いものを次の**ア**～**カ**から３つ選び，記号で答えなさい。

ア　書院造《しょいんづくり》　**イ**　『源氏物語《げんじものがたり》』　**ウ**　大名《だいみょう》

エ　寝殿造《しんでんづくり》　**オ**　『平家物語《へいけものがたり》』　**カ**　貴族《きぞく》

㋑

この世《よ》をば　わが世とぞ思ふ《(う)》　もち月《づき》の　欠けたることも　なしと思へ《(え)》ば

6 次の □ にあてはまる数を求めなさい。　1つ4点【12点】

(1) 600 g は 3 kg の □ % です。

(2) 70 dL の 15%は □ dL です。

(3) □ m の 8%は 40 m です。

7 次の比を簡単にしなさい。　1つ4点【12点】

(1) 32 : 44　(2) 6.5 : 3.5　(3) $\frac{2}{3}:\frac{8}{9}$

8 次の表で，y が x に比例しているものには○，反比例しているものには△，比例も反比例もしていないものには×を書きなさい。　1つ4点【12点】

(1)

x	2	4	6	8
y	12	16	20	24

(2)

x	2	4	6	8
y	12	6	4	3

(3)

x	2	4	6	8
y	12	24	36	48

9 みかん 8 個とりんご 3 個を買うと，代金は 1080 円です。また，同じみかん 7 個とりんご 3 個では，代金は 990 円になるそうです。みかんとりんごは，それぞれ 1 個何円ですか。　両方できて4点【4点】

1	(1)	(2)	(3)	(4)
2	(1)	(2)	(3)	(4)
3	(1)	(2)	(3)	
4				
5	(1)	(2)	(3)	
6	(1)	(2)	(3)	
7	(1)	(2)	(3)	
8	(1)	(2)	(3)	
9	みかん	りんご		

実力チェック

理科

氏名

時間30分

得点

／100

答え 別冊 p.27

1 **晴れた日に，図のように葉のついたホウセンカの株《かぶ》Aと葉をすべてとり去ったホウセンカの株Bにそれぞれ，ポリエチレンのふくろをかぶせて，30分後にふくろの内側を観察すると，一方のふくろの内側が白くくもっていました。**

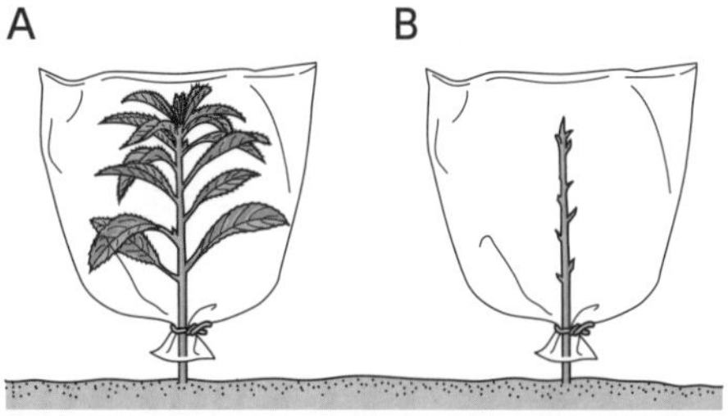

1つ7点【35点】

(1) ふくろの内側が白くくもったのは，株**A**，株**B**のどちらですか。

(2) ふくろの内側がくもったのは，ふくろの内側に何がついたからですか。

(3) 実験の結果から，(2)のものは，おもに根・くき・葉のどれから気《き》体《たい》となって出ていくことがわかりますか。

(4) (3)の表面には，小さな穴がたくさんあります。この穴を何といいますか。

(5) 植物のからだの中の水が，水蒸《すいじょう》気《き》となって空気中に出ていくことを何といいますか。

切り取り線

2 **右のグラフは，水の温度と食塩とミョウバンが水にとける量との関係を表しています。** 1つ7点【35点】

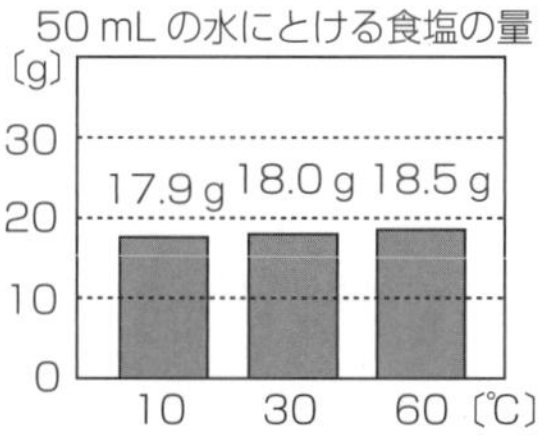

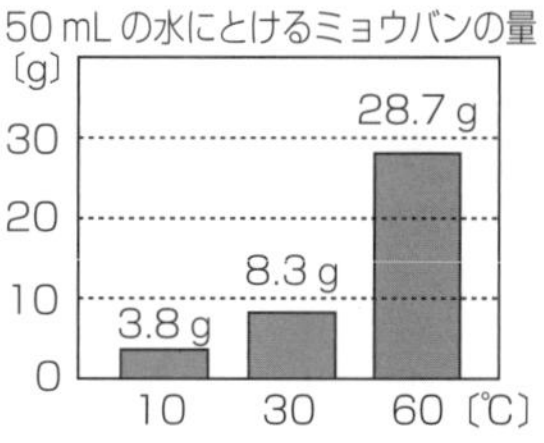

(1) 食塩7gと10℃の水50 mL（50 g）を電子てんびんではかると，全体で何gになりますか。

(2) (1)の水に食塩を入れて，よくかきまぜて水に食塩をとかしました。全体の重さは，(1)のときと比べてどのようになりますか。

(3) 10℃の水50 mLにとかすことのできる量が少ないのは，食塩とミョウバンのどちらですか。

(4) 30℃の水50 mLに食塩を20g入れてよくかきまぜましたが，とけ残りが出ました。とけ残りの食塩もすべてとかすには，どのようにすればよいですか。次の**ア**～**ウ**から選びなさい。

ア 水の温度を60℃まで上げる。　　**イ** 30℃の水を50 mL加える。

ウ さらによくかきまぜる。

(5) 30℃の水50 mLにミョウバンを20g入れてよくかきまぜましたが，とけ残りが出ました。とけ残りのミョウバンもすべてとかすには，どのようにすればよいですか。(4)の**ア**～**ウ**から選びなさい。

国語

時間30分

実力チェック

氏名

得点　／100

答え 別冊 p.27

切り取り線

1 次の文章を読んで、問いに答えなさい。　【一つ10点【80点】】

> もぐり漁師だった太一《たいち》の父は、巨大《きょだい》なクエをしとめようとして命を落とした。やがて太一は父のあとをついで、村一番の漁師となった。

ある日、母はこんなふうにいうのだった。

「おまえがお父《とう》の死んだ瀬《せ》にもぐると、いついいだすかと思うと、わたしはおそろしくて夜もねむれないよ。①おまえの心の中が見えるようで。」

太一は嵐《あらし》さえもはねかえす屈強《くっきょう》な若者になっていたのだ。②太一はそのたくましい背中に、母の悲しみさえも、せおおうとしていたのである。

いつもの一本釣《づ》りで二十匹《ぴき》のイサキをはやばやととった太一は、③父が死んだあたりの瀬に船をすすめた。

いかりをおろし、海にとびこんだ。肌《はだ》に水の感触《かんしょく》が心地《ここち》よい。海中に棒になってさしこんだ光が、波の動きにつれ、かがやきながら交差する。耳にはなにもきこえなかったが、太一は壮大《そうだい》な音楽をきいているような気分になった。とうとう父の海にやってきたのだ。

太一が瀬にもぐりつづけて、ほぼ一年がすぎた。父を最後にもぐり漁師がいなくなったので、アワビもサザエもウニもたくさんいた。はげしい潮の流れに守られるようにして生きている二十キロぐらいのク

(2) ――線部②「太一は……せおおうとしていたのである。」から、太一がどんな若者だということがわかりますか。次の**ア**～**ウ**から選び、記号で答えなさい。

ア たくましさとやさしさの両面を備えている若者。

イ 母の言うことをそのまま受け入れる素直な若者。

ウ 母を軽くせおえるほどに力強く立派な体格の若者。

(3) ――線部③「父が死んだあたりの瀬」にもぐって、太一はどんな気分になりましたか。文章中から十六字で書き出しなさい。

(4) ――線部④「太一は興味をもてなかった」とありますが、太一が「二十キロぐらいのクエ」に興味をもてなかったのはなぜですか。その理由を文章中の言葉を使って書きなさい。

(5) 巨大なクエの、①目、②瞳、③歯は、それぞれどのような物にたとえられていますか。

(6) 太一は、出会った巨大なクエのことを、どう思いましたか。次の□にあてはまる言葉を、文章中から二字で書き出しなさい。

● 村一番のもぐり漁師だった父をやぶった□かもしれない。

2 次の――線部のかたかなを、漢字に直して書きなさい。

エも見かけた。だが④太一は興味をもてなかった。
おいもとめているうちに、不意に夢は実現するものだ。
太一は海草のゆれる穴の奥《おく》に、青い宝石の目を見た。
海底の砂に銛《もり》をさして場所を見うしなわないようにしてから、太一は銀色にゆれる水面にうかんでいった。息をすってもどると、同じところに同じ青い目がある。瞳《ひとみ》は黒い真珠《しんじゅ》のようだった。刃物《はもの》のような歯がならんだ灰色の唇《くちびる》は、ふくらんでいて大きい。魚がえらを動かすたび、水が動くのがわかった。岩そのものが魚のようだった。全体は見えないのだが、百五十キロはとうにこえているだろう。
興奮していながら、太一は冷静だった。これが自分のおいもとめてきた幻《まぼろし》の魚、村一番のもぐり漁師だった父をやぶった瀬の主《ぬし》なのかもしれない。太一は鼻面《はなづら》にむかって銛をつきだすのだが、クエは動こうとはしない。そうしたままで時間がすぎた。太一は永遠にここにいられるような気さえした。

〈立松和平《たてまつわへい》「海の命」〈ポプラ社〉より〉

(1) ——線部①「おまえの心の中が見えるようで。」とありますが、母が見えるようだと言っている太一の心の中の思いとは、どのようなものですか。次の□にあてはまる言葉を、文章中から七字で書き出しなさい。

● いつか□にもぐり、そこにいる巨大なクエを見つけたい。

---

(1)
① あの人は、いつもコウセイな判断を下す。
② 作文全体のコウセイを考えてから書き始める。
③ この悲劇はコウセイに語りつがれるだろう。

(2)
① 国の税金をきちんとオサめる。
② 偉大《いだい》な王が、国を平和にオサめる。

一つ4点【20点】

1
(1)
(2)
(3)
(4)
(5) ① ② ③
(6)

2
(1) ① ② ③
(2) ① ②

3 **右の図のような装置で，砂とどろをかきまぜた土をといに置き，といに水を流して水そうに流しこみます。しばらくして土がしずんだら，もう一度土を水そうに流しこみます。** 1つ5点【15点】

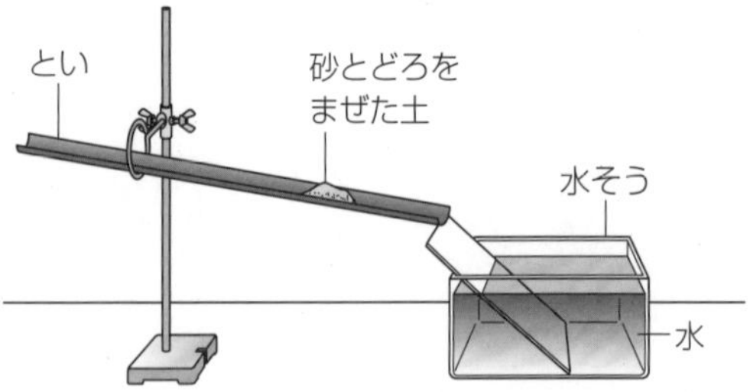

(1) 水そうに流しこんだ土は，どのように積もりますか。次の**ア**〜**エ**から選びなさい。

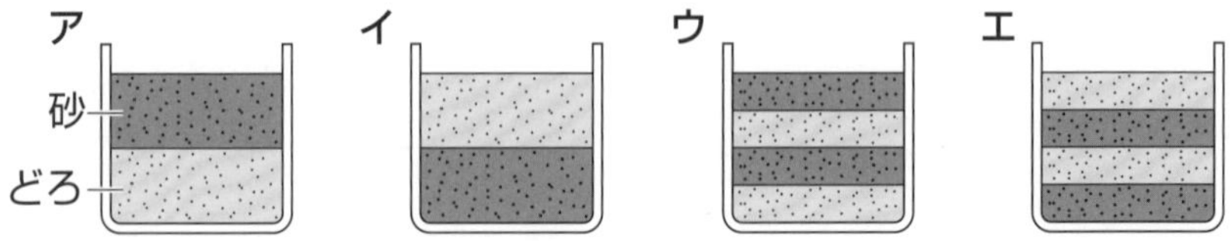

(2) 自然の中で，れき，砂，どろなどが，(1)のような層《そう》になって積み重なっているものを何といいますか。

(3) (2)が，長い年月の間に固まってできた岩石のうち，おもにれきからできている岩石を何といいますか。

4 よく出る **下の図のように，実験用てこに１個10ｇのおもりをつるして，つり合いを調べます。** 1つ5点【15点】

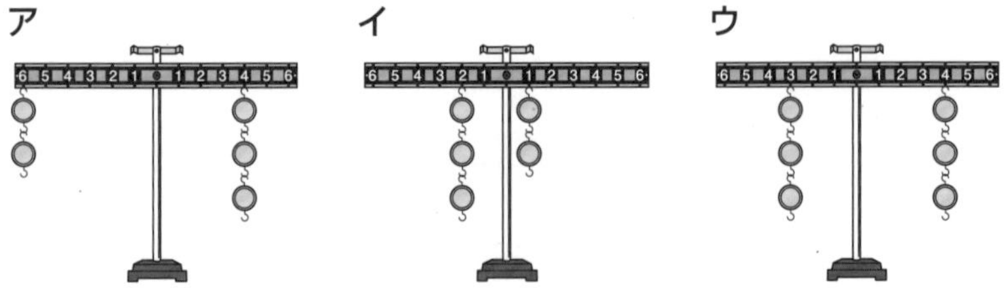

(1) 図で，てこがつり合っているのは，**ア**〜**ウ**のどれですか。

(2) 図で，てこの左のうでが下がるのは，**ア**〜**ウ**のどれですか。

(3) (2)のてこを水平につり合わせるためには，右のうでのおもりの下に１個10ｇのおもりを何個つるしたらよいですか。

1	(1)	(2)	(3)	(4)	(5)
2	(1)	(2)	(3)	(4)	(5)
3	(1)	(2)	(3)		
4	(1)	(2)	(3)		

改訂版　中学入学準備

小学の総復習 全科

英語／算数／国語／理科／社会

Gakken

みなさんへ

「小学の勉強と中学の勉強は関係ない!」そう思っていませんか?

もちろん，そんなことはありません。実は，中学の学習は，小学で学んだ内容が基本となっているのです。そのため，中学の勉強でつまずかないためには，小学の学習内容をしっかりと身につけておくことが大切です。

この本には，中学入学前にやっておきたい，小学で学んだ重要な内容が1冊にまとまっています。この本で「小学の総復習」をして，自信を持って中学に進学しましょう!

この本の使い方

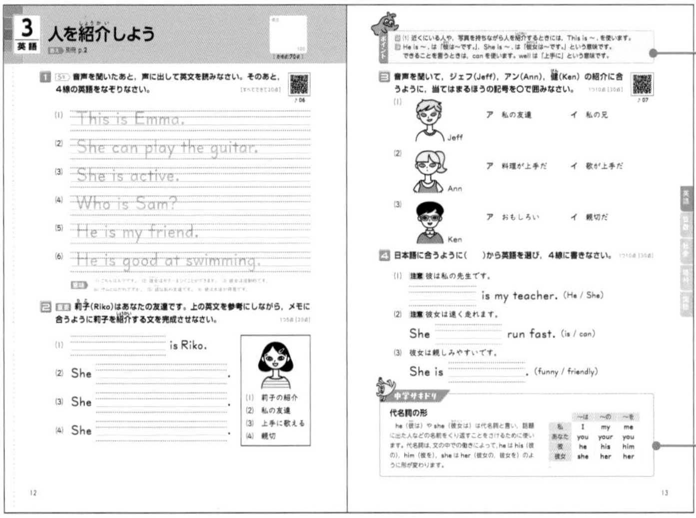

ポイント

問題を解くヒントや，
復習の要点などがわかります。

中学サキドリ

そのページの内容に関連する，
中学の学習内容を
紹介《しょうかい》しています。

5年 など

その内容を学習した学年を表しています。
まちがえた問題は，教科書を見直してみましょう。

重要

特に重要な問題です。

注意

ミスしやすい問題です。

〈別冊〉解答解説

〈巻頭〉実力チェックテスト

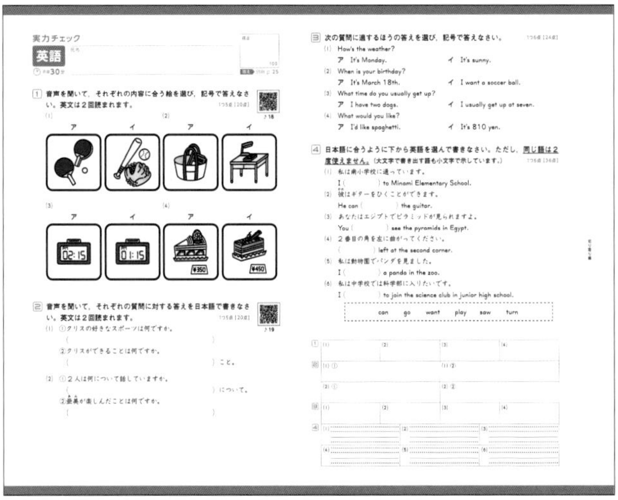
実力チェック
英語
氏名
得点 100
目標30分
解答 別冊 p.25

1 音声を聞いて，それぞれの内容に合う絵を選び，記号で答えなさい。英文は２回読まれます。 1つ5点〔20点〕 ♪18
(1) ア イ (2) ア イ
(3) ア イ (4) ア イ

2 音声を聞いて，それぞれの質問に対する答えを日本語で書きなさい。英文は２回読まれます。 1つ5点〔20点〕 ♪19
(1) ①クリスの好きなスポーツは何ですか。
（　　　）
②クリスができることは何ですか。
（　　　）こと。
(2) ①２人は何について話していますか。
（　　　）について。
②亜美が楽しんだことは何ですか。
（　　　）

3 次の質問に適するほうの答えを選び，記号で答えなさい。 1つ6点〔24点〕
(1) How's the weather?
ア It's Monday.　イ It's sunny.
(2) When is your birthday?
ア It's March 18th.　イ I want a soccer ball.
(3) What time do you usually get up?
ア I have two dogs.　イ I usually get up at seven.
(4) What would you like?
ア I'd like spaghetti.　イ It's 810 yen.

4 日本語に合うように下から英語を選んで書きなさい。ただし，同じ語は２度使えません。（大文字で書き出す語も小文字で示しています。） 1つ6点〔36点〕
(1) 私は南小学校に通っています。
I (　　　) to Minami Elementary School.
(2) 彼はギターをひくことができます。
He can (　　　) the guitar.
(3) あなたはエジプトでピラミッドが見られますよ。
You (　　　) see the pyramids in Egypt.
(4) ２番目の角を左に曲がってください。
(　　　) left at the second corner.
(5) 私は動物園でパンダを見ました。
I (　　　) a panda in the zoo.
(6) 私は中学校では科学部に入りたいです。
I (　　　) to join the science club in junior high school.
can　go　want　play　saw　turn

小学の範《はん》囲《い》からまんべんなく出題した，
実戦形式のテストです。

中学の勉強法アドバイス

サキドリコラム
知っておこう！ 中学英語

中学の英語ってどんな教科？

小学校の英語の授業では「話す」「聞く」の学習を中心に，コミュニケーションの力をつけてきました。
中学校では，コミュニケーションと文法とを結びつけ，「読む」「書く」「話す」「聞く」の４つの技能を身につけて，表現したり，伝え合ったりすることを学んでいきます。

書く
話す
読む
聞く

中学英語の攻略法

❶英語にたくさん触れよう！
まずは，とにかく英語に触れてみましょう。教科書や参考書などの音声をリスニングしたり，単語や文章を読んだりして，英語に慣れることが大切です。

❷アウトプットをしよう！
単語や文章を学んだら，覚えたものを実際に使ってみましょう。自分の考えを英語で伝えられるように，話したり，書いたりしてみましょう。これをアウトプットといいます。

英語の歌を聴いたり，英語の映画を見たりすると勉強になるよ！
単語と文章をいっしょに覚えると，使い方が身について おすすめ！
教科書は音読してみよう！文法や発音が，しっかり覚えられるよ。

24

各教科の中学の勉強について，
入学前に知っておきたい情報が
のっています。

英語音声の聞き方

「♪」マークのついている英語の音声は，音声再生アプリ「my-oto-mo（マイオトモ）」を使って再生できます。右のコードまたは下記URLからアクセスし，アプリをスマホにダウンロードしてご利用ください。「♪」マーク付近の二次元コードを読み取ることでも再生が可能です。また，下記URLから音声ファイルをPCにダウンロードすることもできます。

☞ https://gakken-ep.jp/extra/myotomo/

※アプリの利用やストリーミング再生は無料ですが，通信料はお客様のご負担になります。
※お客様のネット環境および端末の設定等により音声を再生できない場合，当社は責任を負いかねます。

案内役

教科書から生まれた，なぞのモンスターたち。
勉強している人のところに現れて，こっそりヒントを教えてくれる。
色々な物に変身することができる。

フクーシュ
「小学の復習」担当。
空を飛ぶのが好き。

サキドリー
「中学のサキドリ」担当。
逆立ちするのが好き。

もくじ

国語 ※本の反対側から始まります

中学入学準備　小学の総復習全科　改訂版

カバーイラスト　カトユリ
デザイン　星 光信（Xing Design）
本文イラスト　カトユリ，㈲ケイデザイン，㈱アート工房
図版　㈲ケイデザイン，㈱アート工房
写真　写真そばに記載。無印：編集部
編集協力　上保匡代，佐々木 豊，野口光伸，長谷川千穂，岡崎祐二
英文校閲　Joseph Tabolt，Edwin Lewis Carty
録音　一般財団法人英語教育協議会（ELEC），Dominic Allen，Karen Haedrich，桑島三幸
DTP　㈱四国写研

英語

English

1 英語

アルファベット・あいさつなど

答え 別冊 p.2

得点

／100

［合格点:70点］

1 5,6年 音声を聞いたあと，声に出してアルファベットを読みなさい。そのあと，4線のアルファベットをなぞりなさい。【すべてできて20点】

♪01

〈大文字〉

A B C D E F G H I J K L M N

O P Q R S T U V W X Y Z

〈小文字〉

a b c d e f g h i j k l m n

o p q r s t u v w x y z

2 音声を聞いて，読まれたアルファベットを選び，○で囲みなさい。（アルファベットは2回読まれます。） 1つ3点【12点】

♪02

(1) E　P　V　　(2) L　M　N

(3) d　t　z　　(4) a　k　y

3 音声を聞いて，読まれたアルファベット3つを小文字で書きなさい。（アルファベットは2回読まれます。） 1つ4点【20点】

♪03

(1)　　(2)

(3)　　(4)

(5)

ポイント

1 アルファベット 26 文字の形や読み方，順番をきちんと確認しましょう。
4 大文字と小文字で形がちがうものや，4 線に書く位置に注意しましょう。
5 ふだん使う「こんにちは。」は Hello. や Hi. などと言います。

4 重要 次のアルファベットの大文字は小文字に，小文字は大文字に書きかえなさい。

1つ3点【24点】

(1) B

(2) H

(3) J

(4) F

(5) g

(6) m

(7) y

(8) l

5 次のようなとき，英語で何と言いますか。当てはまるものを下から選び，記号で答えなさい。

1つ4点【24点】

(1) 初対面の人に「はじめまして。」と言うとき。 (　　)
(2) 「何時ですか。」と時刻をたずねるとき。 (　　)
(3) 相手に「元気ですか。」と調子をたずねるとき。 (　　)
(4) 「これは何ですか。」とたずねるとき。 (　　)
(5) 「いくつですか。」と数をたずねるとき。 (　　)
(6) どんな天気かをたずねるとき。 (　　)

ア How are you?　イ How's the weather?　ウ How many?
エ What's this?　オ What time is it?　カ Nice to meet you.

中学サキドリ

アルファベットの大文字と小文字

アルファベットは 26 文字で，大文字と小文字があります。Canada（カナダ）のような国名や地名，Ken（健《けん》）のような人名を書くときは，最初の文字を大文字にします。また，I（私は）はいつでも大文字で書きます。

最初の文字を大文字にするもの
・国名や地名
例 Japan（日本），Tokyo（東京）
・人名
例 Emma Brown（エマ・ブラウン）
・文の最初
例 This is Ami.（こちらは亜美《あみ》です。）

2
英語

自己紹介《しょうかい》をしよう

答え 別冊 p.2

得点
／100
［ 合格点:70点 ］

1 5年 音声を聞いたあと，声に出して英文を読みなさい。そのあと，4線の英語をなぞりなさい。

【すべてできて20点】

♪ 04

(1) Hi. My name is Mori Aki.

(2) I like cats.

(3) I'm good at cooking.

(4) I can sing well.

(5) My birthday is March 8th.

意味 (1) こんにちは。私の名前は森《もり》亜《あ》紀《き》です。 (2) 私はネコが好きです。 (3) 私は料理が得意です。
(4) 私は上手に歌えます。 (5) 私の誕生日は３月８日です。

2 上の英文を参考にしながら，あなた自身のことを伝える文を完成させなさい。

1つ5点【20点】

(1) Hi. My name is ＿＿＿＿＿＿＿＿＿＿.

(2) I like ＿＿＿＿＿＿＿＿＿＿.

(3) I can ＿＿＿＿＿＿＿＿＿＿.

(4) My birthday is ＿＿＿＿＿＿＿＿＿＿.

ヒント	
	January：１月　February：２月　March：３月　April：４月 May：５月　June：６月　July：７月　August：８月　September：９月 October：10月　November：11月　December：12月

ポイント

2 (2)は自分の好きなものを，(3)は自分ができることを書きます。
(4) 自分の誕生日を伝えるときは，〈月→日〉の順で言います。

4 (3) I'm good at のあとには，得意なことを表す語句を続けます。

3 音声を聞いて，アン（Ann），サム（Sam），絵《え》里《り》（Eri）の紹介《しょうかい》に合うように，絵を線でつなぎなさい。

1つ10点【30点】

♪05

(1)

Ann

(2)

Sam

(3)

Eri

4 日本語に合うように（　　）から英語を選び，４線に書きなさい。

1つ10点【30点】

(1) 私は犬が好きです。

I ＿＿＿＿＿＿ dogs. (have / like)

(2) **注意** 私は速く走れます。

I ＿＿＿＿＿＿ run fast. (am / can)

(3) 私はサッカーが得意です。

I'm ＿＿＿＿＿＿ at soccer. (good / hungry)

中学サキドリ

英語の語順

英語は日本語とちがい，主語（～は）のすぐあとに like（～が好きだ）のような動作や状態を表す語（動詞）が続きます。「～ができる」という意味の can は助動詞と言って，動詞に意味を付け足す働きをします。

日本語	私は	犬が	好きです。
英語	I	like	dogs.

3 英語

人を紹介《しょうかい》しよう

答え 別冊 p.2

得点

／100

［合格点:70点］

1 5年 音声を聞いたあと，声に出して英文を読みなさい。そのあと，4線の英語をなぞりなさい。【すべてできて20点】

♪06

(1) This is Emma.

(2) She can play the guitar.

(3) She is active.

(4) Who is Sam?

(5) He is my friend.

(6) He is good at swimming.

意味 (1) こちらはエマです。 (2) 彼女《かのじょ》はギターをひくことができます。 (3) 彼女は活動的です。
(4) サムとはだれですか。 (5) 彼《かれ》は私の友達です。 (6) 彼は水泳が得意です。

2 重要 莉子《りこ》(Riko)はあなたの友達です。上の英文を参考にしながら，メモに合うように莉子を紹介《しょうかい》する文を完成させなさい。 1つ5点【20点】

(1) ＿＿＿＿＿＿ is Riko.

(2) She ＿＿＿＿＿＿.

(3) She ＿＿＿＿＿＿.

(4) She ＿＿＿＿＿＿.

(1) 莉子の紹介
(2) 私の友達
(3) 上手に歌える
(4) 親切

ポイント

2 (1) 近くにいる人や，写真を持ちながら人を紹介《しょうかい》するときには，This is ～．を使います。
3 He is ～．は「彼《かれ》は～です。」，She is ～．は「彼女《かのじょ》は～です。」という意味です。
できることを言うときは，can を使います。well は「上手に」という意味です。

3 音声を聞いて，ジェフ(Jeff)，アン(Ann)，健《けん》(Ken) の紹介に合うように，当てはまるほうの記号を○で囲みなさい。 1つ10点【30点】

♪07

(1)

Jeff

ア　私の友達　　イ　私の兄

(2)

Ann

ア　料理が上手だ　　イ　歌が上手だ

(3)

Ken

ア　おもしろい　　イ　親切だ

4 日本語に合うように(　　)から英語を選び，4線に書きなさい。 1つ10点【30点】

(1) **注意** 彼は私の先生です。

＿＿＿＿＿ is my teacher. (He / She)

(2) **注意** 彼女は速く走れます。

She ＿＿＿＿＿ run fast. (is / can)

(3) 彼女は親しみやすいです。

She is ＿＿＿＿＿. (funny / friendly)

中学サキドリ

代名詞の形

he（彼《かれ》は）や she（彼女《かのじょ》は）は代名詞と言い，話題に出た人などの名前をくり返すことをさけるために使います。代名詞は，文の中での働きによって，he は his（彼の），him（彼を），she は her（彼女の，彼女を）のように形が変わります。

	～は	～の	～を
私	I	my	me
あなた	you	your	you
彼	he	his	him
彼女	she	her	her

得点

／100

［合格点:70点］

4 英語 ふだんすることを言おう

答え 別冊 p.3

1 5年 音声を聞いたあと，声に出して英文を読みなさい。そのあと，4線の英語をなぞりなさい。

【すべてできて20点】

♪08

(1) What do you have on Mondays?

(2) I have math and music.

(3) I usually wash the dishes.

(4) What time do you get up?

(5) I get up at six thirty.

意味 (1) 月曜日には何（の授業）がありますか。 (2) 算数と音楽があります。 (3) 私はふつう食器を洗います。
(4) あなたは何時に起きますか。 (5) 私は 6 時 30 分に起きます。

2 重要 上の英文を参考にしながら，次の質問にあなた自身のことについて答える文を完成させなさい。

1つ10点【30点】

(1) What do you have on Wednesdays?

I have ______________________.

(2) What time do you usually get up?

I get up ______________________.

(3) What time do you usually go to bed?

I go to bed ______________________.

ヒント
Japanese：国語　science：理科　P.E.：体育　social studies：社会科
arts and crafts：図画工作　English：英語
one：1　two：2　three：3　four：4　five：5
six：6　seven：7　eight：8　nine：9　ten：10
eleven：11　twelve：12　fifteen：15　thirty：30

ポイント

2 (3) go to bed は「ねる」という意味です。
3 (1) and は「〜と…」という意味。2つの教科名を聞き取りましょう。
(3) at six は「6時に」という意味。動作を表す語句を聞き取りましょう。

3 音声を聞いて，その内容に合う絵を選び，記号を○で囲みなさい。

1つ5点【20点】

♪09

(1) ア  イ 

(2) ア  イ 

(3) ア  イ 

(4) ア  イ 

4 日本語に合うように(　　)から英語を選び，4線に書きなさい。 1つ10点【30点】

(1) **注意** あなたは何時に夕食を食べますか。

______ time do you eat dinner? (Who / What)

(2) 私は8時にふろに入ります。

I take a bath ______ eight. (at / on)

(3) 私は金曜日に理科があります。

I have science ______ Fridays. (at / on)

中学サキドリ

英語の疑問文

「〜ですか」とたずねる文を疑問文と言います。英語では，Do 〜? や Is 〜? のような形でたずねます。「何ですか」「どこですか」のようにたずねるときは，What や Where のような語(疑問詞)を文の最初に置いて言います。

● Do 〜？の疑問文

ふつうの文	You like music. (あなたは音楽が好きです。)
	↓ Do で始める
疑問文	Do you like music ? (あなたは音楽が好きですか。)

5 英語 場所を伝えよう

答え 別冊 p.3

得点 ／100

[合格点:70点]

1 5年 音声を聞いたあと，声に出して英文を読みなさい。そのあと，4線の英語をなぞりなさい。 【すべてできて15点】

♪10

(1) Where is the station?

(2) Go straight for two blocks.

(3) Turn left at the first corner.

(4) You will see it on your right.

(5) Where is my cap?

(6) It's on the desk.

意味 (1) 駅はどこですか。 (2) 2ブロックまっすぐ行ってください。 (3) 最初の角を左に曲がってください。 (4) それはあなたの右側に見えます。 (5) 私のぼうしはどこにありますか。 (6) それは机の上にあります。

2 重要 絵を見て，次の質問に答える文を完成させなさい。 1つ5点【15点】

(1) Where is my pen?

It's ______________________.

(2) Where is my bag?

It's ______________________.

(3) Where is my ball?

It's ______________________.

ヒント	
ヒント	**in**：～の中に **on**：～の上に **under**：～の下に **by**：～のそばに **desk**：机 **table**：テーブル **chair**：いす **box**：箱

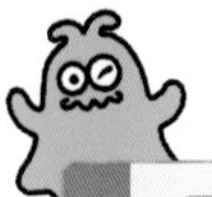

ポイント

2 それぞれのものがある場所に注意して，on や in などの語を使い分けましょう。
3 道案内の表現 go straight（まっすぐ行く），turn right（右に曲がる），turn left（左に曲がる）や「～番目の」を表す言葉を聞き取りましょう。

3 音声を聞いて，それぞれの正しい場所を選び，記号で答えなさい。

1つ10点【30点】

♪11

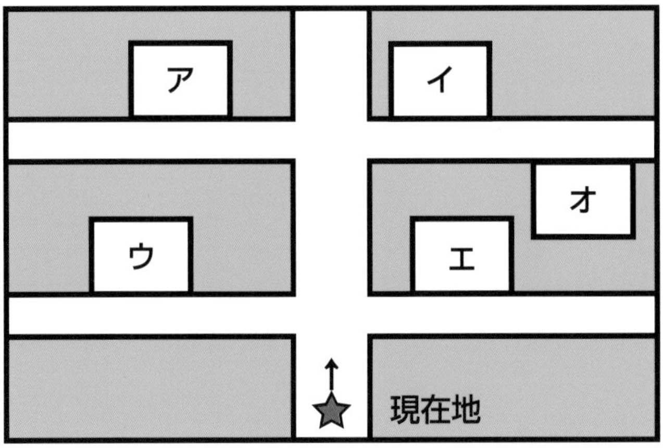

(1)  (　　　)

(2)  (　　　)

(3)  (　　　)

4 日本語に合うように(　　)から英語を選び，4線に書きなさい。

1つ10点【40点】

(1) まっすぐ行ってください。

________ straight. (Go / Turn)

(2) **注意** その角を右に曲がってください。

Turn ________ at the corner. (left / right)

(3) 病院はどこですか。

________ is the hospital? (What / Where)

(4) 私のラケットはドアのそばにあります。

My racket is ________ the door. (by / on)

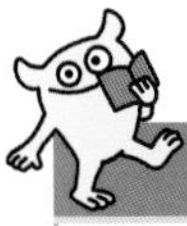

中学サキドリ

「～しなさい」の文（命令文）

英語のふつうの文は，主語（～は）のあとに動詞を続けますが，「～しなさい」と人に指示する文を作るときは，Go straight.（まっすぐ行きなさい。）のように，動詞で文を始めます。このような文を命令文と言います。

ふつうの文 You stand up.
（あなたは立ちます。）
↓主語がない
命令文 　Stand up.
（立ちなさい。）

6
英語

好きなものをたずねよう／注文や買い物をしよう

答え 別冊 p.4

得点
／100
［合格点:70点］

1 5年 **音声を聞いたあと，声に出して英文を読みなさい。そのあと，4線の英語をなぞりなさい。** 【すべてできて20点】

♪12

(1) What color do you like?

(2) I like red.

(3) What would you like?

(4) I'd like pizza.

(5) How much is it?

(6) It's 100 yen.

意味 (1) あなたは何色が好きですか。 (2) 私は赤が好きです。
(3) 何になさいますか。 (4) ピザをください。 (5) それはいくらですか。 (6) それは 100 円です。

2 重要 **上の英文を参考にしながら，次の質問にあなた自身のことについて答える文を完成させなさい。(3)は注文したい食べ物を入れなさい。** 1つ10点【30点】

(1) What animal do you like?

____________________.

(2) What fruit do you like?

____________________.

(3) What would you like?

I'd ____________________.

ヒント	
	animal：動物　**cat**：ネコ　**dog**：犬　**fruit**：果物　**banana**：バナナ **orange**：オレンジ　**a salad**：サラダ　**spaghetti**：スパゲッティ **curry and rice**：カレーライス　**an ice cream**：アイスクリーム

ポイント
2 (1)は自分の好きな動物を，(2)は自分の好きな果物を書きます。like のあとに続く動物や果物は，cat(ネコ)→ cats や banana(バナナ)→ bananas のように，s をつけた形にします。
3 (2) I'd like のあとに注文するものが続きます。and は「〜と…」という意味です。

3 音声を聞いて，次の質問に合うものを選び，記号を○で囲みなさい。

♪13

1つ5点【20点】

(1) 男の子が好きな教科を１つ選びなさい。

ア 国語　　イ 体育　　ウ 算数　　エ 英語

(2) 女の子が注文したものを2つ選びなさい。

ア　　イ　　ウ　　エ

(3) 注文したものの合計金額を１つ選びなさい。

ア 120円　　イ 200円　　ウ 220円　　エ 320円

4 日本語に合うように(　　)から英語を選び，4線に書きなさい。

1つ10点【30点】

(1) [店員が客に] 何になさいますか。

________ would you like? (What / How)

(2) **注意** [(1)に答えて] アイスクリームをください。

I'd ________ an ice cream. (have / like)

(3) [値段をたずねて] それはいくらですか。

How ________ is it? (many / much)

中学サキドリ

名詞の複数形

英語の名詞(ものの名前)は，「１つ，２つ…」と数えられる名詞と数えられない名詞に分けられます。数えられる名詞が複数あるときは，a dog(１ぴきの犬)→ two dogs(２ひきの犬）のように，単語に s や es をつけた形(複数形)にします。また，child(子ども)のように不規則に変わるものもあります。

単数形	複数形
bag（かばん）	→ bags
bus（バス）	→ buses
child（子ども）	→ children

7 英語 いろいろな思い出を伝えよう

答え 別冊 p.4

得点 ／100
［合格点:70点］

1 6年 音声を聞いたあと，声に出して英文を読みなさい。そのあと，4線の英語をなぞりなさい。【すべてできて15点】

♪14

(1) I went to the sea.

(2) I enjoyed swimming.

(3) It was fun.

(4) What's your best memory?

(5) My best memory is our school trip.

意味 (1) 私は海に行きました。 (2) 私は水泳を楽しみました。 (3) 楽しかったです。
(4) あなたのいちばんの思い出は何ですか。 (5) 私のいちばんの思い出は修学旅行です。

2 重要 上の英文を参考にしながら，小学校のいちばんの思い出について，あなた自身のことについて伝える文を完成させなさい。(2)には実際にしたことを，(3)には感想を書きましょう。 1つ5点【15点】

(1) My best memory is ____________.

(2) ____________.

(3) ____________.

ヒント
field trip：遠足　drama festival：演劇会，学芸会　music festival：音楽会
school festival：学園祭，文化祭　sports day：運動会
entrance ceremony：入学式　graduation ceremony：卒業式
went to ～：～に行った　ate：～を食べた　saw：～を見た
enjoyed：～を楽しんだ　visited：～を訪れた　was：～だった
great：すばらしい　delicious：とてもおいしい

ポイント

2 (3)「～でした」のように感想を言うときは，was を使います。
3 (1) went to ～は「～へ行った」という意味です。あとに続く場所を表す言葉に気をつけて聞き取りましょう。

3 音声を聞いて，アン（Ann），サム（Sam），絵《え》里《り》（Eri）の夏休みの思い出に合うように，絵を線でつなぎなさい。

1つ10点【30点】

♪15

(1)

(2)

(3)

4 日本語に合うように，4線に適する英語を書きなさい。

1つ10点【40点】

(1) 私のいちばんの思い出は運動会です。

My best ________ is our sports day.

(2) 注意 私たちはたくさんの星を見ました。

We ________ many stars.

(3) 私はピザを食べました。おいしかったです。

I ________ pizza. It ________ good.

中学サキドリ

過去の文

「～した」「～だった」のように過去のことを言うとき，英語では動詞の形を変えます（過去形）。過去形には，enjoy（楽しむ）→ enjoyed のように ed をつけるものと go（行く）→ went のように形が変わるものがあります。

・ed をつける動詞の例
play → played
・形が変わる動詞の例
eat → ate, see → saw

8
英語

将来したいことを伝えよう

答え 別冊 p.5

得点
／100
［合格点:70点］

1 6年 音声を聞いたあと，声に出して英文を読みなさい。そのあと，4線の英語をなぞりなさい。

【すべてできて20点】

♪16

(1) Where do you want to go?

(2) I want to go to Italy.

(3) I want to eat pizza.

(4) What do you want to be?

(5) I want to be a singer.

(6) I want to join the art club.

意味
(1) あなたはどこに行きたいですか。 (2) 私はイタリアに行きたいです。 (3) 私はピザが食べたいです。
(4) あなたは何になりたいですか。 (5) 私は歌手になりたいです。 (6) 私は美術部に入りたいです。

2 重要 上の英文を参考にしながら，次の質問にあなた自身のことについて答える文を完成させなさい。

1つ5点【15点】

(1) Where do you want to go?

I want to ____________________.

(2) What do you want to be?

I want to ____________________.

(3) What club do you want to join in junior high school?

I want to ____________________.

ヒント
the U.S.A.：アメリカ合衆国　**China**：中国　**France**：フランス　**Italy**：イタリア
India：インド　**teacher**：教師　**doctor**：医師　**vet**：じゅう医師
baseball team：野球部　**tennis team**：テニス部　**art club**：美術部
science club：科学部

ポイント

2 (1) 質問は「あなたはどこに行きたいですか。」という意味です。
(3) 質問は「あなたは中学校で何部に入りたいですか。」という意味です。

3 (1) want to ～は「～したい」という意味です。

3 音声を聞いて，アン（Ann）と晴《はる》人《と》（Haruto）の発言に合うように，日本語を書きなさい。

1つ7点【35点】

♪17

(1)

Ann

①アンが行きたいところ。

(　　　　　　　　　　　　　　　　　　　　　　)

②アンが①でしたいこと。

(　　　　　　　　　　　　　　　　　　　　　　)

(2)

Haruto

①晴人が将来なりたいもの。

(　　　　　　　　　　　　　　　　　　　　　　)

②晴人が好きなこと。

(　　　　　　　　　　　　　　　　　　　　　　)

③晴人が中学校で入りたい部活動。

(　　　　　　　　　　　　　　　　　　　　　　)

4 日本語に合うように，4線に適する英語を書きなさい。

1つ10点【30点】

(1) 私はオーストラリアに行きたいです。

I ________ ________ go to Australia.

(2) 私はそこでコアラを見たいです。

I want ________ ________ koalas there.

(3) **注意** あなたは何になりたいですか。

________ do you want to ________?

中学サキドリ

「～したい」を表す want to ～

want は「～がほしい」という意味の動詞ですが，あとに〈to ＋動詞〉が続くと「～したい」という意味になります。この〈to ＋動詞〉の形は不定詞《ふていし》と呼ばれて，中学校ではいろいろな使い方を勉強します。

I want to go to Italy.
〈to ＋動詞〉…不定詞

・Nice to meet you.
(初めまして。)の to meet の部分も不定詞。

サキドリコラム

知っておこう！ 中学英語

中学の英語ってどんな教科？

　小学校の英語の授業では「話す」「聞く」の学習を中心に，コミュニケーションの力をつけてきました。

　中学校では，**コミュニケーションと文法とを結びつけ，「読む」「書く」「話す」「聞く」の４つの技能**を身につけて，表現したり，伝え合ったりすることを学んでいきます。

書く
話す
読む
聞く

中学英語の攻略法

❶英語にたくさん触《ふ》れよう！

　まずは，**とにかく英語に触れてみましょう**。教科書や参考書などの音声をリスニングしたり，単語や文章を読んだりして，英語に慣れることが大切です。

ABC
DE
English

❷アウトプットをしよう！

　単語や文章を学んだら，覚えたものを実際に使ってみましょう。自分の考えを英語で伝えられるように，**話したり，書いたりしてみましょう**。これをアウトプットといいます。

Dear OOO

英語の歌を聴《き》いたり，英語の映画を見たりすると勉強になるよ！
単語と文章をいっしょに覚えると，使い方が身についておすすめ！
教科書は音読してみよう！文法や発音が，しっかり覚えられるよ。

算数

Mathematics

1
算数

整数・小数・分数

答え 別冊 p.6

得点 ／100
［合格点:70点］

1 3,5年 □にあてはまる数を書きなさい。 1つ3点【6点】

(1) $35964 = 10000 \times \square + 1000 \times \square + 100 \times \square + 10 \times \square + 1 \times \square$

(2) $4.387 = 1 \times \square + 0.1 \times \square + 0.01 \times \square + 0.001 \times \square$

2 4,5年 次の数を書きなさい。 1つ3点【12点】

(1) 7000万を10倍した数 (　　　)

(2) 4兆を$\frac{1}{10}$にした数 (　　　)

(3) 5.08を1000倍した数 (　　　)

(4) 32.96を$\frac{1}{100}$にした数 (　　　)

3 4年 四捨五入して，〔　〕の中の位までのがい数にしなさい。 1つ3点【12点】

(1) 35814〔千の位〕 (　　　)

(2) 80753〔一万の位〕 (　　　)

(3) 637054〔一万の位〕 (　　　)

(4) 1967254〔十万の位〕 (　　　)

4 5年 次の数を偶数《ぐうすう》と奇数《きすう》に分けなさい。 【4点】

0	63	77	152	429	3838	8021	71356

偶数(　　　)　奇数(　　　)

5 5年 次の数の倍数を，小さい順に3つ書きなさい。 1つ3点【6点】

(1) 7 (　　　)

(2) 15 (　　　)

6 注意 5年 次の数の約数を，小さい順に全部書きなさい。 1つ3点【6点】

(1) 12 (　　　)

(2) 50 (　　　)

ポイント

4 2でわり切れる整数が偶数，2でわり切れない整数が奇数です。一の位の数字に着目します。
6 約数には1とその数自身もふくまれます。
7 8 公倍数は最小公倍数の倍数に，公約数は最大公約数の約数になります。
10 分母と分子の最大公約数を見つけて，その数で分母と分子をわります。
11 分母の最小公倍数を見つけて，それを共通な分母とする分数になおします。
12 分数を小数になおして比べます。分数を小数になおすには，分子を分母でわります。

7 5年 〔　〕の中の数の公倍数を，小さい順に3つ書きなさい。 1つ3点【6点】

(1) 〔2，5〕　(　　　)
(2) 〔12，18〕　(　　　)

8 5年 〔　〕の中の数の公約数を，小さい順に全部書きなさい。 1つ3点【6点】

(1) 〔15，30〕　(　　　)
(2) 〔16，40〕　(　　　)

9 5年 12と20と30の最小公倍数と最大公約数を求めなさい。 1つ3点【6点】

最小公倍数(　　　)　最大公約数(　　　)

10 5年 次の分数を約分しなさい。 1つ4点【12点】

(1) $\frac{6}{9}$　(　　　)
(2) $\frac{10}{25}$　(　　　)
(3) $\frac{36}{63}$　(　　　)

11 重要 5年 次の分数を通分しなさい。 1つ4点【12点】

(1) $\frac{5}{6}$，$\frac{11}{18}$　(　　　)
(2) $\frac{1}{4}$，$\frac{3}{5}$　(　　　)
(3) $\frac{5}{9}$，$\frac{7}{12}$　(　　　)

12 5年 次の□にあてはまる等号や不等号を書きなさい。 1つ4点【12点】

(1) $\frac{13}{4}$ □ 3.5
(2) $\frac{9}{20}$ □ 0.45
(3) 0.38 □ $\frac{3}{8}$

中学サキドリ

負《ふ》の数

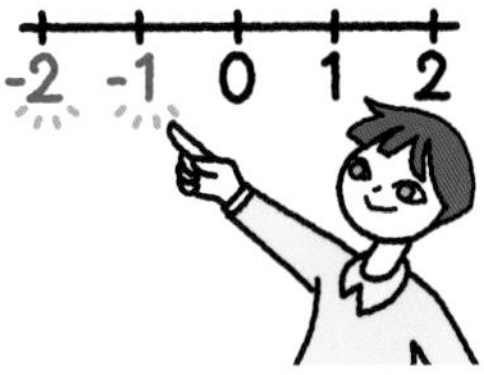

小学校で学習してきた数は，どれも0以上の数でした。中学校になると，0より小さい数についても学習します。これを「負の数」といい，たとえば，0より2小さい数を「−《マイナス》2」のように表します。

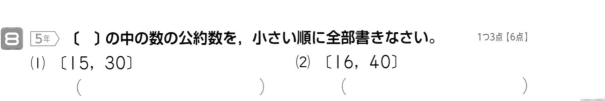

2 算数 整数の計算

答え 別冊 p.6

得点 　／100
［合格点:70点］

1 3年 計算をしなさい。 1つ3点【18点】

(1) $\begin{array}{r} 257 \\ +512 \\ \hline \end{array}$

(2) $\begin{array}{r} 3829 \\ +\ \ 176 \\ \hline \end{array}$

(3) $\begin{array}{r} 6503 \\ +3698 \\ \hline \end{array}$

(4) $\begin{array}{r} 786 \\ -415 \\ \hline \end{array}$

(5) $\begin{array}{r} 8682 \\ -\ \ 975 \\ \hline \end{array}$

(6) $\begin{array}{r} 9403 \\ -3297 \\ \hline \end{array}$

2 3年 計算をしなさい。 1つ3点【18点】

(1) $\begin{array}{r} 79 \\ \times\ \ 4 \\ \hline \end{array}$

(2) $\begin{array}{r} 386 \\ \times\ \ \ \ 2 \\ \hline \end{array}$

(3) $\begin{array}{r} 804 \\ \times\ \ \ \ 6 \\ \hline \end{array}$

(4) $\begin{array}{r} 65 \\ \times 37 \\ \hline \end{array}$

(5) $\begin{array}{r} 35 \\ \times 73 \\ \hline \end{array}$

(6) $\begin{array}{r} 469 \\ \times\ \ 87 \\ \hline \end{array}$

3 4年 商は整数で求め，あまりがあるときはあまりも出しなさい。 1つ3点【18点】

(1) $3\overline{)81}$

(2) $4\overline{)98}$

(3) $2\overline{)61}$

(4) $5\overline{)730}$

(5) $4\overline{)835}$

(6) $7\overline{)329}$

ポイント

1. くり上がり，くり下がりに気をつけて，一の位から順に計算します。
2. 2けたの数をかけるときは，かける数を一の位と十の位に分けて計算します。
3. 大きい位から順にわっていきます。あまりの大きさに気をつけましょう。
4. わる数やわられる数を何十や何百とみて，商の見当をつけて計算します。
5. 順序を考えて計算しましょう。(　)があるときは，(　)の中を先に計算します。また，かけ算やわり算は，たし算やひき算より先に計算します。

4 〔4年〕 商は整数で求め，あまりがあるときはあまりも出しなさい。 1つ3点【18点】

(1) $23\overline{)\,92}$　　(2) $19\overline{)\,72}$　　(3) $34\overline{)\,97}$

(4) $24\overline{)\,168}$　　(5) $17\overline{)\,689}$　　(6) $218\overline{)\,749}$

5 **重要** 〔4年〕 計算をしなさい。 1つ4点【28点】

(1) $1000-(800+50)$　　(2) $12+18\times5$

(3) $200-160\div20$　　(4) $450-25\times4$

(5) $8\times10+4\times6$　　(6) $20-12\div2\times3$

(7) **注意** $150-(30-4\times7)$

中学サキドリ

四則《しそく》

たし算のことを「加法《かほう》」，ひき算のことを「減法《げんぽう》」，かけ算のことを「乗法《じょうほう》」，わり算のことを「除法《じょほう》」といいます。また，これらをまとめて，「四則」といいます。

3
算数

小数の計算

答え 別冊 p.7

得点
／100
［合格点:70点］

1 4年 計算をしなさい。

1つ4点【32点】

(1) $2.45 + 6.57$

(2) $0.78 + 0.29$

(3) $0.462 + 0.138$

(4) $5.8 + 0.728$

(5) $8.65 - 3.87$

(6) $4.32 - 3.59$

(7) $8.3 - 4.86$

(8) $9 - 3.92$

2 4,5年 計算をしなさい。

1つ4点【24点】

(1) 3.6×8

(2) 4.3×56

(3) 3.48×75

(4) 3.14×6.8

(5) 0.28×0.34

(6) 8.4×0.25

3 4年 わり切れるまで計算しなさい。

1つ4点【12点】

(1) $4\overline{)9.2}$

(2) $14\overline{)18.9}$

(3) $24\overline{)15}$

ポイント

2 積の小数点は，(1)〜(3)では，かけられる数にそろえてうちます。(4)〜(6)では，かけられる数とかける数の小数点の右にあるけた数の和だけ，右から数えてうちます。
4 わる数とわられる数の小数点を同じけた数だけ右に移し，わる数を整数になおして計算します。商の小数点は，わられる数の移した小数点にそろえてうちます。
5 (2)(3)あまりの小数点は，わられる数のもとの小数点にそろえてうちます。
6 上から 3 けたまで計算し，上から 3 けた目を四捨五入します。

4 重要 5年 わり切れるまで計算しなさい。 1つ4点【12点】

(1) $2.8\overline{)\,9.52}$

(2) $3.6\overline{)\,2.7}$

(3) $1.25\overline{)\,6.5}$

5 4,5年 商は一の位まで求めて，あまりも出しなさい。 1つ4点【12点】

(1) $3\overline{)\,82.9}$

(2) $4.8\overline{)\,32.5}$

(3) $3.7\overline{)\,88}$

6 4,5年 商は四捨五入して，上から 2 けたのがい数で求めなさい。 1つ4点【8点】

(1) $38\overline{)\,78.5}$

注意 (2) $0.29\overline{)\,0.143}$

中学サキドリ

0 より小さい数と数直線

0 より小さい数も，0 より大きい数と同じように数直線上に表すことができます。このとき，右の図のように，0 の右側が 0 より大きい数，0 の左側が 0 より小さい数になります。

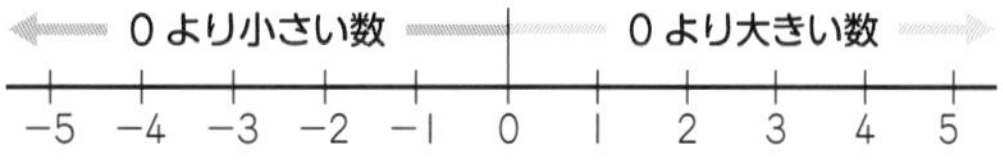

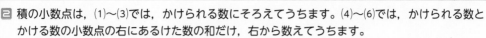

分数の計算

答え 別冊 p.7

得点 ／100
［合格点:70点］

1 3,4年 計算をしなさい。

1つ2点【24点】

(1) $\frac{4}{7}+\frac{2}{7}$　(2) $\frac{7}{5}+\frac{4}{5}$　(3) $\frac{5}{8}+\frac{11}{8}$

(4) $2\frac{1}{6}+\frac{4}{6}$　(5) $\frac{3}{8}+3\frac{5}{8}$　(6) $2\frac{4}{9}+1\frac{7}{9}$

(7) $\frac{6}{7}-\frac{5}{7}$　(8) $\frac{9}{8}-\frac{4}{8}$　(9) $\frac{13}{5}-\frac{3}{5}$

(10) $3\frac{4}{5}-\frac{2}{5}$　(11) $2\frac{2}{7}-\frac{5}{7}$　(12) $4\frac{2}{9}-2\frac{4}{9}$

2 重要 5年 計算をしなさい。

1つ3点【36点】

(1) $\frac{1}{2}+\frac{1}{5}$　(2) $\frac{4}{7}+\frac{3}{4}$　(3) $\frac{1}{10}+\frac{2}{5}$

(4) $\frac{5}{6}+\frac{5}{12}$　(5) $2\frac{7}{9}+\frac{1}{2}$　(6) $1\frac{7}{10}+2\frac{5}{6}$

(7) $\frac{4}{5}-\frac{2}{3}$　(8) $\frac{5}{6}-\frac{3}{8}$　(9) $\frac{11}{10}-\frac{1}{2}$

(10) $\frac{5}{6}-\frac{8}{15}$　(11) $1\frac{2}{3}-\frac{5}{6}$　(12) $2\frac{2}{15}-1\frac{3}{10}$

ポイント

1 分母はそのままにして，分子だけをたしたり，ひいたりします。
2 通分して分母をそろえます。答えが約分できるときは約分します。
3 分数×整数の計算は，分母はそのままにして，分子にその整数をかけます。また，分数÷整数の計算は，分子はそのままにして，分母にその整数をかけます。
4 分母どうし，分子どうしをかけて計算します。
5 わる数の逆数をかけて計算します。(5)は，仮分数になおしてから，わる数の逆数をかけます。

3 6年 計算をしなさい。

1つ2点【10点】

(1) $\frac{4}{9}\times 2$　(2) $\frac{5}{6}\times 3$　(3) $\frac{8}{5}\times 15$

(4) $\frac{2}{3}\div 5$　(5) $\frac{6}{7}\div 9$

4 6年 計算をしなさい。

1つ3点【15点】

(1) $\frac{3}{4}\times\frac{1}{2}$　(2) $\frac{6}{7}\times\frac{3}{8}$　(3) $\frac{3}{10}\times\frac{8}{9}$

(4) $12\times\frac{7}{15}$　(5) $2\frac{7}{10}\times 1\frac{1}{3}$

5 6年 計算をしなさい。

1つ3点【15点】

(1) $\frac{2}{7}\div\frac{3}{8}$　(2) $\frac{3}{2}\div\frac{6}{7}$　(3) $\frac{9}{14}\div\frac{3}{8}$

(4) $6\div\frac{8}{15}$　(5) 注意 $1\frac{1}{6}\div 2\frac{5}{8}$

中学サキドリ

分数の計算の結果の表し方

　小学校では，分数の計算の結果が仮分数になったとき，大きさがわかりやすいように，仮分数を帯分数になおすことが多いです。しかし，中学校になると，ふつう仮分数のまま答えます。

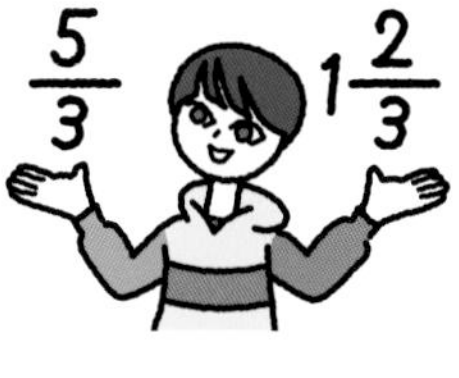

5 算数 いろいろな計算

答え 別冊 p.8

得点 ／100
[合格点:70点]

1 4年 **それぞれの数を一万の位までのがい数にして，次の和や差を見積もりなさい。** 1つ3点【6点】

(1) $620984 + 187240$
(　　　　　)

(2) $895802 - 632581$
(　　　　　)

2 4年 **それぞれの数を上から 1 けたのがい数にして，次の積や商を見積もりなさい。** 1つ3点【6点】

(1) 489×6103
(　　　　　)

(2) $316287 \div 5103$
(　　　　　)

3 重要 4,5,6年 **くふうして計算しなさい。** 1つ4点【48点】

(1) $56 + 93 + 7$

(2) $25 \times 73 \times 4$

(3) 204×15

(4) $72 \times 8 - 32 \times 8$

(5) $6.8 + 9.5 + 0.5$

(6) 2.5×36

(7) $3.7 \times 1.8 + 6.3 \times 1.8$

(8) 23×9.8

(9) $\left(\frac{8}{9} \times \frac{5}{7}\right) \times \frac{7}{5}$

(10) $\left(\frac{5}{6} + \frac{7}{8}\right) \times 24$

(11) $\frac{3}{5} \times 7 + \frac{3}{5} \times 8$

(12) $\frac{2}{3} \times \frac{7}{5} - \frac{1}{4} \times \frac{7}{5}$

ポイント

3 次の計算のきまりを利用します。このきまりは，整数でも小数でも分数でも成り立ちます。

① $\begin{cases} a+b=b+a \\ a\times b=b\times a \end{cases}$ ② $\begin{cases} (a+b)+c=a+(b+c) \\ (a\times b)\times c=a\times(b\times c) \end{cases}$ ③ $\begin{cases} (a+b)\times c=a\times c+b\times c \\ (a-b)\times c=a\times c-b\times c \end{cases}$

4 (1)〜(4)全部の分数を通分して計算します。 (5)(6)小数は分数になおして計算します。

5 逆数を使ってかけ算だけの式になおし，分母どうし，分子どうしをまとめてかけます。小数は分数に，帯分数は仮分数になおして計算します。

4 5年 計算をしなさい。

1つ4点【24点】

(1) $\frac{3}{4}+\frac{1}{2}-\frac{4}{5}$

(2) $\frac{8}{15}-\frac{2}{5}+\frac{2}{3}$

(3) $\frac{5}{6}-\frac{1}{2}+\frac{2}{9}$

(4) $\frac{4}{5}-\frac{1}{4}-\frac{3}{10}$

(5) $0.9+\frac{1}{3}-\frac{8}{15}$

(6) $\frac{5}{6}-\frac{3}{5}+1.1$

5 注意 6年 計算をしなさい。

1つ4点【16点】

(1) $\frac{3}{8}\div\frac{6}{7}\times\frac{2}{7}$

(2) $\frac{5}{11}\times3\frac{1}{7}\div\frac{5}{14}$

(3) $\frac{3}{4}\times0.9\div1\frac{1}{8}$

(4) $0.3\div1\frac{2}{5}\times\frac{7}{9}$

中学サキドリ

計算法則

上のポイント3にあげた計算のきまりを，中学校では「計算法則」として学習します。①を「交換《こうかん》法則」，②を「結合《けつごう》法則」，③を「分配《ぶんぱい》法則」といいます。

英語
算数
社会
理科
国語

平面図形①

答え 別冊 p.8

得点 ／100
［合格点:70点］

1 4年 **右の図で，垂直な直線はどれとどれですか。また，平行な直線はどれとどれですか。記号で答えなさい。**

1つ5点【10点】

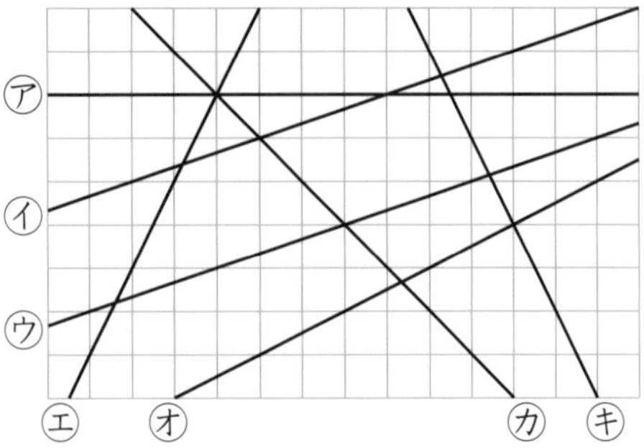

(1) 垂直

（　　　　）

(2) 平行

（　　　　）

2 4年 **右の図で，㋐と㋑の直線は平行です。(か)，(き)の角度は，それぞれ何度ですか。**

1つ5点【10点】

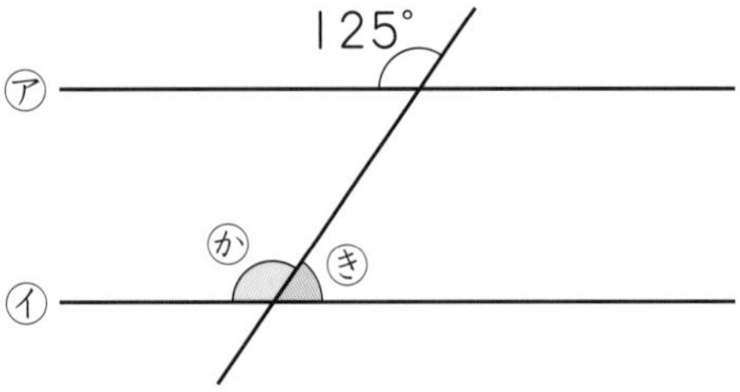

(1) (か)の角度　（　　　　）

(2) (き)の角度　（　　　　）

3 4年 **右の図のような平行四辺形があります。**

1つ5点【20点】

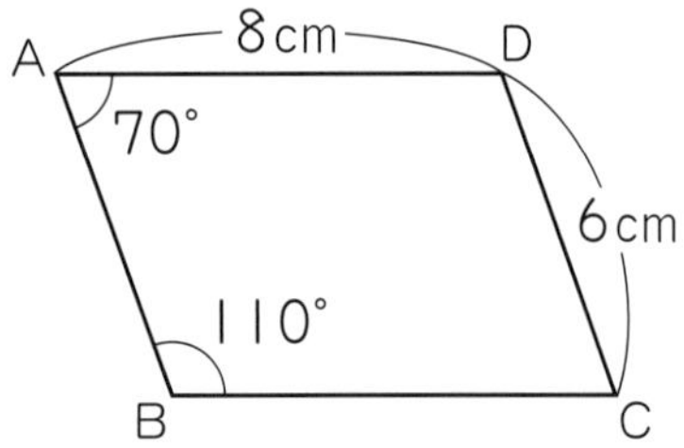

(1) 辺ABの長さは何cmですか。

（　　　　）

(2) 辺BCの長さは何cmですか。

（　　　　）

(3) 角Cの大きさは何度ですか。

（　　　　）

(4) 角Dの大きさは何度ですか。

（　　　　）

4 重要 5年 **下の図で，(あ)，(い)，(う)の角度は，それぞれ何度ですか。**

1つ6点【18点】

(1)

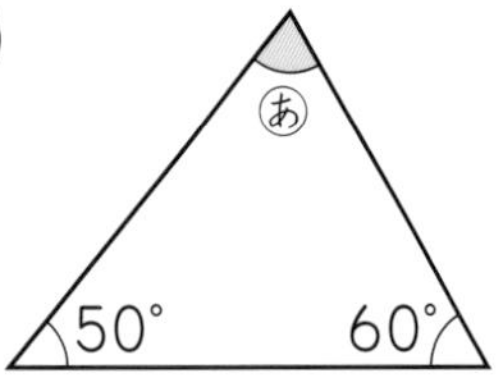

(2)

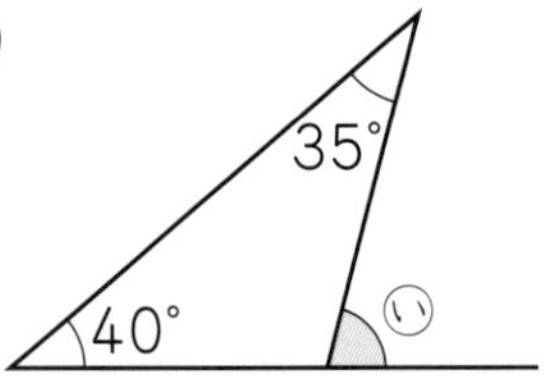

(3)

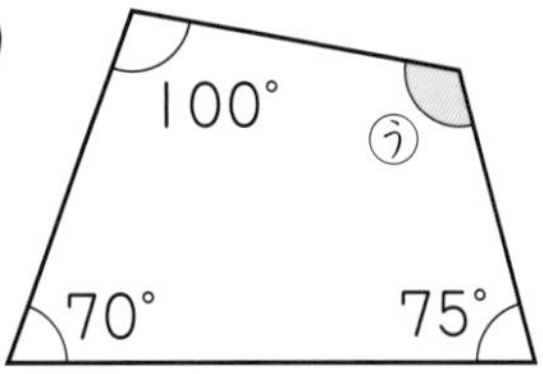

（　　　　）　（　　　　）　（　　　　）

ポイント

4 三角形の 3 つの角の大きさの和は 180°，四角形の 4 つの角の大きさの和は 360° であることから求めます。
5 公式にあてはめて計算します。それぞれどんな公式になるのかよく考えて，まちがえないように計算しましょう。
6 次の公式にあてはめて計算します。円周率には 3.14 を使います。
(1)円周＝直径×円周率＝半径×2×円周率　(2)円の面積＝半径×半径×円周率

5 注意 4,5年 次の図形の面積を求めなさい。

1つ5点【30点】

(1) 縦 14 cm，横 5 cm の長方形　（　　　）

(2) 1 辺が 4.2 m の正方形　（　　　）

(3)

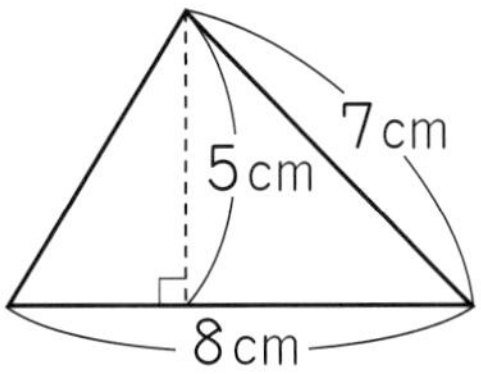

（　　　）

(4)

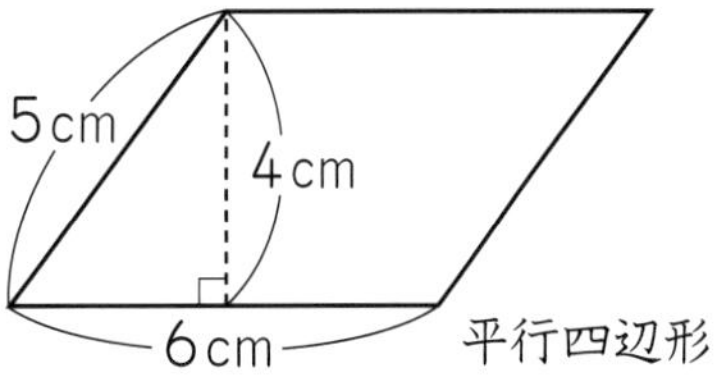

（　　　）

(5)

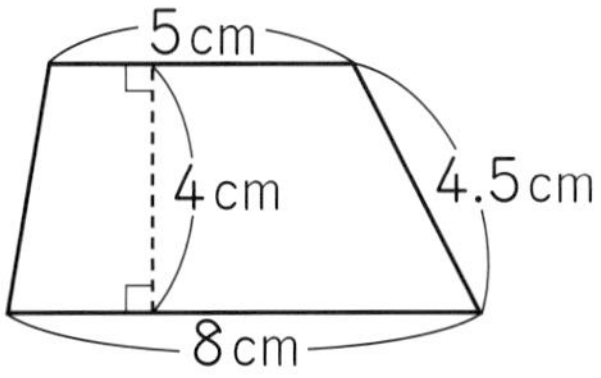

（　　　）

(6)

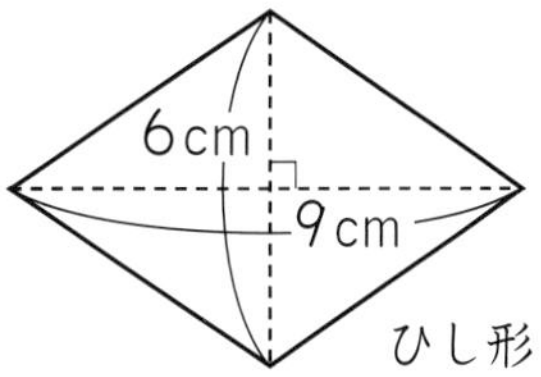

（　　　）

6 重要 5,6年 右の円の円周の長さと面積を求めなさい。

1つ6点【12点】

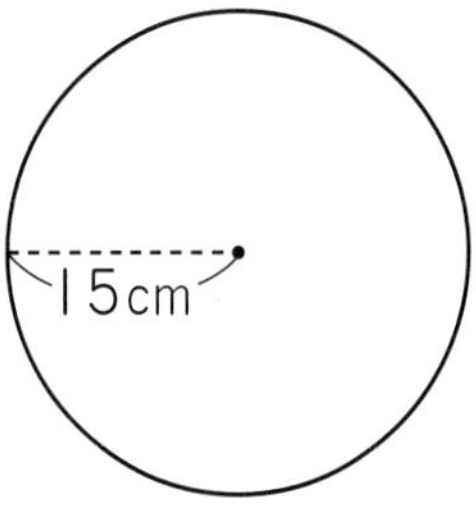

(1) 円周の長さ　（　　　）

(2) 面積　（　　　）

中学サキドリ

円周率π《パイ》

円周率は，円周の長さが直径の長さの何倍になっているかを表す数で，3.14159…とかぎりなく続く数です。これを小学校では 3.14 として使いますが，中学校になるとギリシャ文字のπで表します。

7 算数

平面図形②

答え 別冊 p.9

得点

／100

［合格点:70点］

1 5年 右の2つの三角形は合同です。 1つ4点【16点】

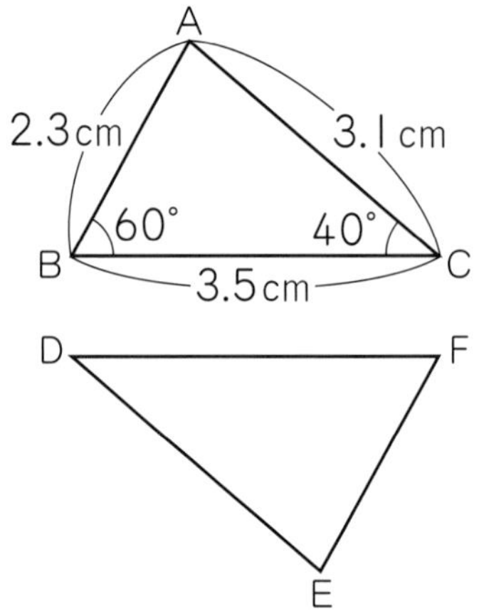

(1) 辺ABに対応する辺はどれですか。

（　　　　）

(2) 角Cに対応する角はどれですか。

（　　　　）

(3) 辺DEの長さは何cmですか。

（　　　　）

(4) 角Fの大きさは何度ですか。

（　　　　）

2 5年 右の図は，平行四辺形に2本の対角線をひいたものです。次の三角形と合同な三角形は，それぞれどれですか。 1つ5点【10点】

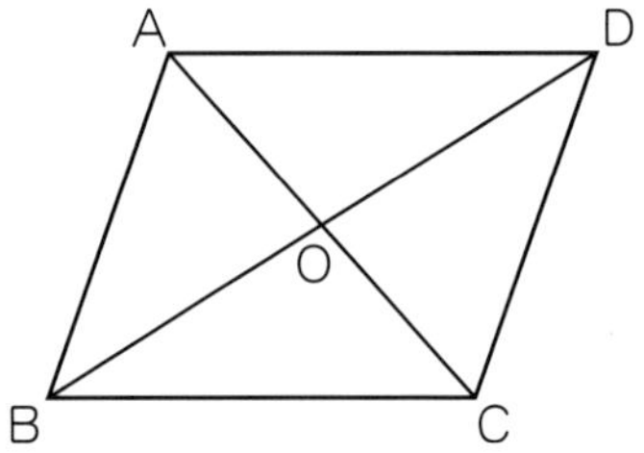

(1) 三角形ABC （　　　　）

(2) 三角形ODA （　　　　）

3 重要 5年 右の三角形と合同な三角形をかくには，どの辺とどの角をはかればよいですか。□にあてはまる文字や記号を書きなさい。

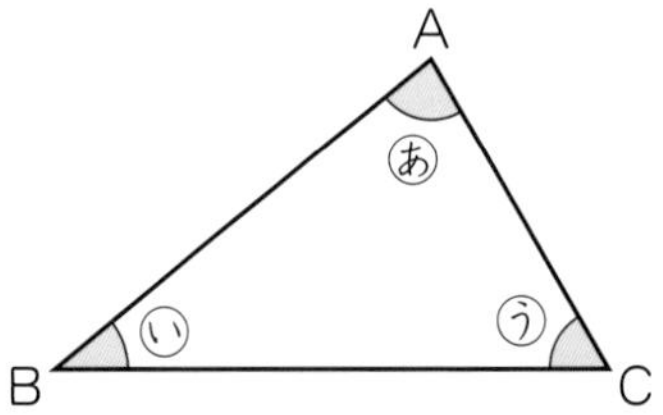

1つ5点【15点】

(1) 辺BCと辺□と辺AC

(2) 辺BCと辺ACと角□

(3) 辺BCと角□と角□

4 6年 右の図は，線対称《せんたいしょう》な図形で，直線アイは対称の軸《じく》です。 1つ4点【16点】

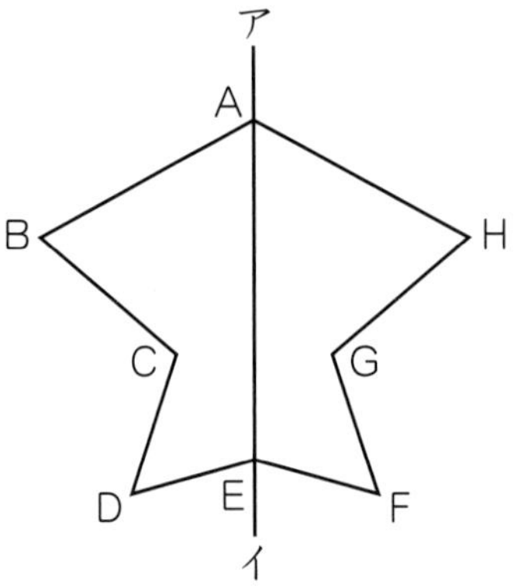

(1) 点Cに対応する点はどれですか。

（　　　　）

(2) 辺ABに対応する辺はどれですか。

（　　　　）

(3) 辺BCと等しい長さの辺はどれですか。

（　　　　）

(4) 角Fと等しい大きさの角はどれですか。 （　　　　）

ポイント

1 合同な図形では，対応する辺の長さや角の大きさは等しくなっています。
3 三角形は，次の辺の長さや角の大きさがわかっているとき，形はただ 1 つに決まります。
　① 3 つの辺　② 2 つの辺とその間の角　③ 1 つの辺とその両はしの角
4 **5** 線対称な図形や点対称な図形では，対応する辺の長さや角の大きさは等しくなっています。
6 拡大図や縮図では，対応する辺の長さの比や，対応する角の大きさは等しくなっています。
7 (1)対応する辺の長さが何倍になっているかを考えます。辺 BA に対応しているのは辺 BD です。

5 6年 **右の図は，点対称《てんたいしょう》な図形で，点 O は対称の中心です。** 1つ4点【16点】

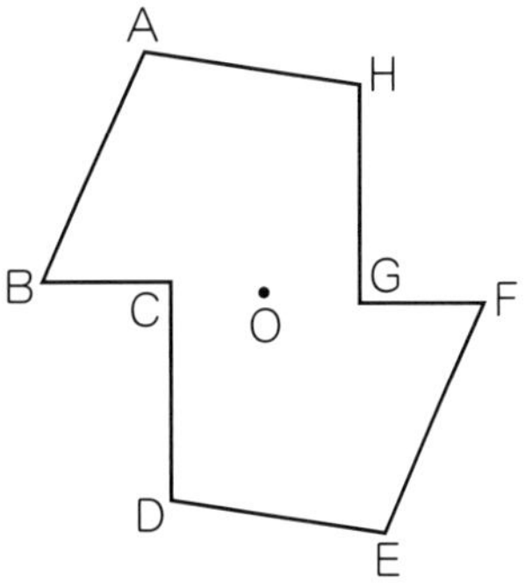

(1) 点 A に対応する点はどれですか。
(　　　　)

(2) 辺 BC に対応する辺はどれですか。
(　　　　)

(3) 辺 EF と等しい長さの辺はどれですか。
(　　　　)

(4) 角 H と等しい大きさの角はどれですか。
(　　　　)

6 6年 **右の四角形 EFGH は，四角形 ABCD の 2 倍の拡大図です。** 1つ5点【15点】

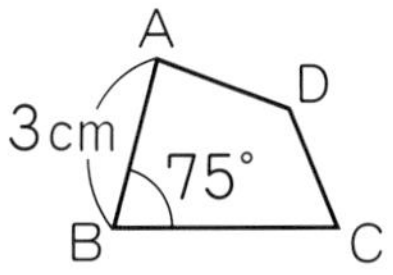

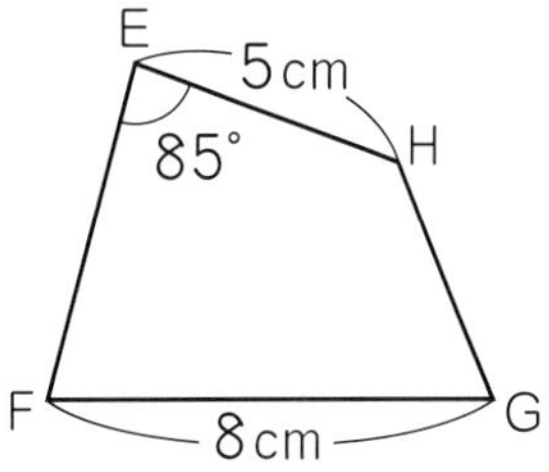

(1) 辺 EF の長さは何 cm ですか。
(　　　　)

(2) 辺 BC の長さは何 cm ですか。
(　　　　)

(3) 角 A の大きさは何度ですか。
(　　　　)

7 6年 **右の三角形 DBE は，三角形 ABC を拡大したものです。** 1つ6点【12点】

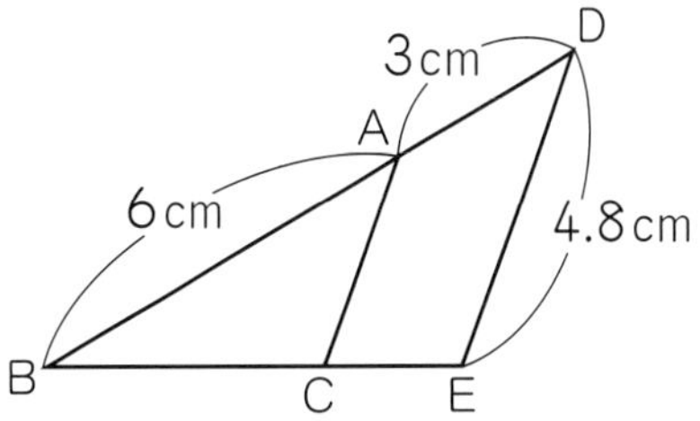

(1) **注意** 三角形 DBE は，三角形 ABC の何倍の拡大図ですか。
(　　　　)

(2) 辺 AC の長さは何 cm ですか。
(　　　　)

中学サキドリ

相似《そうじ》

上の**6**，**7**のように，たがいに拡大図と縮図の関係にある 2 つの図形は相似であるといい，対応する辺の長さの比を相似比《そうじひ》といいます。

立　体

答え 別冊 p.9

得点

／100

［合格点:70点］

1 4年 右の直方体について答えなさい。 1つ5点【30点】

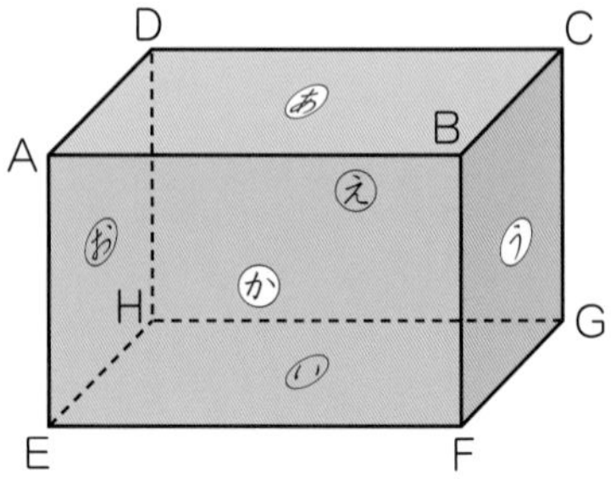

(1) 辺ABと平行な辺をすべて書きなさい。

(　　　　　　　　　　　　)

(2) 辺AEと垂直な辺をすべて書きなさい。

(　　　　　　　　　　　　)

(3) 面（あ）と平行な面はどれですか。

(　　　　　)

(4) 面（う）と垂直な面をすべて書きなさい。

(　　　　　　　　　　　　)

(5) 面（か）と平行な辺をすべて書きなさい。

(　　　　　　　　　　　　)

(6) 面（い）と垂直な辺をすべて書きなさい。

(　　　　　　　　　　　　)

2 4年 右の図は，立方体の展開図です。この展開図を組み立てたとき，次の問いに答えなさい。 1つ5点【20点】

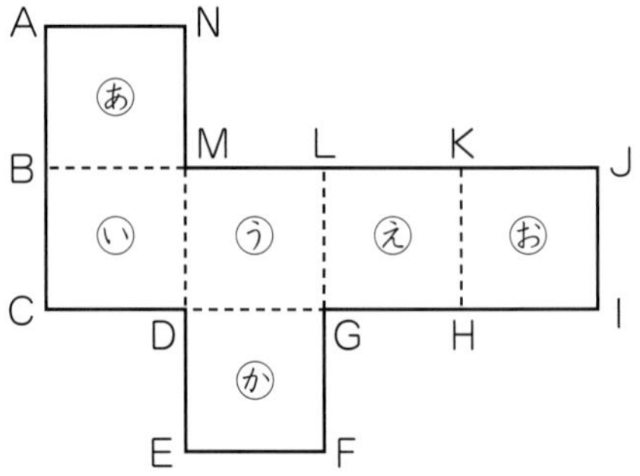

(1) 点Cと重なる点をすべて書きなさい。

(　　　　　　　　)

(2) 辺ABと重なる辺はどれですか。

(　　　　　)

(3) 面（あ）と平行になる面はどれですか。 (　　　　　)

(4) 面（い）と垂直になる面をすべて書きなさい。

(　　　　　　　　　　　　)

3 注意 5年 右の図は，円柱の見取図と展開図です。 1つ8点【16点】

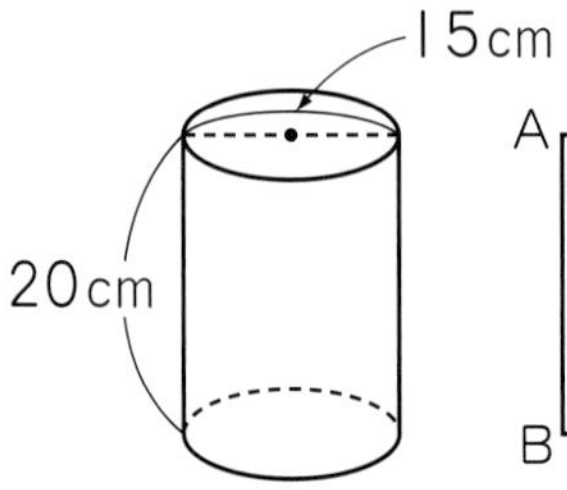

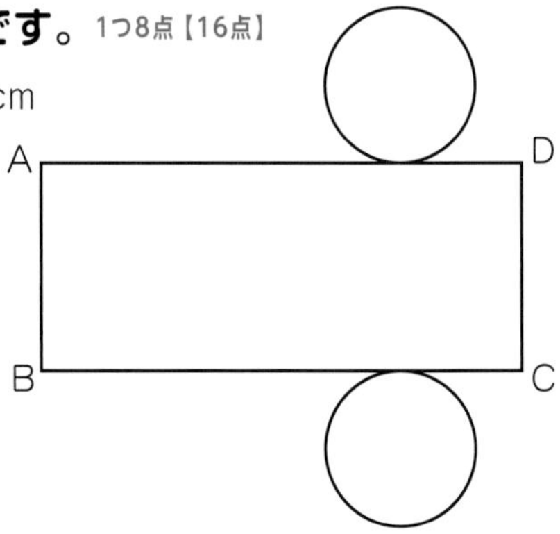

(1) 辺ABの長さは何cmですか。

(　　　　　)

(2) 辺ADの長さは何cmですか。

(　　　　　)

ポイント

- 1 (3)(4)直方体や立方体では，向かい合う面は平行で，となり合う面は垂直です。
- 2 立方体の見取図をかいて，点や面の記号を見取図に書き入れて考えます。
- 3 見取図と展開図を見比べて，見取図のどの部分の長さに等しいかを考えます。
- 5 2つの直方体に分けるか，大きい直方体から小さい直方体が欠けたものとみて求めます。
- 6 角柱・円柱の体積は，次の公式で求められます。 角柱・円柱の体積＝底面積×高さ
  底面積は，(1)では台形の面積の公式を，(2)では円の面積の公式を使います。

4 5年〉次の直方体や立方体の体積を求めなさい。

1つ5点【10点】

(1) 縦 8 cm，横 15 cm，高さ 12 cm の直方体

(　　　　　)

(2) 1 辺が 1.4 m の立方体

(　　　　　)

5 5年〉下の図のような立体の体積を求めなさい。

【8点】

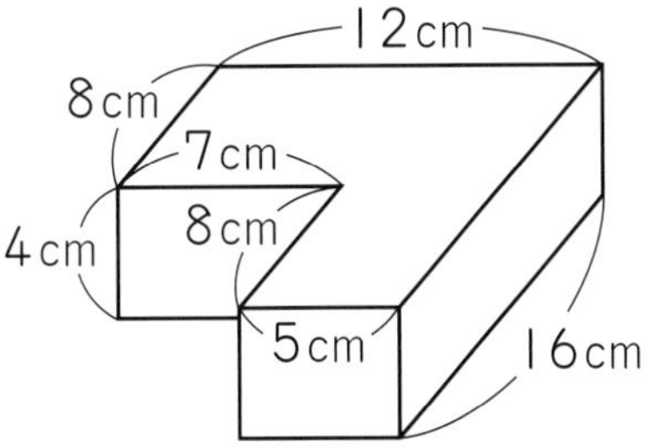

(　　　　　)

6 重要 6年〉次の角柱や円柱の体積を求めなさい。

1つ8点【16点】

(1)

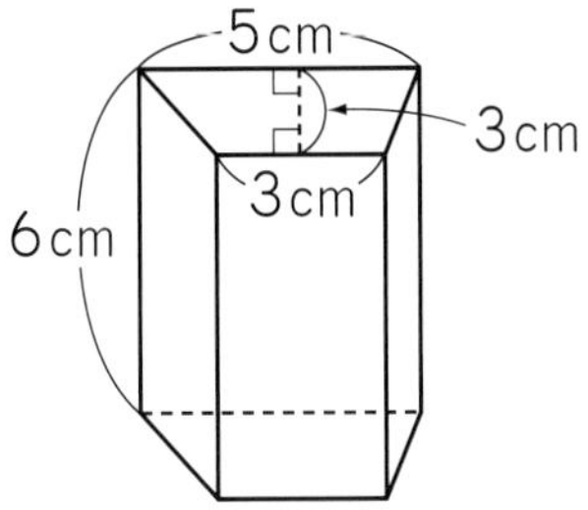

(2)

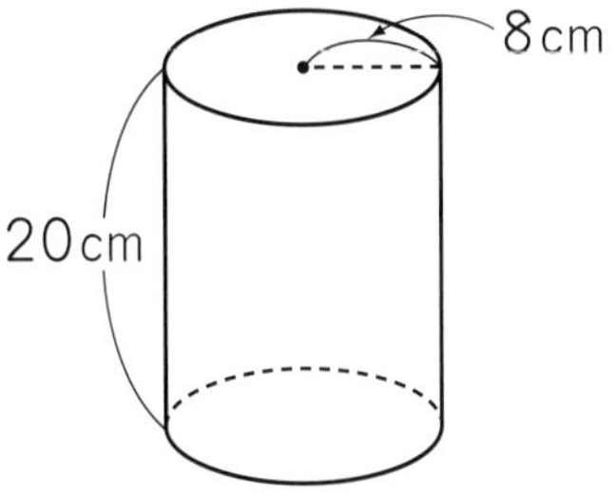

(　　　　　)　　　　(　　　　　)

中学サキドリ

角錐《かくすい》・円錐《えんすい》とその体積

右のあのような底面が多角形の立体を「角錐」，いのような底面が円の立体を「円錐」といいます。角錐・円錐の体積は，底面と高さが同じ角柱・円柱の体積の $\frac{1}{3}$ になります。

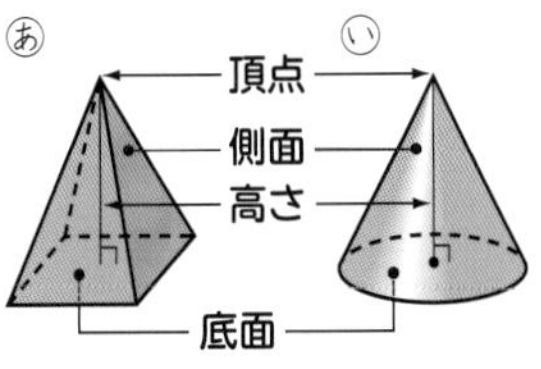

9 算数

量と単位

答え 別冊 p.10

得点 ／100
［合格点:70点］

1 2,3,4,5年 **次の量を表すには，どんな単位を使えばよいですか。□にあてはまる単位を書きなさい。** 1つ2点【16点】

(1) 信濃川《しなのがわ》の長さ　367 □
(2) 富士山《ふじさん》の高さ　3776 □
(3) 牛の体重　720 □
(4) 1円玉の重さ　1 □
(5) 日本の面積　約38万 □
(6) 教室の面積　65 □
(7) 消しゴムの体積　8 □
(8) 浴そうの容積　200 □

2 2,3年 **長さの単位とそのしくみについて答えなさい。** 1つ3点【18点】

(1) 下の表の㋐～㋒の□にあてはまる長さの単位を書きなさい。

$\frac{1}{1000}$	$\frac{1}{100}$	$\frac{1}{10}$	1	10倍	100倍	1000倍
㋐ 1□	㋑ 1□	—	1 m	—	—	㋒ 1□

(2) 次の長さを，〔　〕の中の単位で表しなさい。

① 1400 m 〔km〕　(　　　)
② 4.3 m 〔cm〕　(　　　)
③ 360 mm 〔m〕　(　　　)

3 重要 2,4,5年 **面積や体積の単位とそのしくみについて答えなさい。** 1つ2点【20点】

(1) 下の表の㋐～㋓の□にあてはまる面積や体積の単位を書きなさい。

1辺の長さ	1 cm	—	10 cm	1 m	10 m	100 m	1 km
正方形の面積	1 cm^2	—	—	1 m^2	100 m^2 ㋐ 1□	10000 m^2 ㋑ 1□	1 km^2 100 ha
立方体の体積	1 cm^3 ㋒ 1□	100 cm^3 1 dL	1000 cm^3 1 L	1 m^3 ㋓ 1□	—	—	—

(2) 次の面積や体積を，〔　〕の中の単位で表しなさい。

① 2.7 km^2 〔m^2〕　(　　　)
② 400 a 〔ha〕　(　　　)
③ 3600 m^2 〔a〕　(　　　)
④ 12 dL 〔mL〕　(　　　)
⑤ 8.2 L 〔cm^3〕　(　　　)
⑥ 590 cm^3 〔kL〕　(　　　)

ポイント

2 (1)もとの単位 m(メートル)の前に，m(ミリ)をつけると $\frac{1}{1000}$，c(センチ)をつけると $\frac{1}{100}$，k(キロ)をつけると 1000 倍を表します。
3 正方形の 1 辺の長さが 10 倍になると，面積は 100 倍になります。
また，立方体の 1 辺の長さが 10 倍になると，体積は 1000 倍になります。
5 表にあるように，水 1 mL の重さは 1 g です。この関係から考えます。
6 (1)は重さの単位をそろえ，(2)は 1 m³ は 1 kL であることから考えます。

4 3年 重さの単位とそのしくみについて答えなさい。 1つ3点【18点】

(1) 右の㋐～㋒にあてはまる数を書きなさい。

1 mg ←㋐倍― 1 g ←㋑倍― 1 kg ←㋒倍― 1 t

㋐（　　　　）　㋑（　　　　）　㋒（　　　　）

(2) 次の重さを，〔　〕の中の単位で表しなさい。

① 71.3 kg 〔g〕　② 6.4 g 〔mg〕　③ 90 kg 〔t〕

（　　　　）　（　　　　）　（　　　　）

5 2,3,5年 水の体積と重さの関係について答えなさい。 1つ2点【16点】

(1) 下の表の㋐，㋑の□にあてはまる重さの単位を書きなさい。

水の体積	1 cm³	100 cm³	1000 cm³	1 m³
	1 mL	1 dL	1 L	1 kL
重さ	1 g	100 g	㋐ 1 □	㋑ 1 □

(2) 次の体積の水の重さを，〔　〕の中の単位で表しなさい。

① 1.8 L 〔kg〕　② 2.5 dL 〔g〕　③ 8.3 m³ 〔t〕

（　　　　）　（　　　　）　（　　　　）

(3) 次の重さの水の体積を，〔　〕の中の単位で表しなさい。

① 37 t 〔kL〕　② 460 g 〔dL〕　③ 280 g 〔cm³〕

（　　　　）　（　　　　）　（　　　　）

6 注意 3,5年 次の問いに答えなさい。 1つ6点【12点】

(1) 47 t の砂があります。この砂を 3800 kg まで積むことができるトラックで運ぶと，何回で運び終わりますか。

（　　　　）

(2) 内のりの 1 辺が 4 m の立方体の形をした水そうがあります。この水そうに，1 時間に 3.2 kL ずつ水を入れると，何時間で満水になりますか。

（　　　　）

10 算数

平均と単位量あたりの大きさ

答え 別冊 p.10

得点 ／100
［合格点:70点］

1 5年 **りんご 5 個の重さをはかったら，次のようでした。りんご 1 個の重さの平均は何 g ですか。**

245 g，250 g，242 g，247 g，251 g

（式） 式5点・答え5点【10点】

答え（　　　　　）

2 5年 **右の表は，先週 5 日間にしずかさんの組で，図書室を利用した人数を表しています。** 式5点・答え5点【20点】

図書室を利用した人数

曜日	月	火	水	木	金
人数(人)	5	0	3	4	7

(1) 注意 1 日に平均何人が図書室を利用したことになりますか。

（式）

答え（　　　　　）

(2) 今月の登校日は 20 日間です。図書室を利用する人の数が先週と同じとすると，20 日間で，およそ何人が図書室を利用することになりますか。

（式）

答え（　　　　　）

3 5年 **5 両に 650 人乗っている電車 A と，8 両に 1080 人乗っている電車 B があります。どちらの電車がこんでいるといえますか。** 式5点・答え5点【10点】

（式）

答え（　　　　　）

4 5年 **花だんに，1 m^2 あたり 0.4 kg の肥料をまきます。** 式4点・答え4点【16点】

(1) 8.5 m^2 の花だんでは，何 kg の肥料がいりますか。

（式）

答え（　　　　　）

(2) 5.4 kg の肥料では，何 m^2 の花だんにまくことができますか。

（式）

答え（　　　　　）

ポイント

1 平均＝合計÷個数
2 (1)利用した人の数が０人の日も日数に入れるのを，忘れないようにしましょう。
(2)合計＝平均×日数
3 4 単位量あたりの大きさを使って求めます。
5 速さ＝道のり÷時間，道のり＝速さ×時間，時間＝道のり÷速さ
6 時間を分数で表して，公式を利用します。

5 **重要** 5年 **３時間に 204 km 走る自動車があります。** 式4点・答え4点【24点】

(1) この自動車の速さは，時速何 km ですか。

（式）

答え（　　　　　　）

(2) この自動車は，４時間に何 km 進みますか。

（式）

答え（　　　　　　）

(3) この自動車は，170 km 進むのに何時間かかりますか。

（式）

答え（　　　　　　）

6 5,6年 **みかさんの家から遊園地までの道のりは５km あります。みかさんがこの道のりを自転車で走ったら，35 分かかりました。** 式5点・答え5点【20点】

(1) この自転車の速さは，時速何 km ですか。

（式）

答え（　　　　　　）

(2) この速さで１時間 24 分走ると，何 km 進みますか。

（式）

答え（　　　　　　）

中学サキドリ

速さを表す単位

たとえば，時速４km のことを，４km/時と書くことがあります。km/時は，速さを表す単位で，「キロメートル毎時」と読みます。同じように，m/分や m/秒なども，速さを表す単位です。

割合と比

答え 別冊 p.11

得点

／100

［合格点:70点］

1 5年 **右の表は，ゆみさんの学校の文化クラブの定員と入会希望者数を表しています。定員をもとにした入会希望者数の割合を，それぞれ小数で求めなさい。** 1つ4点【8点】

文化クラブの入会希望調べ

クラブ	定員(人)	希望者(人)
読書	20	15
音楽	35	56

(1) 読書クラブ　（　　　　）

(2) 音楽クラブ　（　　　　）

2 5年 **小数で表した割合は百分率で，百分率で表した割合は小数で表しなさい。** 1つ3点【18点】

(1) 0.09　（　　　　）

(2) 1.5　（　　　　）

(3) 0.609　（　　　　）

(4) 80%　（　　　　）

(5) 34.7%　（　　　　）

(6) 0.3%　（　　　　）

3 注意 5年 **次の□にあてはまる数を計算で求めなさい。** 式3点・答え3点【12点】

(1) 150 L の 42% は，□ L です。

（式）

答え（　　　　）

(2) □ m の 35%は，98 m です。

（式）

答え（　　　　）

4 5年 **ある店では，プラモデルを 1000 円で仕入れました。** 式4点・答え4点【16点】

(1) このプラモデルに，仕入れ値の 20%の利益を見こんで定価をつけました。定価は何円ですか。

（式）

答え（　　　　）

(2) (1)の定価では売れなかったので，定価の 10%引きで売りました。売り値は何円ですか。

（式）

答え（　　　　）

ポイント

1 割合＝比べられる量÷もとにする量
3 (1)比べられる量＝もとにする量×割合　(2)もとにする量＝比べられる量÷割合
4 (1)定価＝仕入れ値×(1＋利益の割合)　(2)売り値＝定価×(1－値引きの割合)
6 比の記号：の前の数をうしろの数でわり，答えが約分できるときは約分します。
7 比の両方の数に同じ数をかけたり，両方の数を同じ数でわったりして求めます。
9 まず，姉の長さと全体の長さの比を考えます。

5 6年 **あかりさんの組の人数は，男子が 15 人，女子が 19 人です。次の割合を比を使って表しなさい。** 1つ3点【6点】

(1) 男子の人数と女子の人数の割合　(　　　　)

(2) 男子の人数と組全体の人数の割合　(　　　　)

6 6年 **次の比の値《あたい》を求めなさい。** 1つ4点【12点】

(1) 9：24　(2) 4.5：3.6　(3) $\frac{9}{20}$：$\frac{3}{5}$

(　　　　)　(　　　　)　(　　　　)

7 6年 **次の比を簡単にしなさい。** 1つ4点【12点】

(1) 18：42　(2) 3.6：1.6　(3) $\frac{4}{9}$：$\frac{8}{15}$

(　　　　)　(　　　　)　(　　　　)

8 重要 6年 **次の式で，x の表す数を求めなさい。** 1つ4点【8点】

(1) 3：7＝x：28　(2) 3.2：4＝12：x

(　　　　)　(　　　　)

9 6年 **240 cm のリボンを，姉と妹で長さの比が 5：3 になるように分けます。姉の長さを何 cm にすればよいですか。姉の長さは，全体の長さの何倍にあたるかを考えて，答えを求めなさい。** 式4点・答え4点【8点】

(式)

答え(　　　　)

中学サキドリ

等しい比の関係

等しい比 $a:b=c:d$ があるとき，$a\times d=b\times c$ の関係が成り立ちます。この関係を知っていると，上の8のような問題を解いたり，比の応用問題を解いたりするときに便利です。

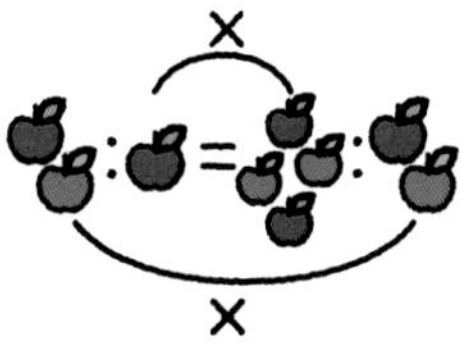

12 算数 文字と式

答え 別冊 p.11

得点　　／100
［合格点:70点］

1 6年 **次の数量を表す式を書きなさい。** 1つ3点【12点】

(1) 縦 5 cm，横 a cm の長方形の面積

(　　　　　　)

(2) 1 冊 b 円のノートを 7 冊買ったときの代金

(　　　　　　)

(3) 長さ x m のリボンを 6 等分したときの 1 本分の長さ

(　　　　　　)

(4) 1 本 a 円のえん筆を 4 本買って，1000 円出したときのおつり

(　　　　　　)

2 6年 **次の x と y の関係を式に表しなさい。** 1つ4点【16点】

(1) 底辺が x cm，高さが 9 cm の平行四辺形の面積は y cm^2 です。

(　　　　　　)

(2) 米が 2.4 kg あります。x kg 使うと，残りは y kg になります。

(　　　　　　)

(3) まわりの長さが x cm の正三角形の 1 辺の長さは y cm です。

(　　　　　　)

(4) 1 個 60 g の卵 x 個を 90 g のかごに入れると，全体の重さは y g になります。

(　　　　　　)

3 6年 **みゆきさんは，同じ値段のケーキを 5 個買って，100 円の箱につめてもらいました。ケーキ 1 個の値段は，140 円，160 円，180 円，200 円の 4 種類あります。** 1つ4点【24点】

(1) ケーキ 1 個の値段を x 円，代金を y 円として，x と y の関係を式に表しなさい。

(　　　　　　)

(2) x の値《あたい》が次のとき，対応する y の値をそれぞれ求めなさい。

① $x=140$ (　　　　　　)

② $x=160$ (　　　　　　)

③ $x=180$ (　　　　　　)

④ $x=200$ (　　　　　　)

(3) 代金は 1000 円だったそうです。1 個何円のケーキを買いましたか。

(　　　　　　)

ポイント

1 2 公式やことばの式に，数や文字をあてはめて表します。
3 (2)は，(1)でつくった式に x の値をあてはめて計算します。
4 たし算とひき算，かけ算とわり算が，それぞれ逆の関係にあることから求めます。(7)は $x\times4$，(8)は $x\div5$ の表す数を求めてから，x の表す数を求めます。
5 まず，ⓐ～ⓞを文字を使った式に表し，(1)～(4)のそれぞれと同じ式になるものをさがします。

4 重要 3,4,5,6年 次の式で，x の表す数を求めなさい。

1つ4点【32点】

(1) $x+18=73$ （　　　）
(2) $39+x=105$ （　　　）
(3) $x-27=54$ （　　　）
(4) $x\times7=203$ （　　　）
(5) $18\times x=162$ （　　　）
(6) $x\div6=12$ （　　　）
(7) $x\times4+9=37$ （　　　）
(8) $x\div5-2=12$ （　　　）

5 注意 6年 次の式で表されるのは，下のⓐ～ⓞのどれですか。それぞれ記号で答えなさい。

1つ4点【16点】

(1) $40+x=y$ （　　　）
(2) $40-x=y$ （　　　）
(3) $40\times x=y$ （　　　）
(4) $40\div x=y$ （　　　）

ⓐ　1 m の重さが 40 g の針金があります。この針金 x m の重さは y g です。
ⓘ　面積が 40 cm² の長方形があります。縦の長さが x cm のとき，横の長さは y cm です。
ⓤ　画用紙が 40 枚あります。x 枚使うと，残りは y 枚になります。
ⓔ　縦 40 cm，横 x cm の長方形のまわりの長さは y cm です。
ⓞ　面積が 40 m² と x m² の公園があります。合わせた面積は y m² です。

中学サキドリ

文字を使った式の表し方のきまり

中学校になると，次のきまりにしたがって式に表します。

(1) 記号×をはぶき，文字と数との積では，数を文字の前に書く。　例 $a\times5=5a$
(2) 記号÷を使わないで，分数の形で書く。　例 $a\div3=\frac{a}{3}$

13 算数 比例・反比例

答え 別冊 p.12

得点 ／100
［合格点:70点］

1 重要 6年 **右の表は，ある針金の長さ x m とその重さ y g の関係を表したものです。**

長さ x (m)	1	2	3	4	5	6
重さ y (g)	6	12	18	24	30	36

1つ4点【28点】

(1) x の値《あたい》が 2 倍，3 倍，……になると，対応する y の値はどのように変わりますか。

（　　　　　　　　　　）

(2) x の値が $\frac{1}{2}$ 倍，$\frac{1}{3}$ 倍，……になると，対応する y の値はどのように変わりますか。

（　　　　　　　　　　）

(3) x と y の関係は，どのような関係になっていますか。

（　　　　　　）

(4) y を x の式で表しなさい。

（　　　　　　）

(5) x の値が次のとき，対応する y の値をそれぞれ求めなさい。

① $x=8$　　　　② $x=14.5$

（　　　　）　（　　　　）

(6) y の値が 25.2 のとき，対応する x の値を求めなさい。

（　　　　）

2 6年 **水そうに 1 分間あたり 4 L の水を入れていきます。水を入れる時間を x 分，入る水の量を y L として，次の問いに答えなさい。**

1つ6点【24点】

(1) x と y の関係を式に表しなさい。

（　　　　　　）

(2) x と y の関係をグラフに表しなさい。

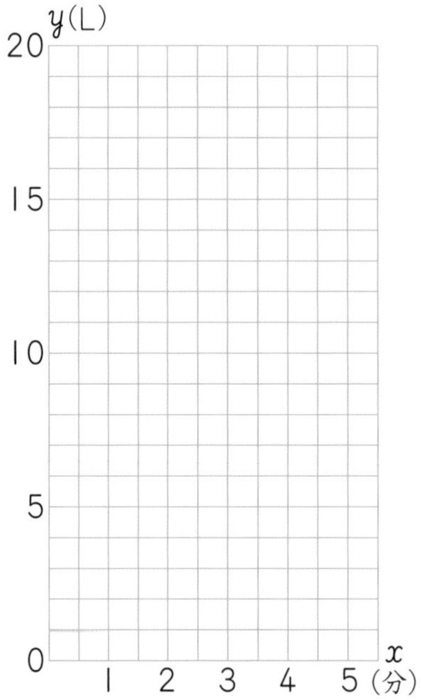

(3) この水そうに 2.5 分間水を入れると，水は何 L 入りますか。

（　　　　）

(4) この水そうの水の量が 18 L になるのは，水を何分間入れたときですか。

（　　　　）

ポイント

1 3 x の値が2倍，3倍，……になると，対応する y の値も2倍，3倍，……になるのが比例，対応する y の値が $\frac{1}{2}$ 倍，$\frac{1}{3}$ 倍，……になるのが反比例です。

2 (3)(4)は，(2)でかいたグラフから読み取るか，(1)の式に x や y の値をあてはめて計算します。

4 あ～おについて，y を x の式で表してみます。y=決まった数×x の形になれば y は x に比例し，y=決まった数÷x の形になれば y は x に反比例します。

3 重要 6年 右の表は，面積が 36 cm² の平行四辺形の底辺 x cm と高さ y cm の関係を表したものです。

底辺 x（cm）	1	2	3	4	5	6	
高さ y（cm）	36	18	12	9	7.2	6	

1つ4点【28点】

(1) x の値が2倍，3倍，……になると，対応する y の値はどのように変わりますか。（　　　　　　　　）

(2) 対応する x，y の値の積は，いつもいくつになっていますか。（　　　　）

(3) x と y の関係は，どのような関係になっていますか。（　　　　）

(4) y を x の式で表しなさい。（　　　　）

(5) x の値が次のとき，対応する y の値をそれぞれ求めなさい。

① $x=9$（　　　　）　② $x=2.5$（　　　　）

(6) y の値が 7.5 のとき，対応する x の値を求めなさい。（　　　　）

4 注意 6年 次のあ～おの2つの量の関係について答えなさい。

1つ5点【20点】

あ 160 cm のリボンを姉妹で分けるときの，姉の分 x cm と妹の分 y cm

い 24 km の道のりを行くときの，時速 x km とかかる時間 y 時間

う 100 円で買い物をするときの，代金 x 円とおつり y 円

え 正五角形の1辺の長さ x cm とまわりの長さ y cm

お まわりの長さが 18 cm の長方形の，縦の長さ x cm と横の長さ y cm

(1) y が x に比例しているのはどれですか。記号で答えなさい。また，y を x の式で表しなさい。　記号（　　）　式（　　　　）

(2) y が x に反比例しているのはどれですか。記号で答えなさい。また，y を x の式で表しなさい。　記号（　　）　式（　　　　）

中学サキドリ

0の点を通らない直線のグラフ

比例のグラフは，0の点を通る直線でしたが，中学校になると，右の図のような0の点を通らない直線のグラフについても学習します。このようなグラフも，x と y の関係を式に表すことができます。

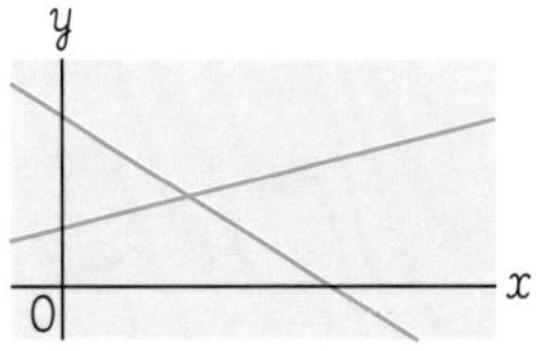

14 算数 データの整理・場合の数

答え 別冊 p.12

得点 ／100
［合格点:70点］

1 重要 6年 **下の表は，6 年 1 組の 20 人の通学時間を調べたものです。**

⑴⑸1つ10点,他1つ6点【60点】

6 年 1 組の通学時間の記録　　(単位：分)

① 10	② 8	③ 12	④ 5	⑤ 20	⑥ 10	⑦ 4	⑧ 15	⑨ 9	⑩ 18
⑪ 9	⑫ 15	⑬ 10	⑭ 18	⑮ 12	⑯ 22	⑰ 10	⑱ 8	⑲ 12	⑳ 23

⑴ 上の記録を，○番号を使って，ドットプロットに表しなさい。

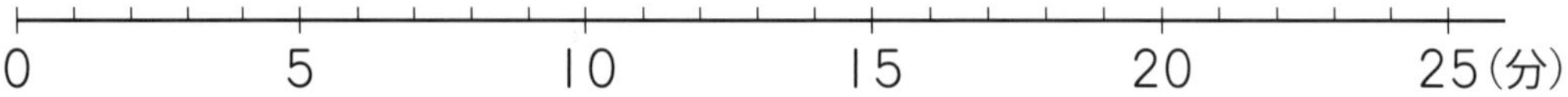

⑵ 平均値を求めなさい。

(　　　　　)

⑶ 最頻《さいひん》値《ち》を求めなさい。

(　　　　　)

⑷ 注意 中央値を求めなさい。

(　　　　　)

⑸ 上の記録を，度数分布表に整理し，ヒストグラムに表しなさい。

通学時間の記録

時間（分）	人数（人）
以上　未満 0 ～ 5	
5 ～ 10	
10 ～ 15	
15 ～ 20	
20 ～ 25	
合計	

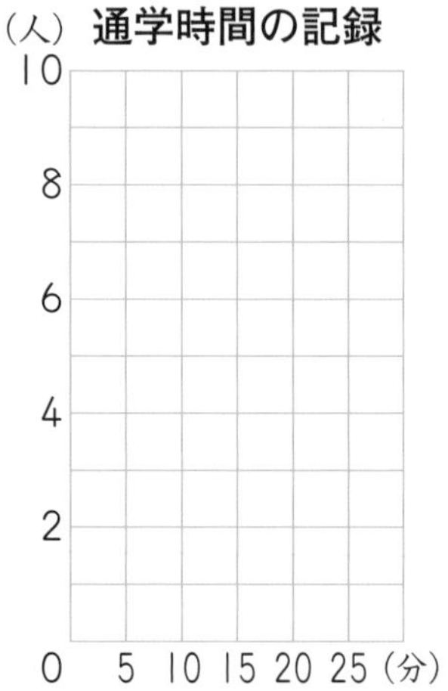

⑹ いちばん度数が多いのはどの階級ですか。また，その割合は，全体の度数の合計の何％ですか。

階級(　　　　　　　　　　)　割合(　　　　　)

ポイント

1 (3)最頻値とは，データの中で最も多く出てくる値《あたい》です。
(4)中央値とは，データの値を大きさの順に並べたときの中央の値です。データが偶数個《ぐうすうこ》のときは，中央にある２つの値の平均値を中央値とします。
2 (2)十の位が [2]，[3]，[4] のときも，それぞれ十の位が [1] のときと同じ数だけあります。
4 (1)3と同じような表をつくって調べます。
(2)５種類の中から４種類を選ぶということは，使わない１種類を選ぶことと同じです。

2 6年 **[1]，[2]，[3]，[4] の４枚のカードのうちの２枚を並べて，２けたの整数をつくります。** 1つ6点【18点】

(1) 十の位が [1] のとき，できる２けたの整数をすべて書きなさい。
（　　　　　　）

(2) ２けたの整数は，全部で何通りできますか。（　　　　　　）

(3) ２けたの偶数《ぐうすう》は，全部で何通りできますか。（　　　　　　）

3 6年 **A，B，C，Dの４チームで野球の試合をします。どのチームとも１回ずつ試合をすることにすると，試合の組み合わせは，全部で何通りあるか調べます。** 1つ5点【10点】

(1) たかしさんは，右のような表にかいて調べました。表のあいているところに，あてはまる○を書いて，表を完成させなさい。（全部できて5点）

(2) 試合の組み合わせは，全部で何通りありますか。
（　　　　　　）

	A	B	C	D
A		○	○	
B				
C				
D				

4 6年 **赤，白，青，黄，緑の５種類の色紙の中から，何種類かを選びます。** 1つ6点【12点】

(1) ちがう２種類を選ぶとき，組み合わせは全部で何通りありますか。
（　　　　　　）

(2) 注意 ちがう４種類を選ぶとき，組み合わせは全部で何通りありますか。
（　　　　　　）

中学サキドリ

確率《かくりつ》

いろいろなことがらの起こる割合のことを「確率」といいます。たとえば，すべての場合の数が６通りあり，そのうち，Aの起こる場合の数が１通りあるとき，Aの起こる確率は $\frac{1}{6}$ と分数で表します。

15 算数 文章題

答え ▶ 別冊 p.13

得点
／100
［合格点:70点］

1 4年 180 cm のリボンを 3 本に切りました。3 本のリボンは 20 cm ずつ長さがちがっています。いちばん長いリボンの長さは，何 cm ですか。

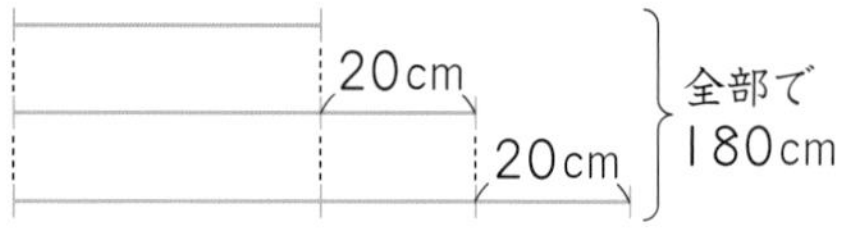

式5点・答え5点【10点】

（式）

答え（　　　　　）

2 4年 同じ値段のノートを 5 冊と 100 円のボールペンを 1 本買ったら，代金は 800 円でした。ノート 1 冊の値段は何円ですか。 式5点・答え5点【10点】

（式）

答え（　　　　　）

3 4,5年 ぶた肉を 2.5 kg 買いました。150 円まけてもらって，2150 円はらいました。このぶた肉には，1 kg 何円の値段がついていましたか。

式6点・答え6点【12点】

（式）

答え（　　　　　）

4 5年 72 kg の米を大小 2 つのふくろに分けて入れます。次の(1)，(2)のように分けたとき，小のふくろの米の重さは，それぞれ何 kg ですか。

式5点・答え5点【20点】

(1) 大のふくろの米の重さを，小のふくろの米の重さの 3 倍にしたとき

（式）

答え（　　　　　）

(2) 大のふくろの米の重さを，小のふくろの米の重さの 2 倍より 9 kg 多くしたとき

（式）

答え（　　　　　）

ポイント

1 問題の図から，まず，2 番目に長いリボンの長さを求めます。
2 3 順にもどして考えます。
4 大のふくろの米の重さを小のふくろの米の重さにおきかえて考えます。
5 問題の図から，代金の差はケーキ何個分の代金にあたるかを考えます。
6 バラが植えてある部分の面積は，公園の面積の何倍にあたるかを考えます。
7 (2)両方の管を使うと，1 分間にどれだけの量の水が入るかを考えて解きます。

5 重要 4,5年 **同じケーキを 6 個買って箱につめてもらったら，箱代をふくめて 1160 円でした。同じ箱でケーキを 8 個にすると，1520 円になるそうです。ケーキ 1 個の値段は何円ですか。** 式6点・答え6点【12点】

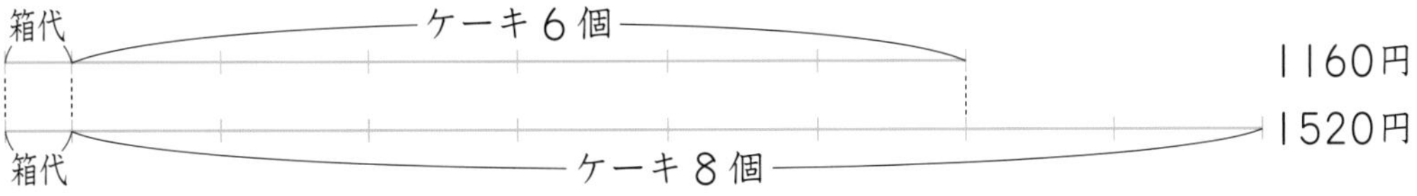

（式）

答え（　　　　　）

6 5,6年 **面積が 1200 m^2 の公園があります。公園の面積の $\frac{3}{5}$ が花だんになっていて，花だんの面積の $\frac{2}{9}$ にバラが植えてあります。バラが植えてある部分の面積は何 m^2 ですか。** 式6点・答え6点【12点】

（式）

答え（　　　　　）

7 注意 6年 **水そうに水を入れるのに，A 管だけでは 30 分，B 管だけでは 20 分で満水になります。この水そうに，A 管と B 管を同時に使って水を入れると，何分で満水になるかを考えます。** (1)1つ6点，(2)式6点・答え6点【24点】

(1) 満水の水そうの水の量を 1 とするとき，次の問いに答えなさい。

① A 管だけで水を入れるとき，1 分間に入る水の量はどれだけですか。

（　　　　　）

② B 管だけで水を入れるとき，1 分間に入る水の量はどれだけですか。

（　　　　　）

(2) 両方の管を同時に使って水を入れると，何分で満水になりますか。

（式）

答え（　　　　　）

サキドリコラム

知っておこう！ 中学数学

中学の数学ってどんな教科？

中学では，**「算数」と呼んでいた教科名が「数学《すうがく》」に変わります。**学ぶ内容が大きく変わるわけではなく，算数の内容を深めたものが，数学だと考えましょう。

数学
算数

算数と数学の違《ちが》いは，問題やテーマの種類に現れます。身の回りのことを扱《あつか》う算数に対し，数学ではより抽象的《ちゅうしょうてき》な考え方を学んでいきます。

中学数学の攻略法

❶計算力を身につけよう！

算数と同じように，**数学でも計算力が一番の基礎《きそ》になります。**計算を速く，間違えずに解くことが，数学が得意になる近道です。

❷公式や定理を覚えよう！

数学では，たくさんの公式や定理が出てきます。**公式や定理を覚えると，ぐっと数学が得意になります。**これらは丸暗記するのでなく，それぞれの成り立ちを理解することで，身につきやすくなります。

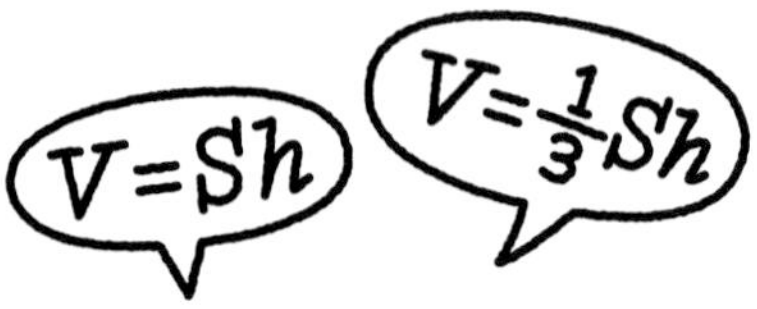
$V=Sh$
$V=\frac{1}{3}Sh$

比や図形の対称《たいしょう》など小学校で習った内容をもっと深く学ぶよ！
「マイナス」という考え方は，中学で勉強するよ！
中1で習う内容は，中3まで使うからしっかり身につけよう！

社会

Social Studies

1 社会 日本の国土とくらし

答え 別冊 p.14

得点 ／100
［合格点:70点］

1 5年 日本の気候について，次の問いに答えなさい。 1つ4点【24点】

⑴ 右のAは上越《じょうえつ》市（新潟県）の気温と降水量です。上越市では夏と冬のどちらの降水量が多いですか。
（　　　　）

⑵ 右のBは宮崎市（宮崎県）の気温と降水量です。宮崎市では夏と冬のどちらの降水量が多いですか。
（　　　　）

⑶ 宮崎市で６月の降水量が多いのは，主に何のえいきょうを受けているといえますか。（　　　　）

⑷ 宮崎市の気候はどの気候区分に属しますか。次のア～エから１つ選び，記号で答えなさい。

ア 太平洋《たいへいよう》側の気候　**イ** 中央高地《ちゅうおうこうち》の気候
ウ 日本海側の気候　**エ** 瀬戸内海《せとないかい》の気候

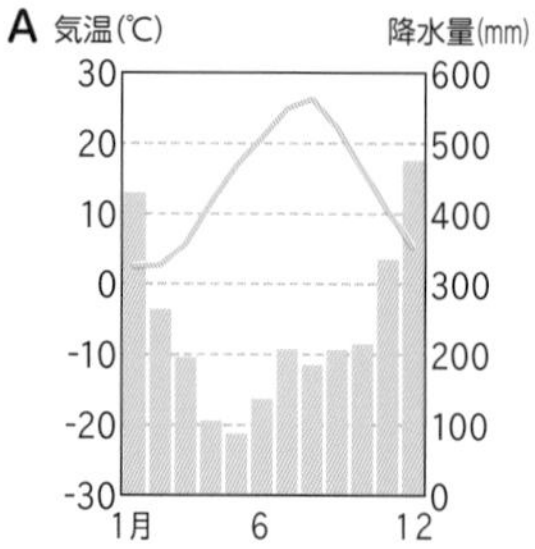

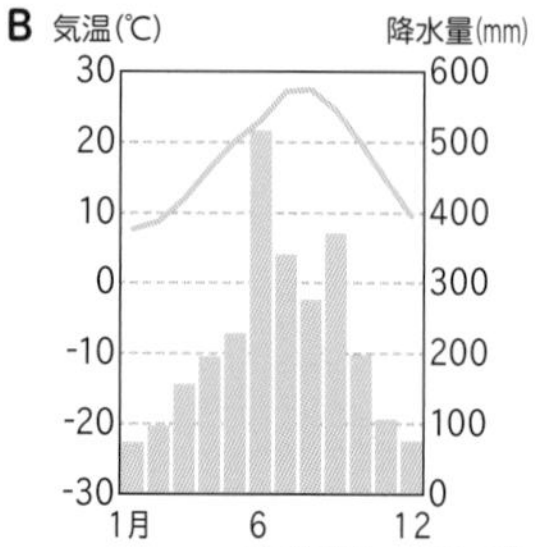

（気象庁ホームページ）

（　　　　）

⑸ 重要 上越市と宮崎市の降水量が⑴や⑵のようになるのは，何のえいきょうを受けるためですか。（　　　　）

⑹ 沖縄県の伝統的な家のまわりは，さんごの石垣《いしがき》や木で囲われています。これは何に備えたものですか。（　　　　）

2 5年 大陸と海洋について，地図を見て次の問いに答えなさい。 1つ4点【20点】

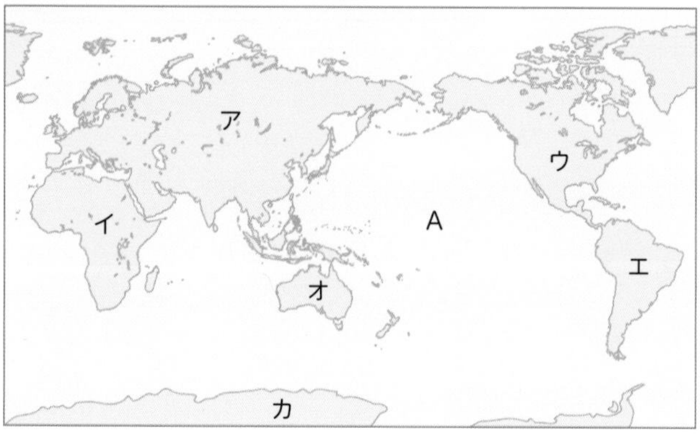

⑴ 地球の表面積では，陸地と海のどちらが広いですか。（　　　　）

⑵ 世界で最も大きいアの大陸を何といいますか。
（　　　　）

⑶ 日本が面するAの海洋を何といいますか。
（　　　　）

⑷ 赤道《せきどう》が通る大陸を，ア～カから２つ選び，記号で答えなさい。
（　　　　）（　　　　）

ポイント
- **1** (4)　宮崎市の位置を地図で確認しましょう。
- **2** (4)　赤道はケニアやブラジルなどを通っています。
- **4** (1)　東のはしと南のはしの島の名前をまちがえないようにしましょう。

3　5年〉日本の地形について，地図を見て次の問いに答えなさい。　1つ4点【36点】

(1)　地図中の**ア**・**イ**の山脈・山地，**ウ**・**エ**・**オ**の川，**カ**・**キ**の平野の名前をそれぞれ書きなさい。

ア（　　　　）
イ（　　　　）
ウ（　　　　）
エ（　　　　）
オ（　　　　）
カ（　　　　）
キ（　　　　）

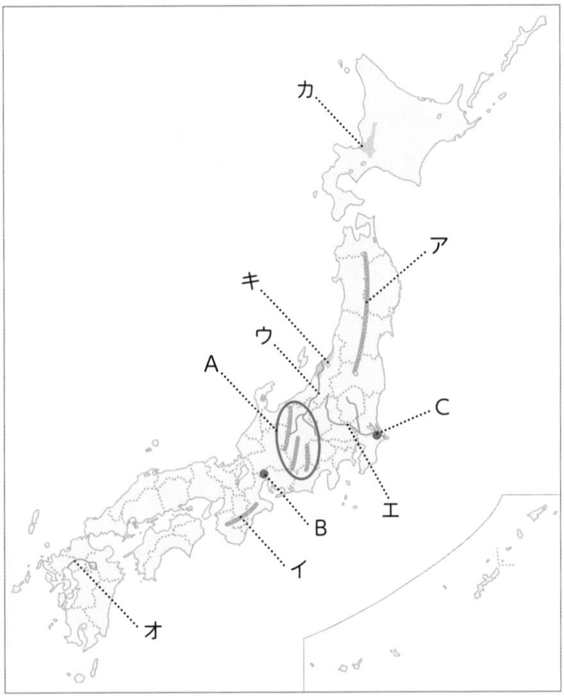

(2)　地図中の**A**には，とくに高い山が集まっています。何とよばれていますか。

（　　　　）

(3)　地図中の**B**や**C**の地域では，昔から堤防《ていぼう》などの工事を行ってきました。これは何を防ぐためですか。漢字２字で答えなさい。（　　　　）

4　5年〉日本の国土について，地図を見て次の問いに答えなさい。　1つ4点【20点】

(1)　**注意**　地図中の**A**～**D**は，それぞれ日本の東西南北のはしの島です。島の名前を次の**ア**～**エ**からそれぞれ選び，記号で答えなさい。

ア　与那国《よなぐに》島　　**イ**　択捉《えとろふ》島
ウ　沖ノ鳥《おきのとり》島　　**エ**　南鳥《みなみとり》島

A（　　　）　**B**（　　　）
C（　　　）　**D**（　　　）

(2)　地図中の**X**の国が不法に占領《せんりょう》している**Y**の島々を何といいますか。（　　　　）

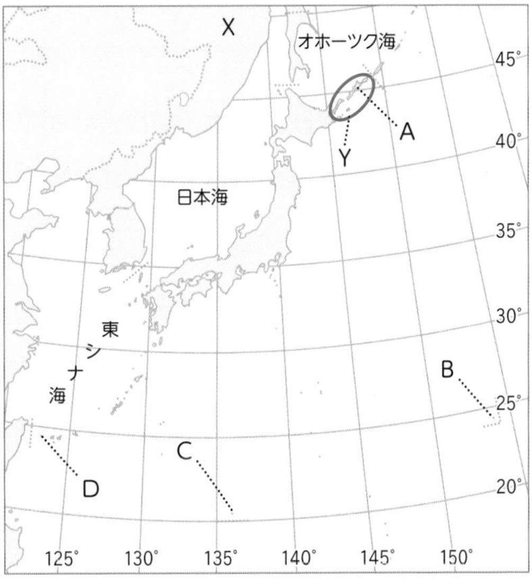

くらしを支える食料生産

答え 別冊 p.14

得点 ／100

［合格点:70点］

1 5年 米づくりがさかんな地域について，次の問いに答えなさい。 1つ5点【30点】

⑴ 右の地図を参考に，次の平野がある県名を書き，その平野を流れる川を下のア～エからそれぞれ選び，記号で答えなさい。

① 越後《えちご》平野（　　　　）県・川（　　）

② 庄内《しょうない》平野（　　　　）県・川（　　）

ア 利根《とね》川　イ 信濃《しなの》川

ウ 北上《きたかみ》川　エ 最上《もがみ》川

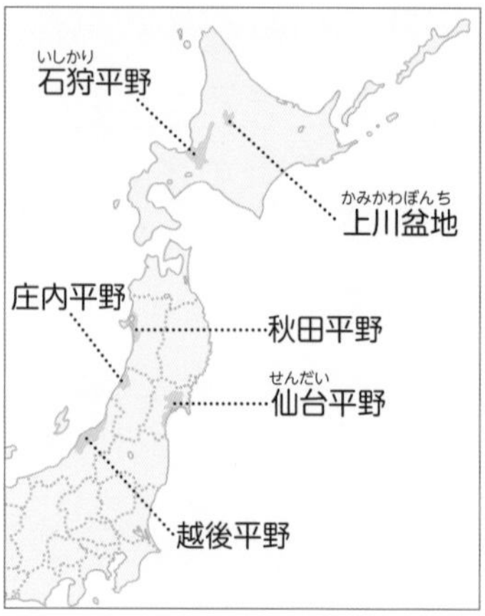

米づくりのさかんな平野・盆地《ぼんち》

⑵ 重要 よい性質をもった米の品種をかけ合わせて，より優れた新しい品種をつくることを何といいますか。（　　　　）

⑶ 次の米づくりの作業を，1年の作業の順番に並びかえなさい。

ア 水の管理　イ 稲《いね》かり　ウ 田植え　エ 田おこし・代《しろ》かき

（　　→　　→　　→　　）

2 5年 野菜や果物《くだもの》づくり，畜産《ちくさん》について，地図を見て次の問いに答えなさい。

⑶は7点，ほかは1つ5点【22点】

⑴ 主に暖かい地域で生産がさかんな果物は，りんごとみかんのどちらですか。

（　　　　）

⑵ 肉牛と肉用にわとりの飼育数がどちらも上位3位以内に入っている都道府県名を2つ答えなさい。

（　　　　）

（　　　　）

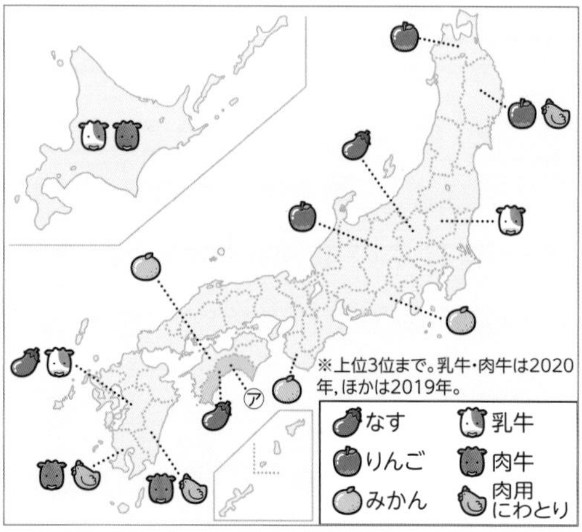

主な野菜・果物の生産量，家畜の飼育数の多い都道府県

(2021年版「データでみる県勢」)

⑶ ㋐の都道府県では，冬でも暖かい気候をいかし，ほかの産地からの出荷《しゅっか》が少ない冬から春に，ビニールハウスや温室などを使って，なすなどの野菜を生産・出荷しています。

このさいばい方法のよい点を答えなさい。

（　　　　）

ポイント

1 (1)　米づくりは大きな川の流れる平野や盆地《ぼんち》でさかん。川と平野はセットで覚えましょう。
2 (3)　市場《しじょう》に出回る野菜の量が少ないと，値段はどうなるかを考えましょう。
4 (1)　洋食を食べる機会が増えるなど，日本人の食生活が変化しました。

3　5年　日本の水産業について，グラフを見て次の問いに答えなさい。　1つ6点【18点】

(1)　**注意**　右のグラフは，漁業別の生産量の変化です。このグラフについて述べた次の**ア**～**ウ**の文の中から正しいものを1つ選び，記号で答えなさい。

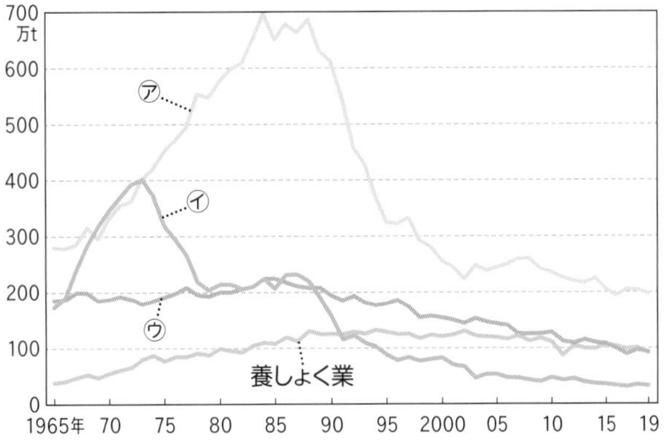

（2021/22年版「日本国勢図会」ほか）

ア　㋐は遠洋《えんよう》漁業で，大型の船を使って，遠くの海で数か月から1年かけて行う漁業である。
イ　㋑は沖合《おきあい》漁業で，10t《トン》以上の船を使い，日本近海で行う漁業である。
ウ　㋒は沿岸《えんがん》漁業で，小型の船で海岸やその近くで行う漁業や，定置《ていち》あみや地引《じび》きあみを使って行う漁業である。　（　　　）

(2)　㋑の漁業は1970年代から生産量が大はばに減りました。この理由を答えなさい。
（　　　　　　　　　　　　　　　　　　　　　　　　　　）

(3)　魚や貝などを大きくなるまで育てる養《よう》しょく業に対して，たまごからかえしたあと，一度川や海に放流し，自然の中で育ったものをとる漁業を何といいますか。　（　　　　　　）

4　5年　日本の食料生産について，次の問いに答えなさい。　1つ6点【30点】

(1)　右のグラフを見て次の文の（　　）にあてはまる言葉を書きなさい。

　消費量がとくに大きく増えたのは（　㋐　）と（　㋑　）である。いっぽう，大きく減ったのが（　㋒　）で，余らないように，1960年代後半から国による（　㋓　）が行われた。

㋐（　　　　　　）　㋑（　　　　　　）
㋒（　　　　　　）　㋓（　　　　　　）

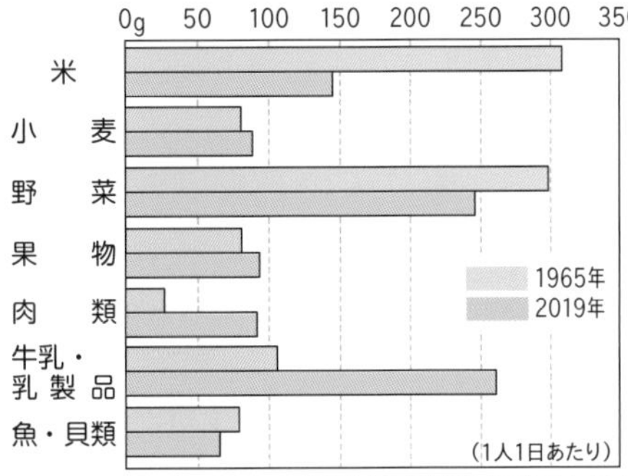

（2021/22年版「日本国勢図会」ほか）
主な食料の消費量の変化

(2)　国内で消費する食料のうち，その国内で生産する分でまかなえる割合を何といいますか。　（　　　　　　）

くらしを支える工業生産

答え 別冊 p.14

得点 ／100

［合格点:70点］

1 5年 自動車工場について，絵を見て次の問いに答えなさい。 1つ5点【30点】

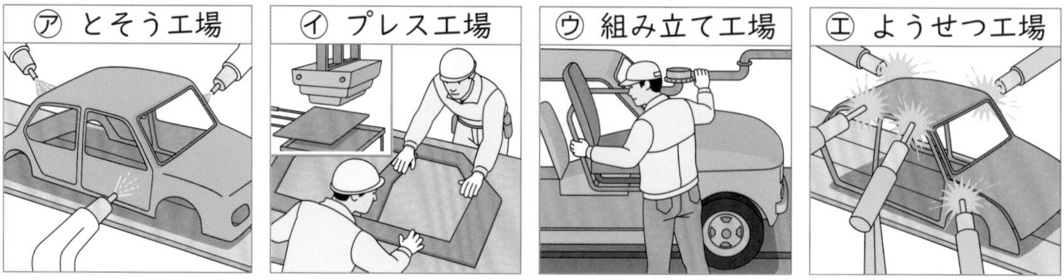

※ようせつ工場は車体工場ともいう。

(1) 重要 次の作業は，上の絵の㋐～㋓のどの工場で行われていますか。それぞれ選び，記号で答えなさい。

① 車体を洗い，さび止めをして何回もと料をぬる。

② ロボットを使い，部品をつなぎあわせて，車体の形に仕上げる。

③ 車体にエンジンやタイヤ，シートなどを取りつけていく。

④ 鉄板を切り取ったり曲げたりして，ドアや屋根などをつくる。

①（　　）②（　　）③（　　）④（　　）

(2) ㋐～㋓を自動車ができるまでの作業の順番になるように並《なら》びかえなさい。

（　→　→　→　）

(3) 自動車の部品を生産して自動車工場へ届けている工場を何といいますか。

（　　　）

2 5年 大工場と中小工場のグラフを見て次の問いに答えなさい。 1つ5点【25点】

(1) 次の①～③について，多いのは大工場，中小工場のどちらですか。

① 工場数（　　　）

② 働く人の数

（　　　）

③ 生産額（　　　）

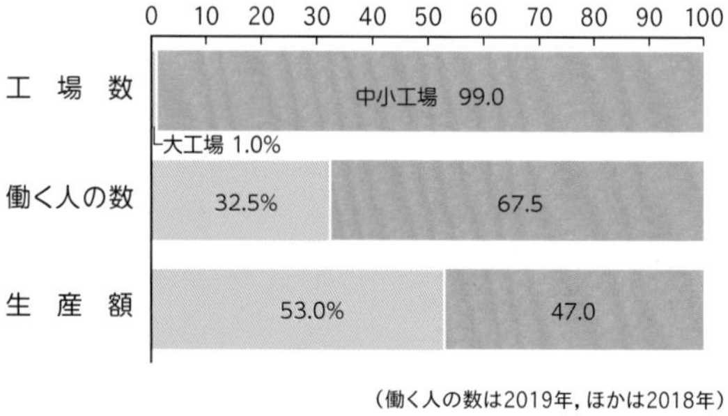

大工場と中小工場の割合《わりあい》（2021/22年版「日本国勢図会」）

(2) 次の文の（　）にあてはまる言葉や数字を書きなさい。

◉ 日本の中小工場は，（ ㋐ ）では大部分をしめており，働く人の数も7割近くをしめているが，生産額では大工場が（ ㋑ ）分の1以上をしめている。

㋐（　　　）㋑（　　　）

ポイント
1 組み立て工場では，組み立てラインに沿って，自動車が組み立てられています。
2 (2) 大工場は広いしき地に大規模な設備を整えて，大量生産を行っています。
3 (2) 海沿いに，帯（ベルト）のように連なっていることから考えましょう。

3 5年 工業がさかんな地域《ちいき》について，地図を見て次の問いに答えなさい。

1つ5点【25点】

(1) 右の地図中の①～④の工業地帯・工業地域名を，次の**ア**～**エ**からそれぞれ選び，記号で答えなさい。

ア 阪神《はんしん》工業地帯
イ 東海《とうかい》工業地域
ウ 京葉《けいよう》工業地域
エ 中京《ちゅうきょう》工業地帯

①（　　） ②（　　）
③（　　） ④（　　）

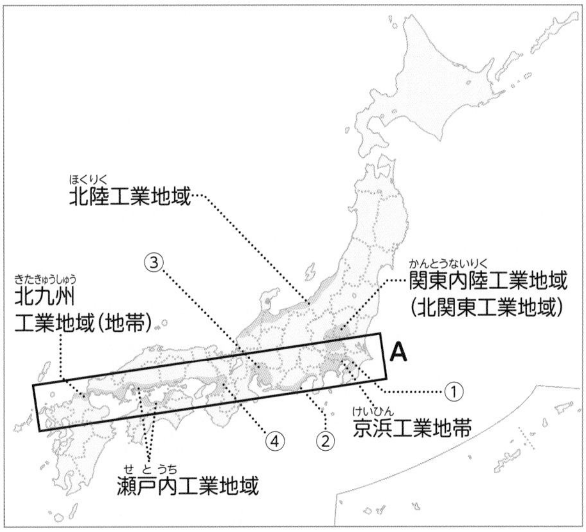

主な工業地帯・工業地域

(2) 地図中のAで示した，帯のように連なる工業のさかんな地域を何といいますか。

（　　　　　）

4 5年 日本の運輸について，グラフを見て次の問いに答えなさい。

1つ4点【20点】

(1) 右のグラフは国内貨物輸送の割合の変化です。2019年度で，最も利用されている輸送手段は何ですか。

（　　　　　）

(2) **注意** 次の特徴《とくちょう》にあてはまる輸送手段を，右のグラフ中からそれぞれ選んで書きなさい。

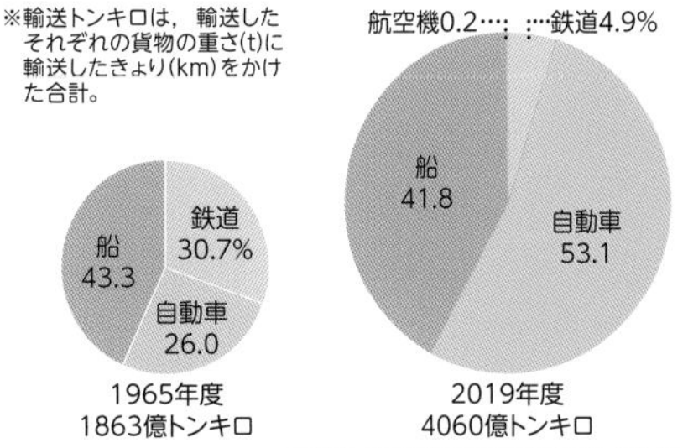

※輸送トンキロは，輸送したそれぞれの貨物の重さ(t)に輸送したきょり(km)をかけた合計。

（2021/22年版「日本国勢図会」ほか）

国内貨物輸送の割合の変化

① 出発地から目的地まで直接貨物を届けることができる。高速道路の整備とともに利用が増えた。（　　　　　）

② かさばるものや重いものを一度にたくさん運ぶことができる。時間はかかるが，輸送費をおさえられる。（　　　　　）

③ 貨物を速く運べるが，輸送費が高い。高価で小型の電子部品や，鮮度《せんど》を保ちたい食料品などの輸送に適している。（　　　　　）

④ 時間に正確だが，線路のあるところまでしか貨物を運べない。環境《かんきょう》にやさしい輸送手段でもある。（　　　　　）

4
社会

わたしたちの生活と情報・環境《かんきょう》

答え 別冊 p.14

得点
／100
［合格点:70点］

1 5年 情報を送る方法について，絵を見て次の問いに答えなさい。 1つ5点【30点】

インターネット

新聞

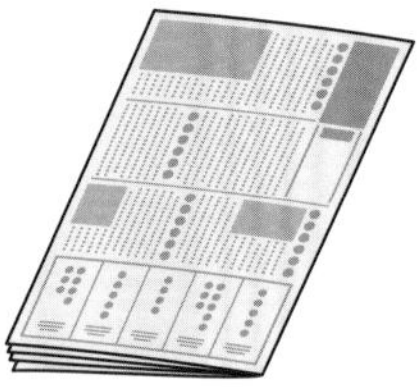

テレビ

ラジオ

(1) 絵のような，情報を送る方法のことを何といいますか。 (　　　　　)

(2) 次の文にあてはまるものを，上の絵からそれぞれ選んで書きなさい。

① 音声だけですばやく情報を伝える。電池で動くものもあり，災害時などに役立つ。 (　　　　　)

② 文字や写真などで伝える。持ち運びやすく，切り抜《ぬ》いて保存することもできる。 (　　　　　)

③ 文字や映像などで伝える。パソコンやスマートフォンを利用して，自分が知りたい情報をすぐに調べることができる。 (　　　　　)

(3) **注意** インターネットを利用するときの注意点として正しいものを次の**ア**～**エ**から２つ選び，記号で答えなさい。 (　　　)(　　　)

ア 個人情報は必ず公開する。 **イ** 情報は大げさに発信する。

ウ 必要な情報だけを受け取る。 **エ** 友だちの写真を勝手に使わない。

2 5年 コンビニエンスストアでの情報管理のしくみについて，図を見て次の問いに答えなさい。 1つ5点【20点】

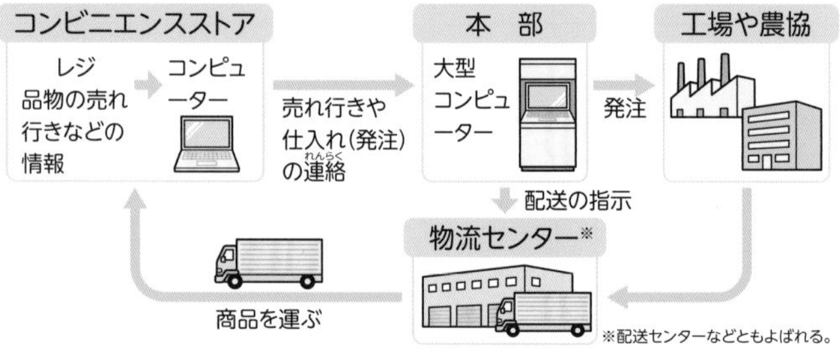

※配送センターなどともよばれる。

(1) コンビニエンスストアでは，品物の売れ行きなどの情報を，何に集めていますか。 (　　　　　)

(2) 本部は各店の仕入れをとりまとめて，どこに発注や指示を出しますか。２つ書きなさい。 (　　　　　)(　　　　　)

(3) **重要** コンピューターやインターネットを使い，大量の情報を処理・共有・伝達する技術を何といいますか。 (　　　　　)

ポイント

1 (3) 情報を発信するときや受け取るときの注意点を考えましょう。
3 エは川の水を一時的に取りこんで水量を調節するための施設《しせつ》です。
4 (3) 森林は動物たちのすみかにもなっています。

3 5年 次の自然災害に備えた施設《しせつ》・設備を下のア〜エからそれぞれ選び，記号で答えなさい。

1つ5点【20点】

①津波《つなみ》(　　　)　②こう水(　　　)　③地震《じしん》(　　　)　④雪害(　　　)

ア

イ

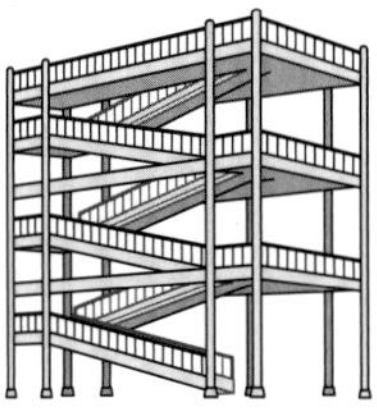

ウ

エ

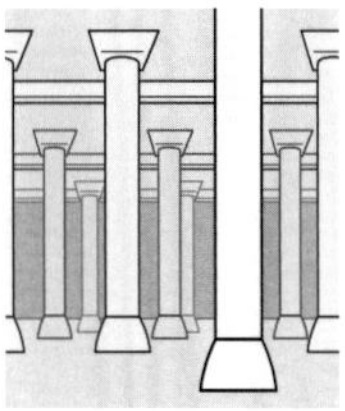

4 5年 林業の仕事について，絵を見て次の問いに答えなさい。

1つ5点【30点】

(1) 右の絵は林業の仕事の様子を表しています。次の文にあてはまる作業を，㋐〜㋒からそれぞれ選び，記号で答えなさい。

① 節《ふし》のない木材をつくるために，よぶんな枝を切り落とす。
② 太陽の光がよく届くように，弱った木やこみあった木を切る。
③ 木の生長をじゃまする雑草をかり取る。

①(　　　)　②(　　　)　③(　　　)

(2) 人の手で植えられて管理される森林を何といいますか。(　　　　)

(3) 森林のはたらきについて，次の文の(　　)にあてはまる言葉を書きなさい。

◉ 森林は，空気中の(　㋐　)を吸収し酸素をつくり出す。また，土をとどめ，(　㋑　)などの災害を防いでくれる。

㋐(　　　　　)　㋑(　　　　　)

中学サキドリ

世界の諸地域

小学校では日本の自然・産業などについて学びましたが，中学校では世界の諸地域について，州ごとに自然・産業などを学びます。世界は大きくアジア州，ヨーロッパ州，アフリカ州，北アメリカ州，南アメリカ州，オセアニア州の6つに分けられます。

5
社会

国づくりのはじまり

答え 別冊 p.15

得点 ／100
［合格点:70点］

1 6年 次の年表の（　　）にあてはまる事がらを，右のア～ケからそれぞれ選び，記号で答えなさい。

1つ4点【20点】

年	主なできごと
	狩《か》りや漁，採集のくらしをする
約2300年前	大陸から（　①　）が伝わる
	各地に小さなくにができる
239	邪馬台国《やまたいこく》の（　②　）が中国《ちゅうごく》に使いを送る
4世紀	（　③　）が国土の統一を進める
	大王《おおきみ》や豪族《ごうぞく》の（　④　）がつくられる
5世紀	大陸の文化が伝わる
6世紀	朝鮮《ちょうせん》から（　⑤　）が公式に伝わる

ア　古墳《こふん》
イ　縄文《じょうもん》土器
ウ　弥生《やよい》土器
エ　仏教
オ　大和朝廷《やまとちょうてい》
カ　奴国《なのくに》
キ　米づくり
ク　古事記《こじき》
ケ　卑弥呼《ひみこ》

①（　　）②（　　）③（　　）④（　　）⑤（　　）

2 6年 聖徳太子《しょうとくたいし》の政治について，資料を見て次の問いに答えなさい。

1つ4点【24点】

A（一部をやさしく表したもの）

一、人の和を大切にしなさい。
二、（　㋐　）をあつく信仰《しんこう》しなさい。
三、（　㋑　）の命令には必ず従《したが》いなさい。
五、裁判《さいばん》は公正に行いなさい。

B

(1) 重要 資料Aを何といいますか。
（　　　　）

(2) 資料Aの㋐・㋑にあてはまる言葉を書きなさい。
㋐（　　　　）㋑（　　　　）

(3) 資料Bは，聖徳太子が㋐を広めるために建てたといわれる寺です。この寺を何といいますか。（　　　　）

(4) (3)の寺がある場所を下の地図のア～エから1つ選び，記号で答えなさい。
（　　）

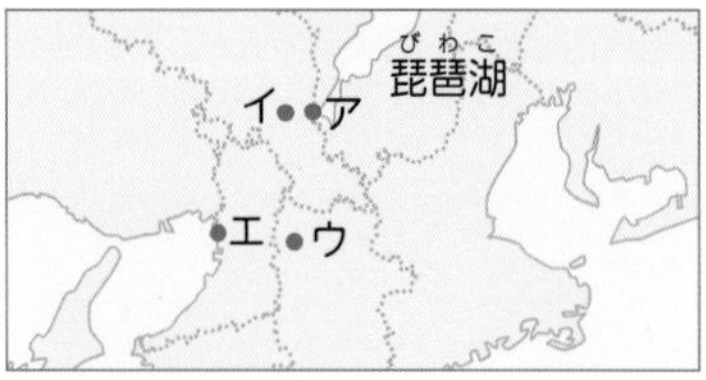

(5) 聖徳太子が定め，能力や功績で役人に取り立てた制度を何といいますか。
（　　　　）

ポイント

2 (5) 冠《かんむり》の色で役人の位を区別しました。
4 (3) もち月《づき》とは，満月のこと。この世《よ》はわたしの思いのままだという気持ちを表しています。
(4) 亡くなる直前に，天智天皇《てんじてんのう》から藤原《ふじわら》という姓《せい》を授かりました。

3 6年 東大寺《とうだいじ》と大仏《だいぶつ》について，次の問いに答えなさい。 1つ6点【12点】

(1) 東大寺を建てて，大仏をつくる命令を出した天皇《てんのう》はだれですか。
（　　　　）

(2) 人々から「菩薩《ぼさつ》」とよばれ，大仏づくりに協力した僧《そう》はだれですか。
（　　　　）

4 6年 平安《へいあん》時代について，次の問いに答えなさい。 1つ4点【24点】

(1) 平安京《へいあんきょう》は，現在のどの都道府県にありましたか。 （　　　　）

(2) 次の文の（　　）にあてはまる言葉を書きなさい。

◉ 藤原氏《ふじわらし》は，自分の（　①　）を（　②　）のきさきにし，生まれた子を（　②　）にたてて，政治の実権をにぎった。

①（　　　　）②（　　　　）

(3) 次の歌をよんだ人物は，だれですか。また，この歌にこめられた気持ちを，下の**ア**～**ウ**から１つ選び，記号で答えなさい。

◉ この世《よ》をば　わが世とぞ思ふ《(う)》　もち月《づき》の
欠けたることも　なしと思へ《(え)》ば

ア みじめなくらしをなげく気持ち。
イ 人々の幸せを願う，やさしい気持ち。 人物（　　　　）
ウ 自分の力に満足した，得意げな気持ち。 記号（　　　　）

(4) 藤原氏の祖先は，中大兄皇子《なかのおおえのおうじ》とともに大化《たいか》の改新《かいしん》で活やくした人物です。それは，だれですか。 （　　　　）

5 6年 平安時代の文化について，次の問いに答えなさい。 1つ4点【20点】

(1) 次の文の（　　）にあてはまる言葉を，下から選んで書きなさい。

◉ 平安時代には，日本の風土やくらしに合った（　①　）文化が栄えた。貴族は（　②　）造《づくり》の屋しきに住み，女性は（　③　）が正装《せいそう》だった。

書院《しょいん》	寝殿《しんでん》	唐風《とうふう》	国風《こくふう》	束帯《そくたい》	十二単《じゅうにひとえ》

①（　　　　）②（　　　　）③（　　　　）

(2) 平安時代に広まった，漢字をもとにした文字を何といいますか。
（　　　　）

(3) **注意** 『源氏物語《げんじものがたり》』の作者はだれですか。 （　　　　）

英語
算数
社会
理科
国語

武士の政治のはじまり

答え 別冊 p.15

得点 ／100

［合格点:70点］

1 6年 次の年表を見て，下の問いに答えなさい。

1つ4点【32点】

年	主なできごと
1167	平清盛《たいらのきよもり》が太政大臣《だいじょうだいじん》となる ……………………あ
1185	（ ① ）が（ ② ）をほろぼす
1192	源頼朝《みなもとのよりとも》が（ ③ ）となる
1221	（ ④ ）が起こる………………………………い
1232	（ ⑤ ）が定められる…………………………う
1333	鎌倉幕府《かまくらばくふ》がほろびる

ア 平氏《へいし》
イ 源氏《げんじ》
ウ 征夷大将軍《せいいたいしょうぐん》
エ 御成敗式目《ごせいばいしきもく》
オ 武家諸法度《ぶけしょはっと》
カ 承久《じょうきゅう》の乱《らん》
キ 平治《へいじ》の乱

(1) 年表中の（　　）にあてはまることがらを，右の**ア**～**キ**からそれぞれ選び，記号で答えなさい。

①（　　）②（　　）③（　　）④（　　）⑤（　　）

(2) 次の文と関係のある事がらを，年表中のあ～うからそれぞれ選び，記号で答えなさい。

① 武士の法律や制度が整えられ，幕府の支配力が強まった。

② 一族中心に政治を行い，中国《ちゅうごく》（宋《そう》）との貿易を進めた。

③ 北条政子《ほうじょうまさこ》は，かけつけた御家人《ごけにん》たちを前にして，亡き頼朝《よりとも》のご恩《おん》を説き，御家人たちを団結させた。

①（　　）②（　　）③（　　）

2 6年 絵を見て，次の問いに答えなさい。

1つ4点【12点】

(1) 右の絵で，日本の武士と戦っているのは，何という国の兵士ですか。（　　）

(2) 注意 このときの日本の幕府の執権《しっけん》はだれですか。

（　　）

（菊池神社）

(3) このできごと後の動きを次の**ア**～**ウ**から１つ選び，記号で答えなさい。

ア 幕府は大陸に進出し，新たな領地を手に入れようとした。

イ 武士は新たな領地をもらうことができず，幕府に不満をもった。

ウ 幕府と武士のつながりがさらに強くなった。（　　）

ポイント

- ■1 (2) ②「平氏にあらずんば，人にあらず」という言葉がありました。
- ■2 (1) モンゴル人が中国《ちゅうごく》につくった国です。
- ■5 ⑥ この政策を楽市《らくいち》・楽座《らくざ》といいます。

3 6年〉 室町《むろまち》文化について，次の問いに答えなさい。 1つ3点【15点】

(1) 足利義満《あしかがよしみつ》が京都の北山《きたやま》に建てた，はなやかで豪華《ごうか》な別荘《べっそう》を何といいますか。 (　　　　)

(2) 足利義満の保護を受けて，観阿弥《かんあみ》・世阿弥《ぜあみ》父子が完成させた伝統芸能を何といいますか。 (　　　　)

(3) 足利義政《よしまさ》が京都の東山《ひがしやま》に建てた別荘を何といいますか。 (　　　　)

(4) (3)のそばにある東求堂《とうぐどう》は，現在の和風住宅のもとになった建築様式がみられます。これを何といいますか。 (　　　　)

(5) 雪舟《せっしゅう》について，次の文の(　　)にあてはまる言葉を書きなさい。

◉ 雪舟は，鎌倉時代に中国から伝わった(　　)を日本風の様式に完成させた。 (　　　　)

4 6年〉 鉄砲《てっぽう》やキリスト教の伝来について，次の問いに答えなさい。 1つ5点【20点】

(1) 鉄砲を日本に初めて伝えたのは，どこの国の人で，伝わった場所はどこですか。 国(　　　　) 場所(　　　　)

(2) **重要** キリスト教を日本に伝えた，スペイン人の宣教師《せんきょうし》はだれですか。 (　　　　)

(3) 比叡山延暦寺《ひえいざんえんりゃくじ》や一向宗《いっこうしゅう》などの仏教勢力をおさえこむいっぽうで，キリスト教を保護したのは，だれですか。 (　　　　)

5 6年〉 次の文のうち，織田信長《おだのぶなが》に関係があるものにはA，豊臣秀吉《とよとみひでよし》に関係があるものにはB，徳川家康《とくがわいえやす》に関係があるものにはCを書きなさい。 1つ3点【21点】

① 関ヶ原《せきがはら》の戦いに勝って，征夷大将軍となり，江戸《えど》に幕府を開いた。

② 将軍を京都から追放して，室町幕府をほろぼした。

③ 大名を親藩《しんぱん》，譜代《ふだい》，外様《とざま》に区別し，くふうして配置した。

④ 関白《かんぱく》として，朝廷《ちょうてい》の力を利用しながらほかの大名をおさえ，1590年，全国を統一した。

⑤ 明《みん》を支配しようとして，朝鮮《ちょうせん》に２度大軍を送ったが失敗した。

⑥ 安土《あづち》の城下町に商人や職人を集め，自由に商工業ができるようにした。

⑦ 検地《けんち》を行い，田畑の広さや土地のよしあしなどを記録した。

①(　　) ②(　　) ③(　　) ④(　　)
⑤(　　) ⑥(　　) ⑦(　　)

7
社会

江戸《えど》時代の政治と文化

答え 別冊 p.15

得点

／100

［合格点:70点］

1 6年 鎖国《さこく》までの動きについて，次の問いに答えなさい。 1つ4点【36点】

(1) 次の文の(　　)にあてはまる言葉を下のア～クからそれぞれ選び，記号で答えなさい。

◉ 江戸幕府《えどばくふ》は初め，大名《だいみょう》や商人に(　①　)をあたえ貿易をすすめた。その結果，東南アジアの各地に(　②　)ができた。しかし，貿易船に乗ってやってくるキリスト教の(　③　)が布教活動を行い，国内にキリスト教の信者が増えていった。これに対して江戸幕府は，信者が幕府に従わず，(　④　)を起こすことをおそれて，キリスト教を禁止した。

ア	朱印状《しゅいんじょう》	**イ**	勘合《かんごう》	**ウ**	宿場町《しゅくばまち》	**エ**	日本町《にほんまち》
オ	商人	**カ**	宣教師《せんきょうし》	**キ**	鉄砲《てっぽう》	**ク**	一揆《いっき》

①(　　　) ②(　　　) ③(　　　) ④(　　　)

(2) 右の絵は，何をしている様子ですか。

(　　　　　　　)

(3) (2)はどんな目的のために行われましたか。簡単に書きなさい。

(　　　　　　　　　　　　　　)

(4) 領主が重い年貢《ねんぐ》をかけ，キリスト教の信者を厳しく取りしまったことから，1637年に九州《きゅうしゅう》地方で起こった一揆を，何といいますか。

(　　　　　　)

(5) 鎖国中も長崎に限って貿易を認められた国を，次の**ア**～**エ**から2つ選び，記号で答えなさい。 (　　)(　　)

ア スペイン　**イ** ポルトガル　**ウ** オランダ　**エ** 中国

2 6年 資料を見て，次の問いに答えなさい。 1つ4点【8点】

一、学問や武芸の道にはげむこと。

一、大名は領地と江戸に交代で住み，毎年4月に参勤《さんきん》すること。

一、新しく城《しろ》を築いてはならない。城の修理は幕府に届け出ること。

（一部要約）

(1) 重要 このきまりを何といいますか。 (　　　　　　)

(2) ――線の制度を定めた人物はだれですか。 (　　　　　　)

ポイント

- **1** (2)(3)　キリストや聖母《せいぼ》マリアの像を踏《ふ》ませました。
- **3** (2)　多くの人が日数をかけて移動したことから考えましょう。
- **4** (2)　ウは浮世絵《うきよえ》の作品名です。

3　6年 〉右の絵を見て，次の問いに答えなさい。　1つ4点【12点】

（会津若松市立会津図書館）

(1)　この行列は，３代目の将軍が，武家諸法度《ぶけしょはっと》につけ加えた制度にもとづいています。何という制度ですか。　(　　　　)

(2)　(1)の制度ができたことで，どのようなことが起こりましたか。次の**ア**～**エ**から正しいものを２つ選び，記号で答えなさい。

ア　道路が整備され，五街道《ごかいどう》を中心に交通や商業が発達した。

イ　大名の力が強まったので，すぐに中止された。

ウ　大名の経済的負担が大きくなり，幕府に対する力が弱まった。

エ　大名が反発し，力を合わせて幕府に反抗《はんこう》した。　(　　)(　　)

4　6年 〉江戸時代の社会や文化について，次の問いに答えなさい。　1つ4点【44点】

(1)　次の文の(　　)にあてはまる都市名や言葉を書きなさい。

◉ (　①　)は「将軍のおひざもと」といわれ，(　②　)の中心地だった。(　③　)は「天下の台所」といわれ，(　④　)の中心地だった。

①(　　　　)　②(　　　　)　③(　　　　)　④(　　　　)

(2)　**注意**　次の①～③の人物に関係が深いものを，下の**ア**～**ウ**からそれぞれ選び，記号で答えなさい。

①　松尾芭蕉《まつおばしょう》　②　伊能忠敬《いのうただたか》　③　歌川広重《うたがわひろしげ》

ア　日本地図　**イ**　俳句《はいく》　**ウ**　東海道五十三次《とうかいどうごじゅうさんつぎ》

①(　　)　②(　　)　③(　　)

(3)　『曽根崎心中《そねざきしんじゅう》』などの作品を書き，歌舞伎《かぶき》や人形浄瑠璃《じょうるり》などの台本で人気を集めたのは，だれですか。

(　　　　)

(4)　『古事記《こじき》』や『源氏物語《げんじものがたり》』などを研究し，『古事記伝《こじきでん》』を著した国学者はだれですか。

(　　　　)

(5)　前野良沢《まえのりょうたく》らとともに，オランダ語の医学書を翻訳《ほんやく》して，『解体新書《かいたいしんしょ》』を出版した医者はだれですか。

(　　　　)

(6)　百姓《ひゃくしょう》や町人の子が通った教育機関を何といいますか。(　　　　)

8 社会

開国と明治維新《めいじいしん》

答え 別冊 p.16

得点 ／100

［合格点:70点］

1 6年 黒船《くろふね》の来航について，次の問いに答えなさい。 1つ4点【44点】

（一般財団法人 黒船館）

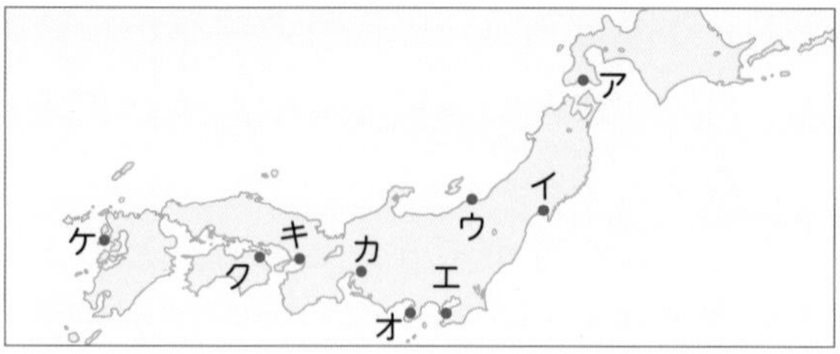

(1) 上の絵の黒船で来航し，江戸幕府《えどばくふ》に開国をせまったアメリカ合衆国《がっしゅうこく》の使者は，だれですか。また，最初に来航した場所を上の地図の**ア～ケ**から１つ選び，記号で答えなさい。

使者（　　　　　）場所（　　）

(2) 黒船が来航した翌年（1854年）に結ばれた，アメリカとの条約を何といいますか。 （　　　　　）

(3) (2)の条約で開かれた２つの港を上の地図の**ア～ケ**から選び，記号で答えなさい。 （　　）（　　）

(4) 1858年，幕府がアメリカと結んで，貿易を始めた条約を何といいますか。 （　　　　　）

(5) **注意** (4)の条約で幕府が開いた港は，横浜《よこはま》（神奈川），函館《はこだて》のほか，どこでしたか。上の地図の**ア～ケ**から３つ選び，記号で答えなさい。

（　　）（　　）（　　）

(6) (4)の条約について，次の文の（　　）にあてはまる言葉を書きなさい。

◉ この条約は，アメリカに（　①　）権を認めたために，日本で罪をおかした外国人を日本の法律でさばけなかった。また，日本に（　②　）権がないために，輸入品に自由に税金をかけられない不平等条約だった。 ①（　　　　）②（　　　　）

2 6年 明治新政府《めいじしんせいふ》が行った政策について，次のア～ウの文が説明していることを何といいますか。それぞれ漢字４字で書きなさい。 1つ5点【15点】

ア 藩《はん》を廃止《はいし》し，新たに府と県を置いた。
イ 官営《かんえい》工場をつくり，外国から進んだ技術や知識を取り入れた。
ウ 土地の価格を定めて，土地に対する税のしくみを改めた。

ア（　　　　）**イ**（　　　　）**ウ**（　　　　）

ポイント
- **1** (5) 太平洋側《たいへいようがわ》だけでなく，日本海側の港も開港しました。
- **3** (2) 皇帝《こうてい》の権力が強い国の憲法を手本としました。
- **4** (2) この講和条約後に，日本国内で不満の声があがりました。

3 6年〉 明治時代の国の政治のしくみについて，図を見て次の問いに答えなさい。

⑷は1つ4点,ほかは1つ3点【26点】

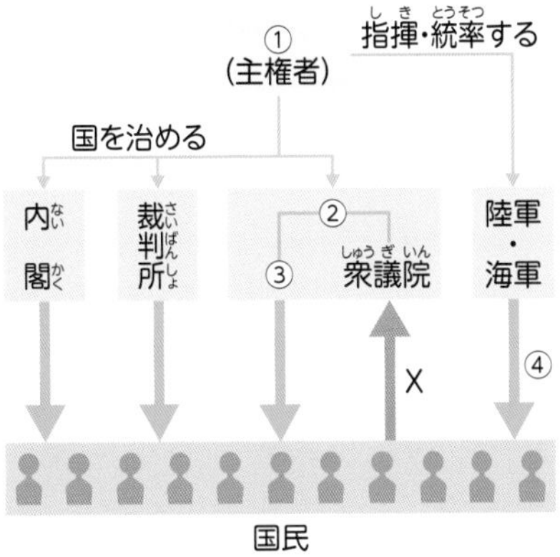

(1) **重要** 図の政治のしくみは，何という憲法にもとづくものですか。

(　　　　　　　　　)

(2) (1)の憲法は，主にどの国の憲法を手本としてつくりましたか。(　　　　　　　　)

(3) 図の①～④にあてはまる言葉を書きなさい。

① (　　　　　　)　② (　　　　　　)

③ (　　　　　　)　④ (　　　　　　)

(4) **X**は，国民による選挙を表しています。1890年当時の選挙権について，正しいものを次の**ア**～**エ**から2つ選び，記号で答えなさい。

ア 25才以上の男子で，税金を1年に15円以上納める者だけにあたえられた。

イ 20才以上の男女すべてにあたえられた。

ウ 四民平等《しみんびょうどう》となり，すべての人にあたえられた。

エ 女子には選挙権があたえられなかった。　(　　　)(　　　)

4 6年〉 資料を見て，次の問いに答えなさい。

1つ5点【15点】

(1) 右の詩は，だれがつくり，何という戦争に出征《しゅっせい》した弟のことをよんだものですか。

人物(　　　　　　　)戦争(　　　　　　　)

(2) (1)の戦争の講和条約で決まったことのうち，まちがっているものを次の**ア**～**エ**から1つ選び，記号で答えなさい。

ア ロシアは日本に5億ドルの賠償金《ばいしょうきん》をはらう。

イ 樺太《からふと》の南半分を日本の領土とする。

ウ 韓国《かんこく》を日本の勢力下に置くことをロシアが認める。

エ 南満州《みなみまんしゅう》鉄道の権利を日本がもらう。

(　　　)

> 君死にたまふ《(もう)》ことなかれ
> (一部)
>
> あゝ《(あ)》を《(お)》とうとよ，君を泣く，
> 君死にたまふ《(もう)》ことなかれ，
> 末に生《うま》れし君なれば
> 親のなさけはまさりしも，
> 親は刃《やいば》をにぎらせて
> 人を殺せとを《(お)》しへ《(え)》しや，
> 人を殺して死ねよとて
> 二十四までをそだてしや。

9
社会

太平洋《たいへいよう》戦争と戦後の日本

答え 別冊 p.16

得点

／100

［合格点:70点］

1 6年 太平洋《たいへいよう》戦争について，次の問いに答えなさい。

1つ5点【40点】

(1) 第二次世界大戦が始まった翌年，日本は軍事同盟《どうめい》を結んでアメリカやイギリスと対立しました。この軍事同盟を結んだ国を２つ書きなさい。

（　　　　　）（　　　　　）

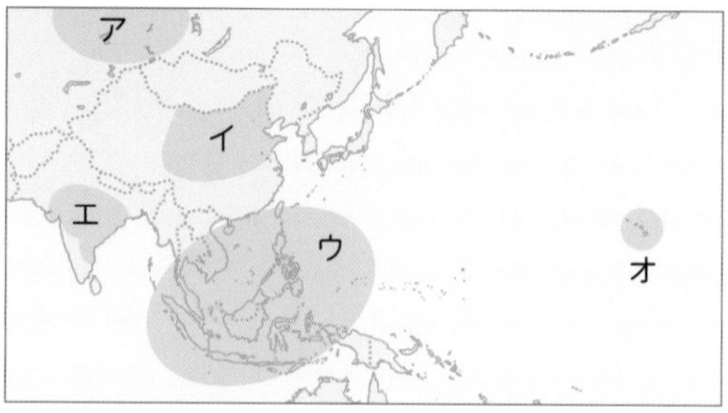

(2) 日本が石油などの資源を手に入れるために軍隊を進めた，当時イギリスやフランスなどが支配していた地域を，上の地図中の**ア**～**オ**から１つ選び，記号で答えなさい。（　　）

(3) 太平洋戦争は，日本軍が 1941 年 12 月８日に，マレー半島のイギリス軍やアメリカの軍港を攻撃《こうげき》して始まりました。アメリカ軍港があった位置を地図中の**ア**～**オ**から１つ選び，記号で答えなさい。（　　）

(4) 戦争中の国民のくらしについて，（　）にあてはまる言葉を書きなさい。

◉ 戦争が激しくなると，人も物資も戦争にかり出され，多くの男性が戦場へ送られた。中学生や女学生も兵器工場などで働かされ，都市部の小学生は親もとをはなれて地方の農村などへ集団（　①　）をした。米や日用品の多くは（　②　）制となり，国民の生活は苦しくなった。

①（　　　　）②（　　　　）

(5) 1945 年４月にアメリカ軍が上陸して激しい地上戦が行われ，多くの住民が犠牲《ぎせい》になった県はどこですか。（　　　　）

(6) 重要 アメリカ軍によって，1945 年８月６日に広島，９日に長崎へ投下され，日本が降伏《こうふく》するきっかけになったものは何ですか。（　　　　）

2 6年 戦後の日本について，次の文の（　）にあてはまる言葉や数字を書きなさい。

1つ6点【18点】

A 1951 年，日本は 48 か国との間に（　①　）という条約を結び，翌年独立を回復した。

B 小学校（　②　）年間，中学校３年間の９年間が（　③　）教育とされた。

①（　　　　　　）②（　　　）③（　　　）

ポイント
1 (1) 日独伊《にちどくい》三国同盟といいます。
2 ① アメリカ合衆国《がっしゅうこく》の都市名がふくまれます。
3 (1) 現在の憲法記念日《けんぽうきねんび》となっている日です。

3 6年 次のア～オの事がらについて，下の問いに答えなさい。 1つ5点【35点】

ア 日本が国際連合に加盟し，国際社会に再び加わった。
イ 20才以上のすべての男女が選挙権をもった。
ウ アメリカとの間に，日米安全保障条約が結ばれた。
エ アメリカとソ連の対立が原因で朝鮮《ちょうせん》戦争が起こった。
オ 日本国憲法《けんぽう》が公布され，翌年から施行《しこう》された。

(1) **オ**の日本国憲法が「施行」されたのはいつですか。（　　　　年　月　日）

(2) **ア～オ**の事がらを，年代の古い順に並びかえなさい。

（　　→　　→　　→　　→　　）

(3) 次の文と関係のある事がらを，上の**ア～オ**から選び，記号で答えなさい。

① 国内の治安を維持《いじ》するために警察予備隊がつくられた。
② 政治のあり方を決める主権は国民にあると定められた。
③ 女性の参政権が実現し，女性の国会議員も生まれた。
④ アメリカが引き続き日本各地に軍事基地を置くことになった。
⑤ 世界の平和に協力することができるようになった。

①（　　）②（　　）③（　　）④（　　）⑤（　　）

4 6年 注意 日本と中国《ちゅうごく》の関わりについて，次のア～エから正しく述べているものを1つ選び，記号で答えなさい。 【7点】

ア 国際連合は満州国《まんしゅうこく》を認めなかった。そのため日本は国際連合を脱退《だったい》した。
イ 1972年，日本と中国の国交がようやく正常化した。
ウ 1937年，南京郊外《ナンキンこうがい》でのしょうとつをきっかけに日中戦争が始まった。
エ 満州事変《まんしゅうじへん》が起こったころ，日本は好景気で輸出が増加した。（　　）

中学サキドリ

ABCD包囲陣《ほういじん》（包囲網《ほういもう》）

太平洋戦争の開戦前，アメリカ(America)は，イギリス(Britain)・中国(China)・オランダ(Dutch)とABCD包囲陣(包囲網)をつくって，日本の中国侵攻《しんこう》や南方進出政策に対抗《たいこう》しました。

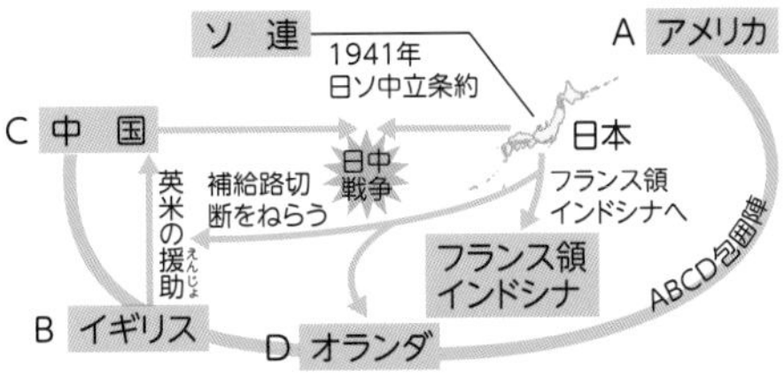

10
社会

わたしたちのくらしと政治

答え 別冊 p.17

得点

／100

［合格点:70点］

1 6年 右の図は，国の政治の役割を分担する３つの機関の関係を表しています。図を見て，次の問いに答えなさい。

1つ3点【36点】

(1) 重要 図の㋐～㋒は，司《し》法《ほう》，立法《りっぽう》，行政《ぎょうせい》のうち，どの仕事を行いますか。

㋐（　　　　　）

㋑（　　　　　）

㋒（　　　　　）

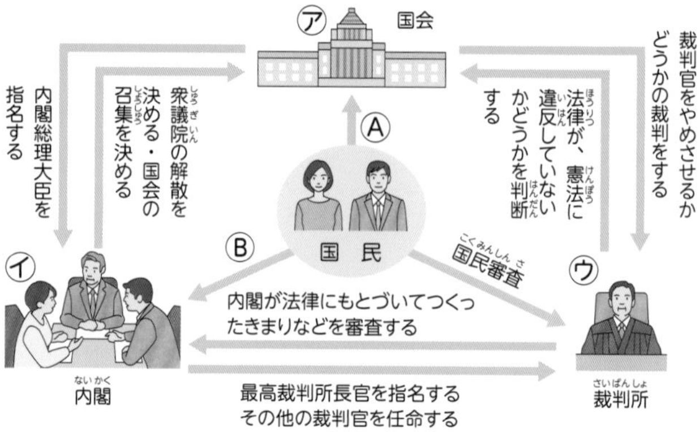

(2) 図のⒶ・Ⓑにあてはまるものを，次の**ア**～**カ**からそれぞれ選び，記号で答えなさい。

ア 選挙　**イ** 条例　**ウ** マスコミ

エ 公約　**オ** 税金　**カ** 世論《せろん》（よろん）

Ⓐ（　　　）Ⓑ（　　　）

(3) 図のような，㋐～㋒の独立した３つの機関が分担して政治を行うしくみを何といいますか。漢字４字で書きなさい。（　　　　　）

(4) 注意 次のことを行う機関を，㋐～㋒から選び，記号で答えなさい。

① 外国と条約を結ぶ。　② 法律を定め，国の予算を決める。

③ 争いごとを憲法や法律に照らして解決する。

④ 決められた予算や法律にもとづいて国の政治を実際に行う。

⑤ 外国と結んだ条約を承認《しょうにん》する。

⑥ 内閣の不信任を決議する。

①（　　）②（　　）③（　　）④（　　）⑤（　　）⑥（　　）

2 6年 日本国憲法の３つの原則について，次の文のうち，国民主権と関係が深いものにはA，基本的人権の尊重と関係が深いものにはB，平和主義と関係が深いものにはCを書きなさい。

1つ4点【20点】

① 国の政治をどのように進めていくかを最終的に決めるのは，国民である。

② 人間らしく生きる権利は，おかすことのできない永久の権利である。

③ 二度と戦争をしない。

④ 国民の代表者による国会は，国の政治権力の最高機関である。

⑤ 陸海空軍その他の戦力を保持しない。

①（　　）②（　　）③（　　）④（　　）⑤（　　）

ポイント

1 (3) 立法，司法，行政の三権がたがいに監視《かんし》し合えるようになっています。
(4) ①⑤条約を結ぶ機関と承認《しょうにん》する機関は別のところです。
4 天皇は，政治に関わる権限をもっていません。

3 6年 基本的人権について，次の事がらに関係のあるものを下のア～カからそれぞれ選び，記号で答えなさい。

1つ3点【18点】

① 職場では，男性も女性も等しいあつかいを受ける。
② 25才になって，県議会議員に立候補する。
③ 国民は，だれでも学校で学ぶ機会を得る。
④ 労働組合をつくる。
⑤ 自分の考えを，自由に発表することができる。
⑥ キリスト教を信じても，信じなくてもよい。

ア 教育を受ける権利　イ 言論《げんろん》の自由　ウ 政治に参加する権利
エ 信教の自由　オ 団結する権利　カ 男女の平等

①(　　) ②(　　) ③(　　) ④(　　) ⑤(　　) ⑥(　　)

4 6年 次のア～オの中から，天皇の仕事にあてはまるものを2つ選び，記号で答えなさい。

1つ3点【6点】

ア 国の予算をつくり，決定する。　イ 国会が決めた法律を公布する。
ウ 最高裁判所の長官を指名する。　エ 国の法律をつくる。
オ 外国の大使をもてなしたり，人々に勲章《くんしょう》などを授与《じゅよ》したりする。

(　　)(　　)

5 6年 市の政治と住民の関わりについて，右の図を見て，次の問いに答えなさい。

1つ4点【20点】

(1) 図のA，Bにあてはまるものをそれぞれ書きなさい。

A(　　　　) B(　　　　)

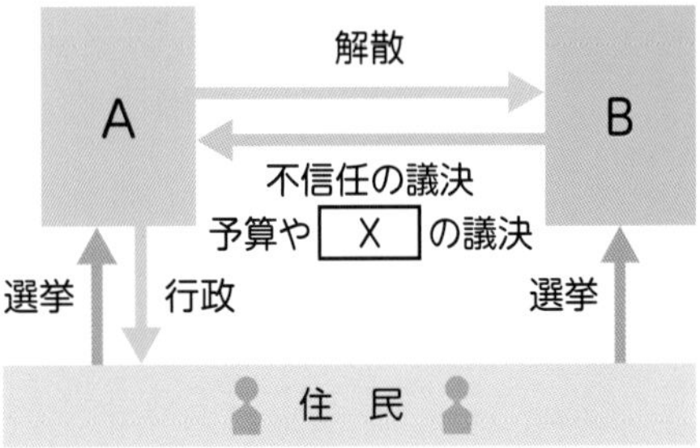

(2) 図のXには，市がBで話し合って定めることができるきまりが入ります。このきまりを何といいますか。

(　　　　)

(3) 図の選挙で投票する権利は何才以上の国民にあたえられていますか。

(　　　　)

(4) 市の仕事に使われるお金の多くは，住民や会社から集めたお金でまかなわれています。このお金を何といいますか。(　　　　)

11
社会

世界の中の日本

答え 別冊 p.17

得点
／100
［合格点:70点］

1 6年 **下の文を読み，(　　)に国名を書きなさい。また，〔　　〕にはその国の位置を地図のア～コからそれぞれ選び，記号で答えなさい。** 1つ6点【60点】

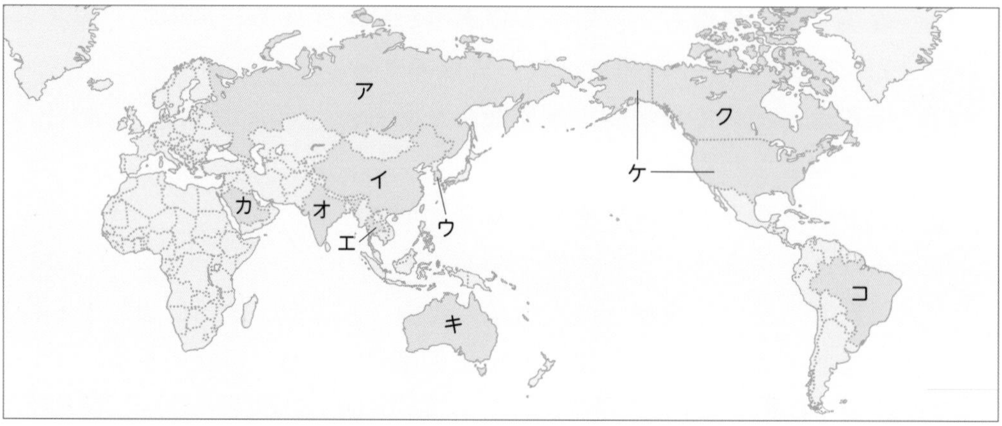

① 日本の約 25 倍の面積をもち，人口は 14 億人をこえる。人口増加をおさえるために「一人っ子政策」をとっていた。古くから日本と交流があり，この国から漢字やお茶が伝わった。 (　　　　　　)〔　　〕

② 広い土地をいかして，大型機械を使った大規模な農業がさかんである。宇宙開発など工業の面でも世界をリードしている。さまざまな人種・民族がくらし，野球の大リーグで活やくする日本人選手もいる。

(　　　　　　)〔　　〕

③ 砂漠《さばく》が広がり，乾燥《かんそう》した気候である。石油の産出量が多く，日本は石油をこの国から最も多く輸入している。国民のほとんどがイスラム教徒で，アラビア語を話す。 (　　　　　　)〔　　〕

④ 日本から見て，地球の反対側にある。世界で最も流域面積の広い右の写真の川が流れ，流域には熱帯林が広がっている。かつて日本から多くの人が移住したため，日系人《にっけいじん》が多い。

(　　　　　　)〔　　〕

(ピクスタ)

⑤ 米が主食で，はしやスプーンを使う。ハングルという文字を使用している。伝統的な衣装《いしょう》にチマ・チョゴリ，伝統的な食文化にキムチがある。儒教《じゅきょう》の教えを大事にしている。

(　　　　　　)〔　　〕

ポイント

1 ④　写真の川はアマゾン川です。
⑤　日本に近い国のひとつです。
2 (4)　①日本も敗戦後，給食の支援《しえん》を受けていました。

2 6年〉国際連合について，図を見て次の問いに答えなさい。　1つ5点【40点】

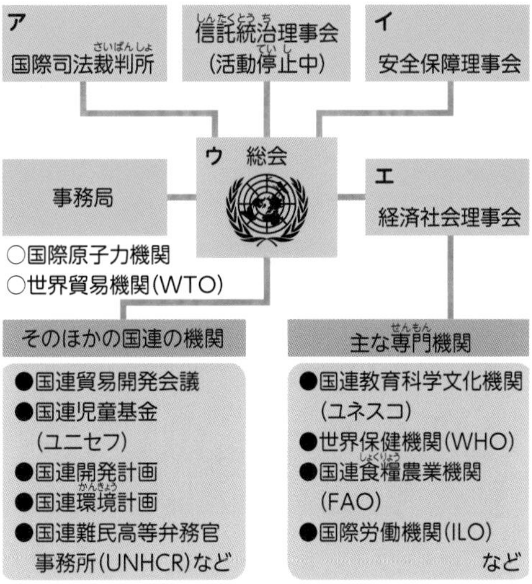

(1)　国際連合の本部は，アメリカのどこにありますか。　(　　　　　)

(2)　国際連合の目的，しくみなどが定められたものを，何といいますか。
(　　　　　)

(3)　次の文は，図のア～エのどの機関にあたりますか。あてはまるものを選び，記号で答えなさい。
◉　最高の議決機関で，全加盟国が出席し，一国が一票をもって，多数決で決定する。　(　　　)

(4)　**注意**　国連の主な機関のうち，次のような目的でつくられたものは何ですか。図の中から選んで書きなさい。
①　戦争や食料不足に苦しむ子どもたちを助ける。(　　　　　)
②　教育，科学，文化に関して各国が協力し合い，平和を求める心を育てる。　(　　　　　)

(5)　**重要**　発展《はってん》途《と》上国《じょうこく》に対して，先進国の政府が行う資金援助《えんじょ》や技術の提供のことを何といいますか。　(　　　　　)

(6)　平和や人権，環境などの分野で国境をこえて協力し，援助活動を行っている民間の団体を何といいますか。　(　　　　　)

(7)　未来にわたってより多くの人々が豊かな生活を送るために，開発を進めながら環境を守る社会を目指した取り組みが行われています。このような社会を何といいますか。　(　　　　　)

中学サキドリ

世界の国々のつながり（地域主義）

世界の国々は，地域ごとにまとまって協力関係を強めています。中学校ではこれらも学習します。
●EU《イーユー》（ヨーロッパ連合）…27か国が加盟。共通通貨ユーロを使用。
●ASEAN《アセアン》（東南アジア諸国連合）…マレーシア，タイなど10か国が加盟。
●APEC《エイペック》（アジア太平洋《たいへいよう》経済協力会議）…アメリカ，中国《ちゅうごく》，日本などの21の国・地域が加盟。
（※すべて2021年8月時点）

英語
算数
社会
理科
国語

サキドリコラム

知っておこう！ 中学社会

中学の社会ってどんな教科？

社会は，地形・気候・歴史・政治・経済など，**世の中の仕組み**を学ぶ教科です。中学では，**地理・歴史・公民の３分野**を学習します。

社会は５教科の中でも特に覚えることが多い教科です。地名や人名などを，あせらずに少しずつ覚えていきましょう。

地理
歴史
公民

中学社会の攻略法

❶図やグラフと一緒に覚えよう！

社会では，**地図やグラフ，写真などがたくさん登場します**。単に用語を暗記するのではなく，これらと関連づけて覚えるとよいでしょう。

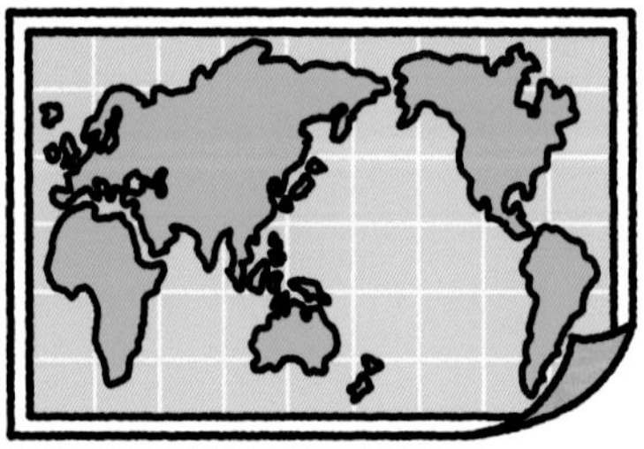

❷理由も一緒に覚えよう！

用語と一緒に，**「なぜそうなるのか」という理由も覚えましょう**。覚えた用語を忘れにくくなり，記述問題にも強くなります。

歴史の場合，**できごとがおきた流れを覚える**のも，よい方法です。

不満
一揆《いっき》

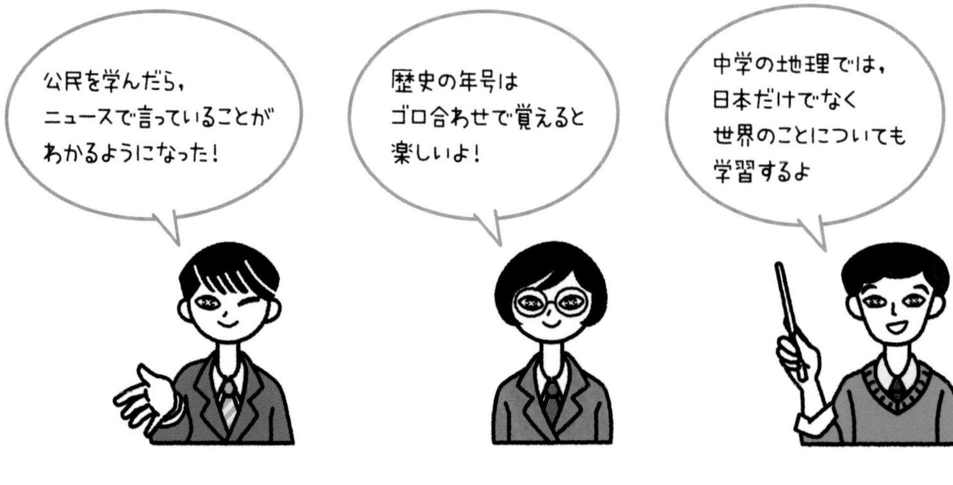
公民を学んだら，ニュースで言っていることがわかるようになった！
歴史の年号はゴロ合わせで覚えると楽しいよ！
中学の地理では，日本だけでなく世界のことについても学習するよ

理科

Science

こん虫，生き物と自然

答え 別冊 p.18

得点
／100
［合格点:70点］

1 3年 **右の図は，トンボのからだを表しています。ただし，図にあしはかいてありません。** 1つ5点【35点】

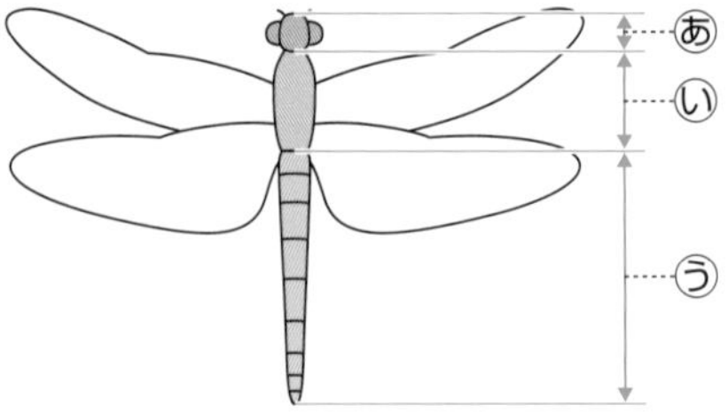

(1) **重要** トンボのからだは，３つの部分からできています。右の図の(あ)〜(う)の部分を，それぞれ何といいますか。

(あ)（　　　　）(い)（　　　　）(う)（　　　　）

(2) 次の①〜③のつくりは，図の(あ)〜(う)のどこについていますか。記号で答えなさい。

① はね（　　　　）② しょっ角《かく》（　　　　）

③ あし（　　　　）

(3) **注意** 次の**ア**〜**エ**の中から，こん虫を２つ選びなさい。

（　　　　）

ア カマキリ　**イ** アリ　**ウ** ダンゴムシ　**エ** クモ

2 3年 **モンシロチョウの育ち方を調べました。** 1つ5点【25点】

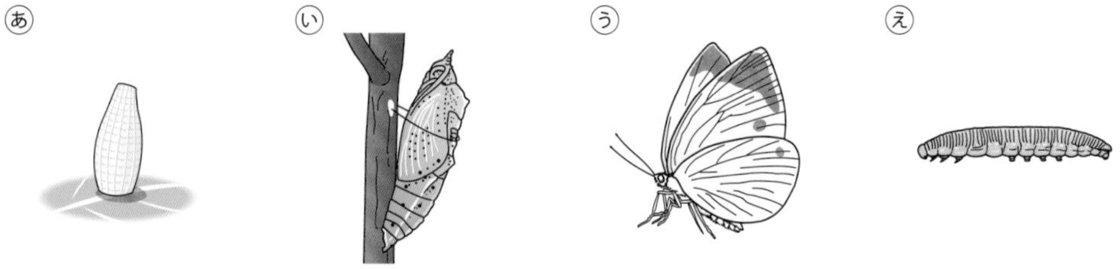

(1) (あ)をはじめとして，モンシロチョウの育つ順に記号を並べなさい。

（ (あ) →　　→　　→　　）

(2) 皮をぬぐとからだが大きくなるのは，(い)〜(え)のどの時期ですか。

（　　　　）

(3) バッタの育ち方は，(あ)〜(え)のどの時期がないですか。

（　　　　）

(4) (3)の時期を何といいますか。（　　　　）

(5) モンシロチョウと同じような育ち方をするこん虫を**ア**〜**エ**から２つ選び，記号で答えなさい。（　　　　）

ア ハチ　**イ** クワガタムシ　**ウ** トンボ　**エ** セミ

ポイント

2 こん虫には，さなぎになるものと，さなぎにならないものがいます。
4 (1) 動物の食べ物のもとをたどっていくと，植物にたどりつきます。
(3) 自分で養分をつくれない生き物は，食べることで養分をとり入れています。

3 4年 季節と動物について調べました。 1つ4点【20点】

(1) 次の図の動物は，それぞれ春・夏・秋・冬のどの季節のようすですか。

ア（　　　） **イ**（　　　） **ウ**（　　　） **エ**（　　　）

オオカマキリ

土の中の
ヒキガエル

アブラゼミ

ツバメ

(2) カブトムシは，どのようなすがたで冬をこしますか。次の**ア**～**エ**から1つ選び記号で答えなさい。（　　　）

ア 成虫《せいちゅう》　**イ** 幼虫《ようちゅう》　**ウ** さなぎ　**エ** たまご

4 6年 ある地域で，次のア～オの生き物が見られました。 1つ4点【12点】

ア ヘビ　**イ** イネ　**ウ** タカ　**エ** カエル　**オ** トノサマバッタ

(1) **ア**～**オ**の生き物を，「食べる・食べられる」の関係で考えたとき，どのような順のつながりになりますか。（　）に記号を書きなさい。ただし，矢印は「食べられる生き物→食べる生き物」を表しています。

（　　　→　　　→　　　→　　　→　　　）

(2) 生き物の間での「食べる・食べられる」の関係のつながりを何といいますか。（　　　）

(3) 自分で養分をつくり出している生き物を，**ア**～**オ**から選びなさい。

（　　　）

5 6年 植物と空気の関係について，次の文の（　）に，あてはまることばを □ から選んで書きなさい。同じことばを2度使ってもよい。 1つ2点【8点】

(1) 植物も動物と同じように，呼吸《こきゅう》で（あ　　　）をとり入れ，（い　　　）を出す。

(2) 植物に日光が当たると，（う　　　）をとり入れ，（え　　　）を出す。

二酸化炭素	ちっ素	酸素

2 理科 植物のつくりとはたらき

答え 別冊 p.18

得点 ／100

［ 合格点:80点 ］

1 5年 インゲンマメの種子《しゅし》が発芽《はつが》する条件を調べる実験をしました。

⑶は6点,ほかは1つ5点【16点】

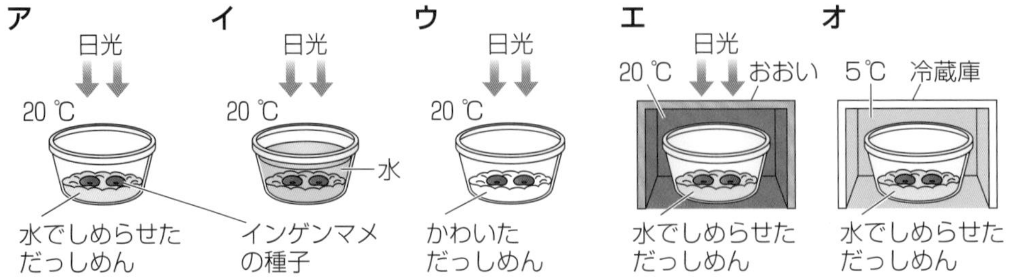

⑴ 注意 種子の発芽に水が必要かどうかを調べるには，どれとどれを比べればよいですか。 （　　　と　　　）

⑵ インゲンマメの種子が発芽するのは，**ア**～**オ**のどれですか。すべて選びなさい。 （　　　）

⑶ 肥料《ひりょう》をあたえなくても,インゲンマメの種子が発芽したのはなぜですか。

（　　　　　　　　　　　　　）

2 5年 図は，アサガオの花のつくりを表しています。

1つ5点【30点】

⑴ 図の**ア**～**エ**の部分の名前を書きなさい。

ア（　　　）　**イ**（　　　）

ウ（　　　）　**エ**（　　　）

⑵ 花粉《かふん》ができる部分があるのは，**ア**～**エ**のどれですか。 （　　　）

⑶ 成長すると，実になる部分があるのは，**ア**～**エ**のどれですか。 （　　　）

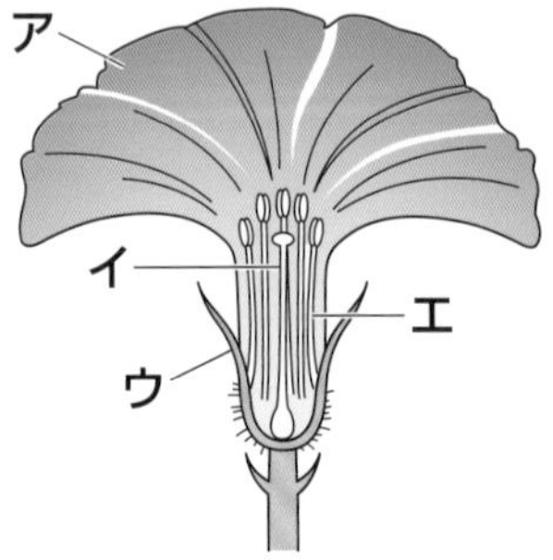

3 5年 ヘチマの花を使って，実ができるかどうかを調べる実験をしました。

1つ6点【30点】

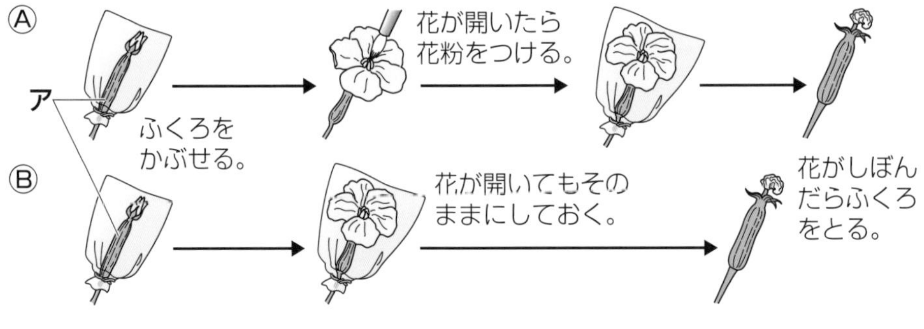

ポイント

1 (1) 水の条件だけがちがっていて，それ以外の条件は同じものを選びます。
3 (4) 実ができるためには，めしべの先に花粉《かふん》がつく必要があります。
4 薬品による色の変化を見やすくするため，アルコールで葉の緑色をぬきます。

(1) アは，おばなとめばなのどちらのつぼみですか。（　　　　　　）

(2) つぼみにふくろをかぶせるのはなぜですか。
（　　　　　　　　　　　　　　　　　　　　）

(3) 実ができたのは，Ⓐ，Ⓑのどちらですか。（　　　　　）

(4) この実験から，実ができるためにはどんなことが必要であるとわかりますか。漢字２文字で答えなさい。（　　　　　　）

(5) 実の中には何ができていますか。（　　　　　　）

4 6年 **一晩《ひとばん》暗室に置いたジャガイモの株《かぶ》を，次の日の朝，図１のように葉の一部にアルミニウムはくでおおいをして日の当たるところに置きました。昼ごろ，アルミニウムはくでおおいをした葉をとって，図２のようにして，葉のどこにでんぷんができているかを調べました。** 1つ6点【24点】

図１
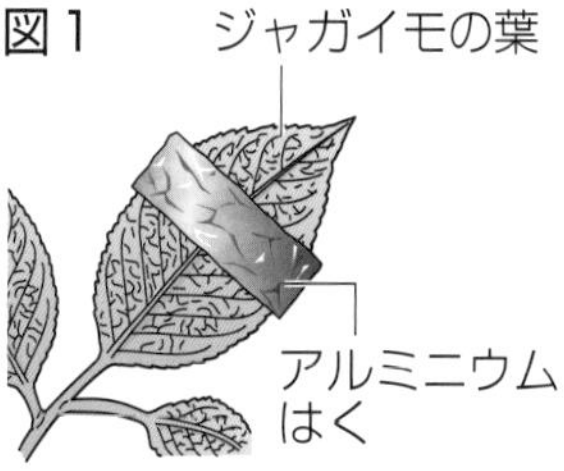

図２
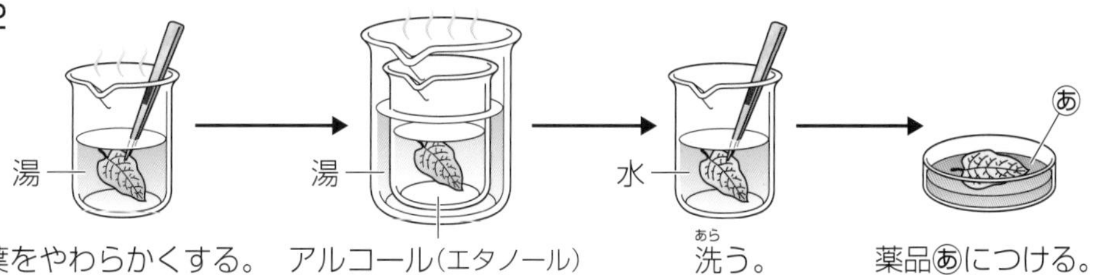

(1) 図１で，葉にアルミニウムはくでおおいをしたのはなぜですか。（　　　　　　　　　　　　）

図３
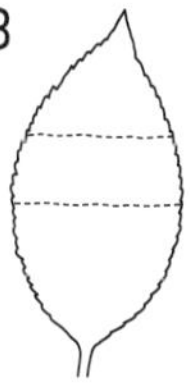

(2) 図２の薬品あは何ですか。（　　　　　　）

(3) **注意** 実験の結果，青むらさき色になったのはどこですか。図３に青むらさき色になった部分をぬりつぶしなさい。

(4) **重要** この実験から，葉にでんぷんができるためには，どのようなことが必要だとわかりますか。（　　　　　　　　　　　　）

中学サキドリ

植物の種子《しゅし》と果実《かじつ》のでき方

めしべのもとの実になる部分を「子房《しぼう》」，種子になる部分を「胚珠《はいしゅ》」といいます。受粉《じゅふん》して成長すると，子房は果実に，胚珠は種子になります。

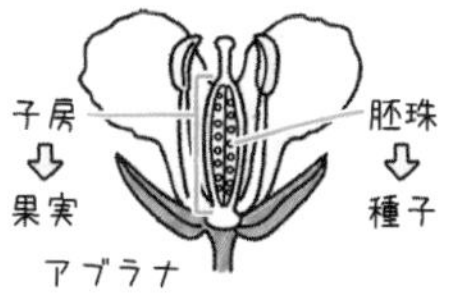

3
理科

人のからだ，生き物のたんじょう

答え 別冊 p.18

得点
／100
［合格点:70点］

1 4年 人のからだが動くしくみについて調べました。

1つ5点【10点】

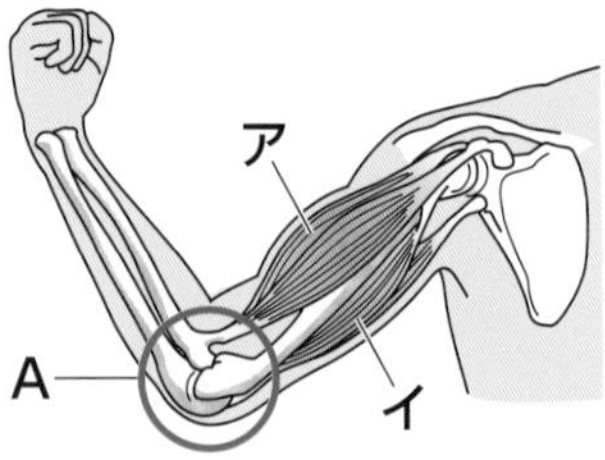

(1) 図のAは，よく動く部分の骨のつながりを表しています。Aのようにからだが曲がる部分を何といいますか。 (　　　　　)

(2) 注意 うでをのばすときに縮む筋肉《きんにく》は，図のア，イのどちらですか。 (　　　　　)

2 5年 メダカについて調べました。

1つ5点【10点】

図1

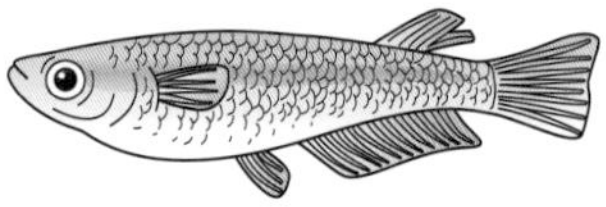

(1) 図1のメダカはおす・めすのどちらですか。

(　　　　　)

(2) メダカのたまごが育つ順に，図2のア～エを並べなさい。

図2

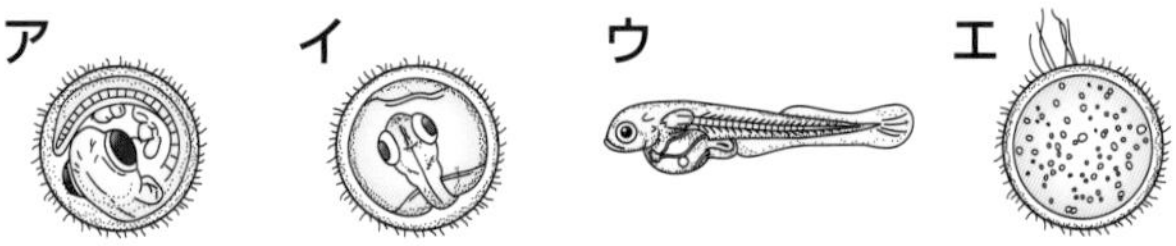

(　　　→　　　→　　　→　　　)

3 5年 図は，母親のからだの中で成長している子ども（胎児《たいじ》）を表しています。

1つ5点【25点】

(1) 重要 女性の卵《らん》（卵子《らんし》）と男性の精子《せいし》が結びつくことを何といいますか。

(　　　　　)

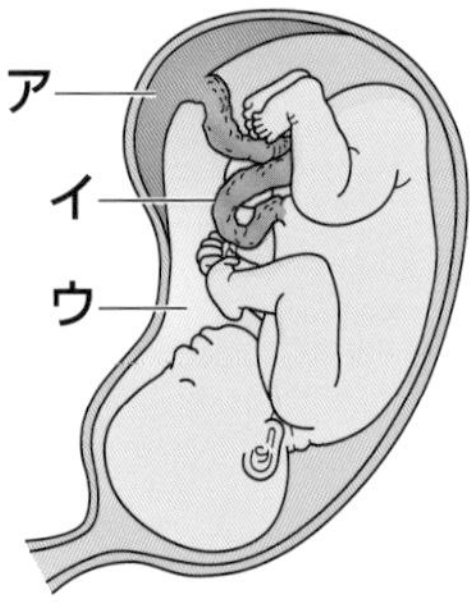

(2) 子どもは，母親のからだの中の何というところで育ちますか。 (　　　　　)

(3) 図のア～ウをそれぞれ何といいますか。

ア (　　　　　)　イ (　　　　　)
ウ (　　　　　)

4 6年 人の養分のとり入れ方について調べました。

1つ5点【25点】

(1) 次の文の(　　)にあてはまることばを書きなさい。

人が食べたものは，口→食道→(　①　)→小腸→(　②　)→こう門の順に通り，残ったものは便（ふん）としてこう門から体外に出される。この通り道を(　③　)という。

①(　　　　　)　②(　　　　　)　③(　　　　　)

ポイント
2 (1) メダカのおすとめすを区別するには，せびれとしりびれで見分けます。
5 (1) 血液中で不要になったものは，余分な水分とともににょうとなります。
6 実験するときは，A，Bの液の温度を体温と同じくらいにします。

(2) 食べ物が細かくされ，からだに吸収されやすい養分に変えられることを何といいますか。 (　　　　　)

(3) (2)のはたらきによりできた養分は，何という部分で吸収されますか。 (　　　　　)

5 6年 **図は，人のからだの中の血液の流れを表す模《も》式図《しきず》です。次のはたらきをする部分を図から選び，名前を書きなさい。** 1つ5点【15点】

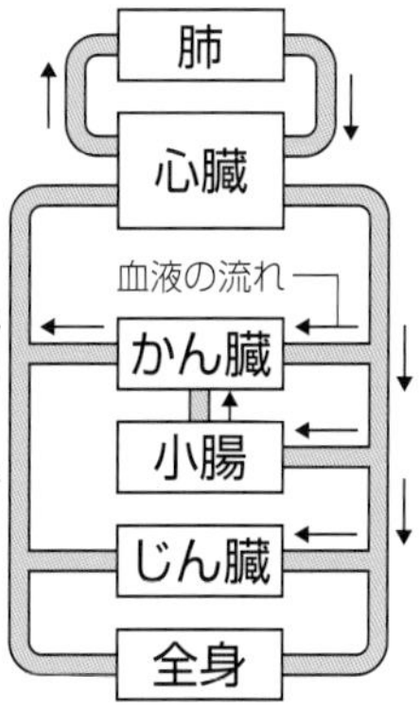

(1) からだの各部で不要になったものを血液中からこし出す。 (　　　　　)

(2) 空気中の酸素を血液にとり入れ，血液から二酸化炭素を出している。 (　　　　　)

(3) 養分の一部をたくわえる。 (　　　　　)

6 6年 **図のようにした試験管を 40℃くらいの湯に 10 分間つけておいたあと，ヨウ素液を加えて色の変化を調べました。** 1つ5点【15点】

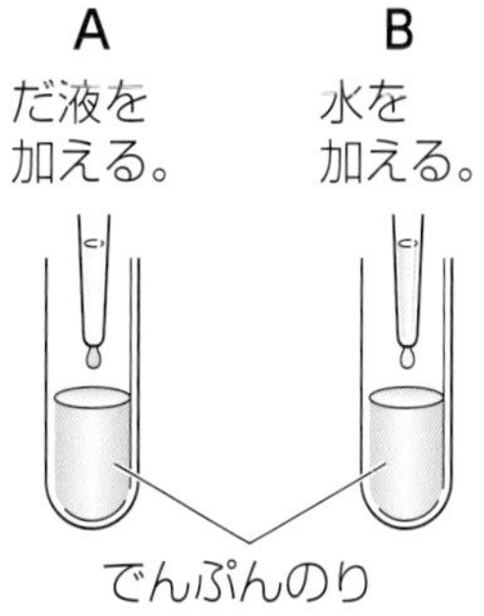

(1) ヨウ素液を使うと，何があるかどうかを調べることができますか。 (　　　　　)

(2) 色の変化を調べたとき，変化しなかったのはA，Bのどちらですか。 (　　　　　)

(3) (2)で，色が変化しなかった理由を**ア**～**ウ**から1つ選び，記号で答えなさい。 (　　　　　)

ア でんぷんがだ液によって，吸収されたから。

イ でんぷんが水のはたらきで，うすめられたから。

ウ でんぷんがだ液のはたらきで，別のものに変わったから。

中学サキドリ

炭水化物《たんすいかぶつ》，タンパク質《しつ》，脂肪《しぼう》の消化《しょうか》

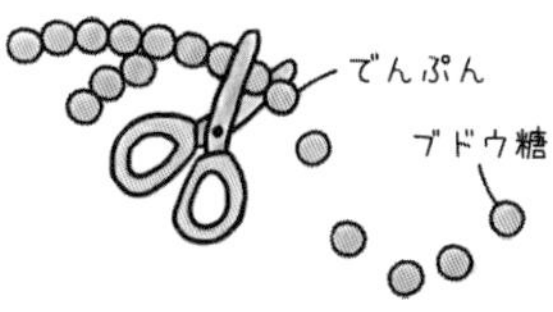

食べ物にふくまれる養分には，炭水化物（でんぷんなど），タンパク質，脂肪などがあり，これらは消化されてそれぞれブドウ糖《とう》などの糖類，アミノ酸《さん》，脂肪酸《しぼうさん》とモノグリセリドになります。

4 理科

ものの性質，水のすがた

答え 別冊 p.19

得点
／100
［合格点:80点］

1 4年 **右の図のように，注射器に水と空気を半分ずつとじこめ，ピストンをおしました。** 1つ4点【8点】

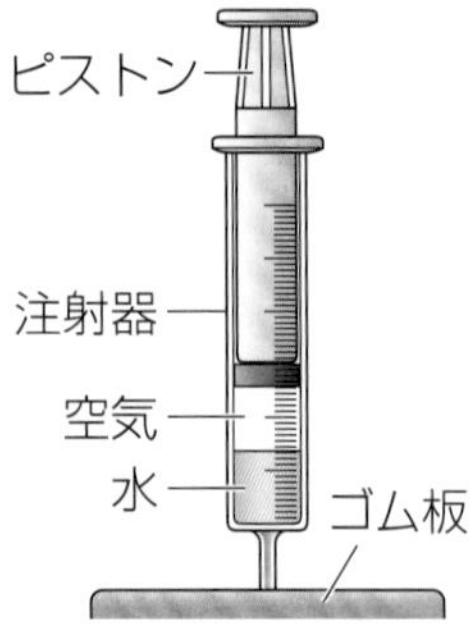

(1) ピストンをおして，注射器の中が縮まったのは，水と空気のどちらの体積が小さくなったからですか。
（　　　　　　　　）

(2) ピストンをおしている指をはなすと，ピストンはどうなりますか。（　　　　　　　　）

2 4年 **右の図のように，試験管の口にせっけん水のまくをつけました。** 1つ4点【24点】

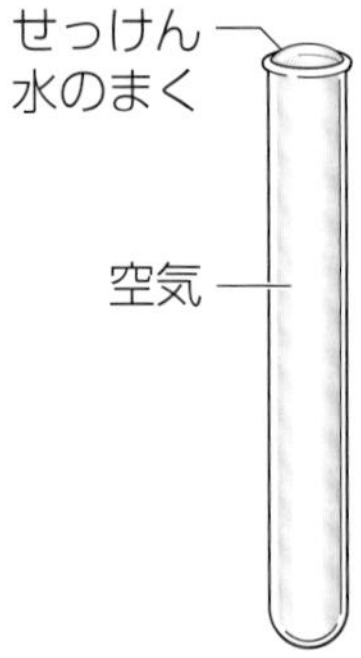

(1) 試験管を湯につけると，せっけん水のまくは，次の**ア**～**ウ**のどのようになりますか。（　　　　）

ア まくがふくらむ。　**イ** まくがへこむ。

ウ 変化しない。

(2) 試験管を氷水につけると，せっけん水のまくはどうなりますか。(1)の**ア**～**ウ**から選びなさい。（　　　　）

(3) 空気，水，金属の温度と体積についてまとめた次の文の（　　）にあてはまることばを書きなさい。

空気や水や金属は，あたためられると体積が㋐（　　　　　　）。また，冷やされると体積が㋑（　　　　　　）。温度による体積の変化は，㋒（　　　　　　）が最も大きく，㋓（　　　　　　）が最も小さい。

3 4年 **図１と図２のように，ろうをぬった金属の棒《ぼう》と試験管の水を熱しました。** 1つ6点【18点】

図１

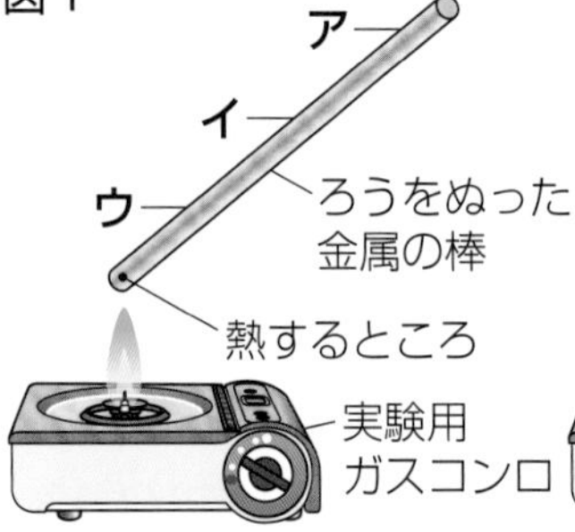

図２

(1) 図１で，ろうが最もはやくとけるのは，**ア**～**ウ**のどこですか。
（　　　　）

(2) 図２で，水が最もはやくあたたかくなるのは，**カ**～**ク**のどこですか。（　　　　）

(3) 空気のあたたまり方は，金属と水のどちらのあたたまり方に似ていますか。（　　　　）

ポイント

3 金属は，熱せられたところから順にあたたまります。水は，熱せられて温度が高くなった水が上に動き，温度の低い水が下へ動いて全体があたたまります。
6 (1) 空気中にふくまれている水蒸気《すいじょうき》が冷やされて水てきになっています。

4 〔4年〕 右の図は，水を熱し続けたときのようすです。 1つ5点【20点】

(1) **重要** 100℃くらいになると，水の中からさかんにあわが出てきました。このような現象を何といいますか。 (　　　　)

(2) (1)の現象からしばらく熱し続けたとき，水の温度はどうなりますか。
(　　　　)

(3) **注意** 図のあ，いは液体《えきたい》，気体《きたい》のどちらですか。
あ(　　　　) い(　　　　)

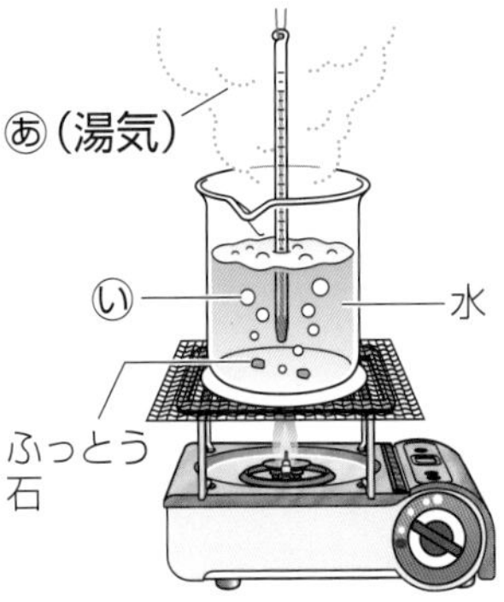

5 〔4年〕 右の図は，水を冷やしたときの温度の変化を表したグラフです。 1つ6点【12点】

(1) Aは何℃ですか。 (　　　　)

(2) 水がすべて氷になったのは，あ～うのどれですか。 (　　　　)

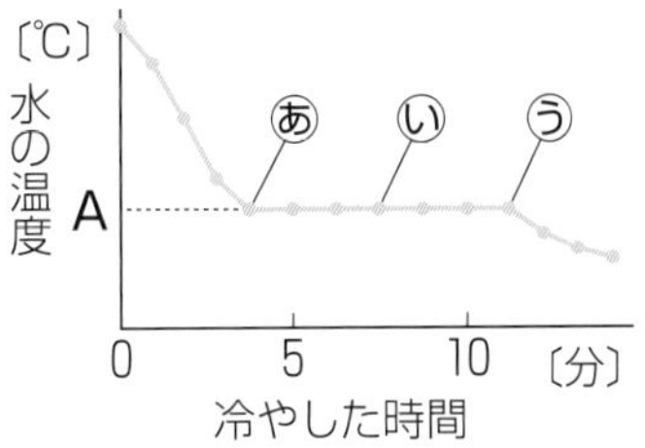

6 〔4,6年〕 右の図は，水のすがたが温度によって変化するようすを表しています。 1つ6点【18点】

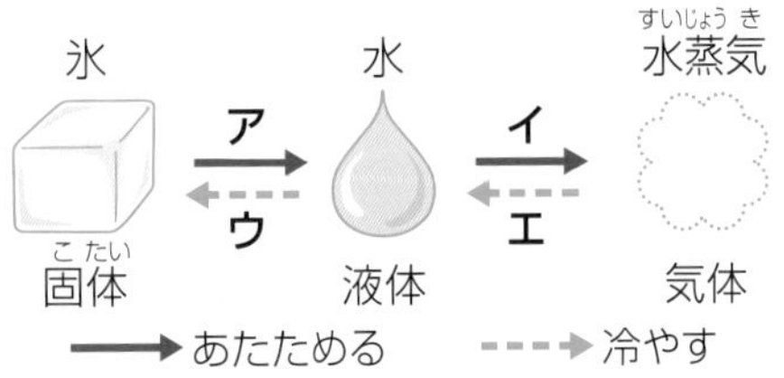

(1) 氷水を入れたコップの外側に水てきがつく現象は，図の**ア**～**エ**のどれを表していますか。 (　　　　)

(2) 地面にできた水たまりがしばらくするとなくなるように，水が水蒸気になって空気中に出ていくことを何といいますか。 (　　　　)

(3) 空気中の水蒸気はどのようにして地上にもどってきますか。
(　　　　)

中学サキドリ

状態変化《じょうたいへんか》

温度によって固体《こたい》・液体《えきたい》・気体《きたい》とものすがたが変化することを状態変化といいます。ものをつくっている小さなつぶの集まり方によってすがたがちがいます。

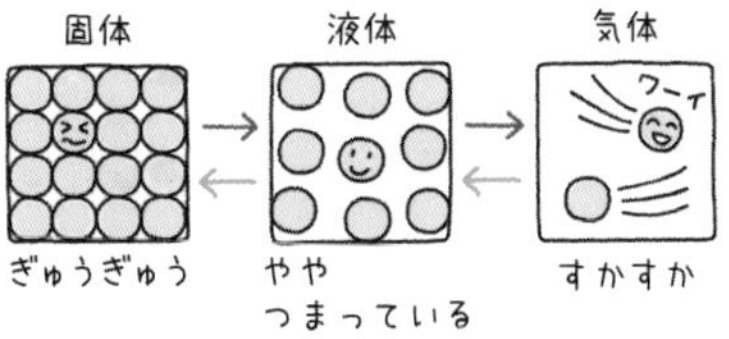

英語
算数
社会
理科
国語

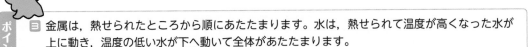

5
理科

もののとけ方と水《すい》よう液《えき》

答え 別冊 p.19

得点
／100
［合格点:70点］

1 5年 **50 g の水に食塩を 10 g 入れてとかしました。** 1つ6点【18点】

(1) 食塩水の重さは，何 g になりますか。 (　　　　)

(2) このあと，食塩を 5 g ずつ，2 回に分けて入れ，よくかきまぜると，2 回目でとけ残りができました。このことより，50 g の水にとける食塩の量は，次の**ア**～**ウ**のどれですか。 (　　　　)

ア 10 g と 15 g の間　**イ** 10 g と 20 g の間

ウ 15 g と 20 g の間

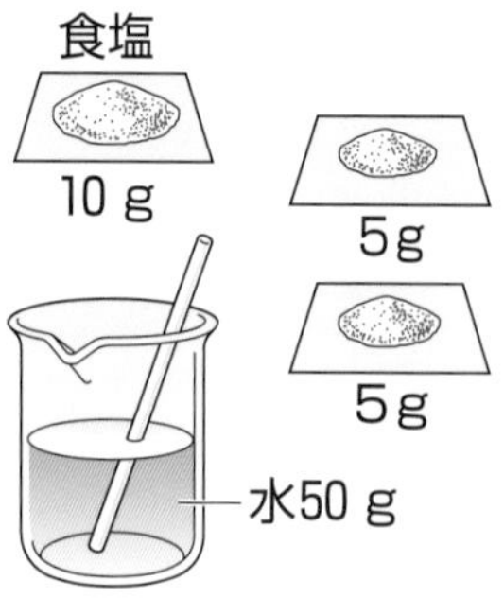

(3) (2)でとけ残った食塩をすべてとかすには，次の**ア**，**イ**のどちらの方法が適《てき》していますか。 (　　　　)

ア 水の量をふやす。　**イ** 水よう液をあたためる。

2 5年 **温度の高い水にミョウバンをとけるだけとかし，しばらく静かに置いておくと，ビーカーの底にミョウバンのつぶが出てきました。** 1つ7点【28点】

(1) このとき，ビーカーの中のミョウバンの水よう液のこさはどうなりますか。次の**ア**～**ウ**から選びなさい。 (　　　　)

ア 液の上のほうがこい。

イ 液の下のほうがこい。

ウ こさは液のどこでも同じ。

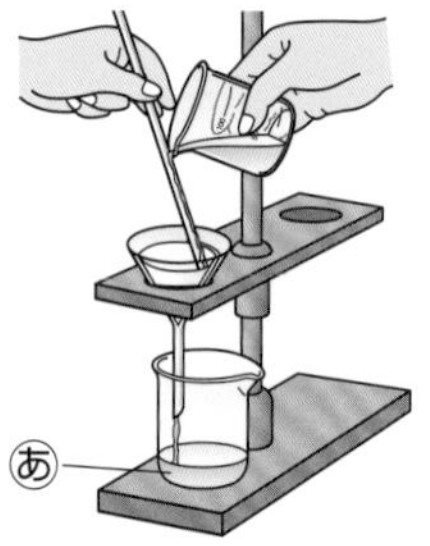

(2) 出てきたミョウバンのつぶを，右の図のようにしてとり出します。この方法を何といいますか。 (　　　　)

(3) あの液を氷水で冷やすと，どうなりますか。次の**ア**，**イ**から選びなさい。

ア ミョウバンが出てくる。　**イ** 変化はない。 (　　　　)

(4) 重要 食塩もミョウバンと同じように，温度の高い水にとけるだけとかし，しばらく静かに置いておきましたが，食塩のつぶは出てきませんでした。食塩の水よう液から食塩のつぶをとり出すには，どうしたらよいですか。

(　　　　　　　　　　　　　　)

3 6年 **次の水よう液について，あとの問いに答えなさい。** 1つ6点【18点】

ア 石灰水《せっかいすい》　**イ** 食塩水　**ウ** うすい塩酸
エ アンモニア水　**オ** 炭酸水

ポイント

1 (3)　食塩は，水の温度を変えても水にとける量はほとんど変化しません。
2 (2)　図の操作では，水と水にとけているものを分けることはできません。
3 (3)　気体がとけている水《すい》よう液《えき》は，水を蒸発《じょうはつ》させたあとに何も残りません。

(1)　赤色のリトマス紙を青色に変化させる水よう液を，前ページの □ の**ア**～**オ**からすべて選びなさい。（　　　　　）

(2)　(1)の水よう液の性質は，酸性，中性，アルカリ性のどれですか。（　　　　　）

(3)　水よう液の水を蒸発《じょうはつ》させたとき，あとに何も残らない水よう液はどれですか。前ページの □ の**ア**～**オ**からすべて選びなさい。（　　　　　）

4　6年　右の図のように，うすい塩酸が入った試験管にアルミニウムを入れました。

1つ6点【36点】

(1)　アルミニウムはどのようになりましたか。次の**ア**～**ウ**から選びなさい。（　　　　　）

ア　変化しなかった。　**イ**　あわを出してとけた。

ウ　あわを出さずにとけた。

(2)　**注意**　試験管の液の上ずみ液を蒸発皿にとって加熱すると，蒸発皿に固体《こたい》が残りました。この固体をうすい塩酸に入れるとどうなりますか。(1)の**ア**～**ウ**から選びなさい。（　　　　　）

(3)　(2)で残った固体は，もとのアルミニウムと同じものですか，ちがうものですか。（　　　　　）

(4)　次の①～③のように，水よう液に金属を入れたとき，金属があわを出してとけるものには○，とけないものには×を書きなさい。

①　うすい塩酸に鉄を入れる。（　　　　　）

②　水酸化ナトリウム水よう液にアルミニウムを入れる。（　　　　　）

③　炭酸水に鉄を入れる。（　　　　　）

中学サキドリ

結晶《けっしょう》

固体《こたい》のものをとかした水《すい》よう液《えき》を冷やしたり，水を蒸発《じょうはつ》させたりすると，とかしたもののつぶが出てきます。このつぶは，規則正しい形をしています。このようなつぶを結晶といいます。

食塩の結晶

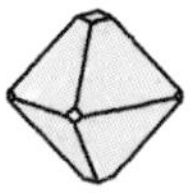
ミョウバンの結晶

雪は水の結晶だよ。

6
理科

光と音の性質，ものの燃え方

答え 別冊 p.20

得点
／100
［合格点:80点］

1 3年 **光の性質について調べました。** 1つ5点【15点】

図1

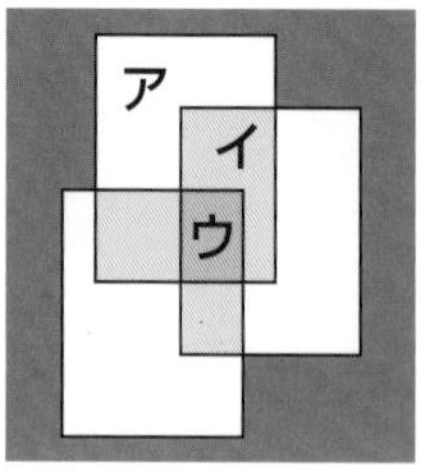

(1) 鏡を３枚使って，図１のようにかべにはね返した日光を重ねて当てました。最も明るいのは，図１の**ア**～**ウ**のどれですか。（　　　）

(2) 日光をたくさん重ねて当てたところの温度はどのようになりますか。

（　　　　　　　）

(3) 図２のように，虫めがねで日光を集めました。黒い紙がはやくこげるのは，図２の**ア**，**イ**のどちらですか。（　　　）

図2

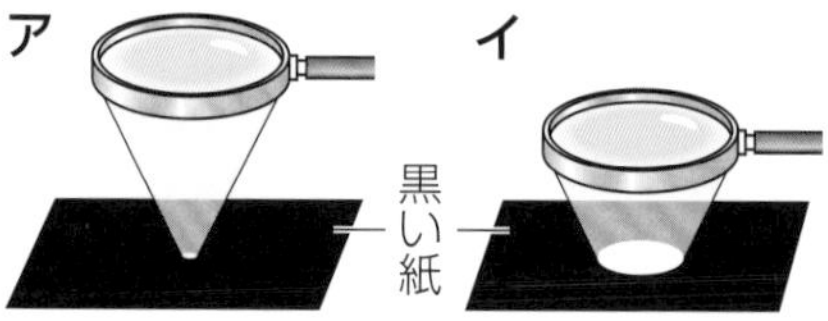

2 3年 **糸電話を使ったときの音の伝わり方について，下の文の（　　）にあてはまることばを書きなさい。** 1つ5点【15点】

(1) 聞こえる声が大きいときほど，糸のふるえ方は（　　　　）。

(2) 音が伝わるとき，糸は（　　　　）ている。

(3) 右の図のように，話をしているとき，糸電話の糸をとちゅうでつまむと，声は（　　　　）。

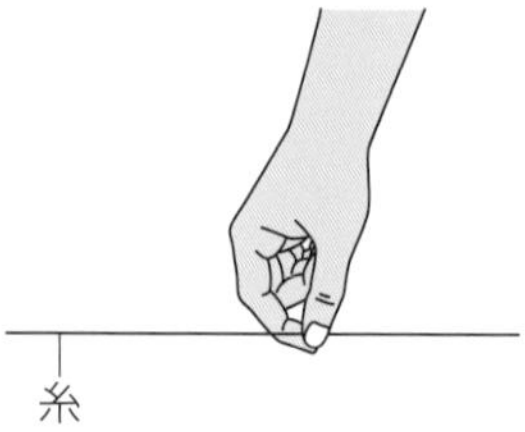

3 6年 **右の図のようにして，底のないびんを使って，ろうそくの火の燃え方を調べました。** 1つ5点【10点】

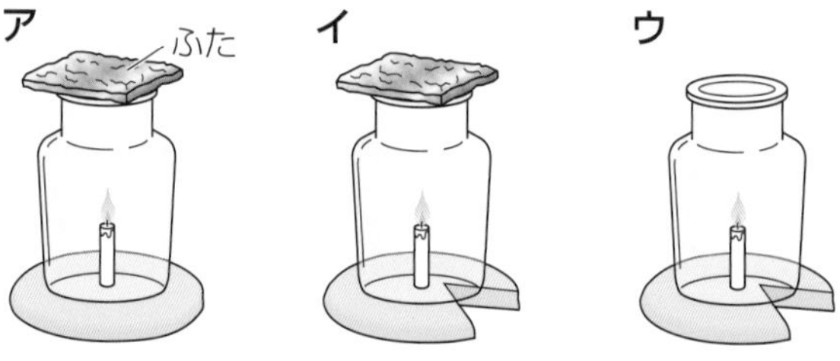

(1) ろうそくの火が燃え続けたのは，右の図の**ア**～**ウ**のどれですか。（　　　）

(2) 重要 (1)で選んだろうそくが，燃え続けたのはなぜですか。次の**ア**～**ウ**から選びなさい。（　　　）

ア　びんの中の空気がたくさんあったから。

イ　びんの中の空気が入れかわらなかったから。

ウ　びんの中に新しい空気が入ったから。

ポイント
③(2)　ものが燃えるには，酸素が必要です。
⑤(3)　二酸化炭素があると，石灰水《せっかいすい》は白くにごります。
(4)　ろうそくを燃やす前と燃やしたあとの空気には，酸素があります。

4　6年　空気にふくまれる気体《きたい》について調べました。　1つ5点【20点】

(1)　右の図は，空気の成分を体積の割合で表したものです。あ～うにあてはまる気体名を□から選んで書きなさい。

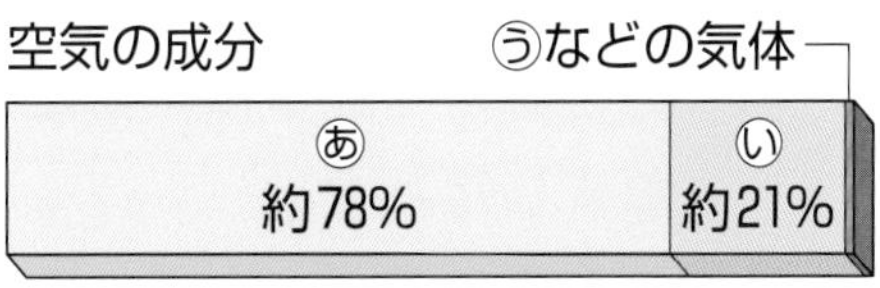

酸素	二酸化炭素	ちっ素

あ（　　　　）　い（　　　　）　う（　　　　）

(2)　酸素，二酸化炭素，ちっ素のうち，人がはいた空気で体積の割合が大きくなる気体はどれですか。（　　　　）

5　6年　びんの中でろうそくを燃やして，ろうそくを燃やす前と燃やしたあとのびんの中の空気の変化を調べます。　1つ5点【40点】

(1)　酸素を集めたびんの中に，火のついたろうそくを入れるとどうなりますか。次の**ア**～**ウ**から選びなさい。（　　　　）

ア　火が消える。　**イ**　空気と同じように燃える。　**ウ**　激しく燃える。

(2)　右の表は，ろうそくを燃やす前と燃やしたあとのびんの中の空気を気体検知管で調べた結果です。ろうそくを燃やしたあとの空気は，あ，いのどちらですか。（　　　　）

	あ	い
二酸化炭素	0.03%	4%
酸素	21%	17%

(3)　ろうそくを燃やす前と燃やしたあとのびんの中に石灰水《せっかいすい》を入れてよくふったとき，それぞれ石灰水はどのように変化しますか。

燃やす前（　　　　）　燃やしたあと（　　　　）

(4)　**注意**　次の文の①，②には気体名を，③はあてはまる記号を書きなさい。

> ろうそくを燃やすと，（　①　）が使われ，（　②　）がふえる。①の気体が③〔**ア**　すべてなくなった　**イ**　少なくなった〕とき，火が消える。

①（　　　　）　②（　　　　）　③（　　　　）

(5)　ものを燃やすはたらきがある気体は，二酸化炭素，酸素のどちらですか。（　　　　）

7 理科

磁石《じしゃく》・電磁石《でんじしゃく》・電気のはたらき

答え 別冊 p.20

得点 ／100
［合格点:70点］

1 3,5年 **コイルの中に鉄しんを入れ，電流を流すと電磁石ができました。電流を流しているときに，方位磁針を近づけたところ，右の図のようになりました。** 1つ5点【15点】

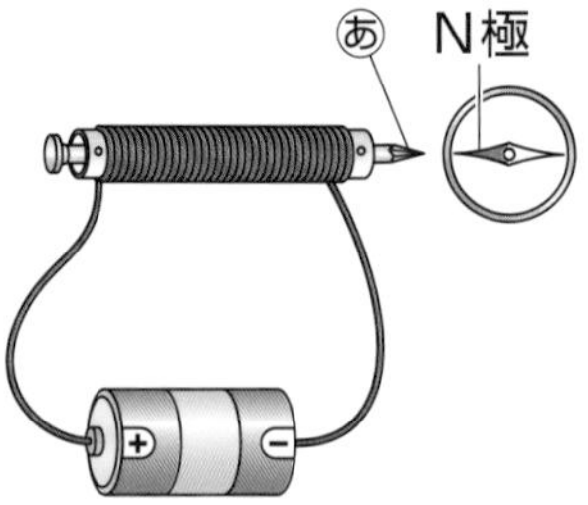

(1) 電磁石は何でできているものを引きつけますか。 (　　　　)

(2) 右の図の電磁石の㋐は何極ですか。 (　　　　)

(3) 右の図のかん電池の＋《プラス》極と－《マイナス》極を反対にすると，電磁石の㋐には，方位磁針の何極が引きつけられますか。 (　　　　)

2 4,5年 重要 **次の電磁石について調べました。** 1つ7点【28点】

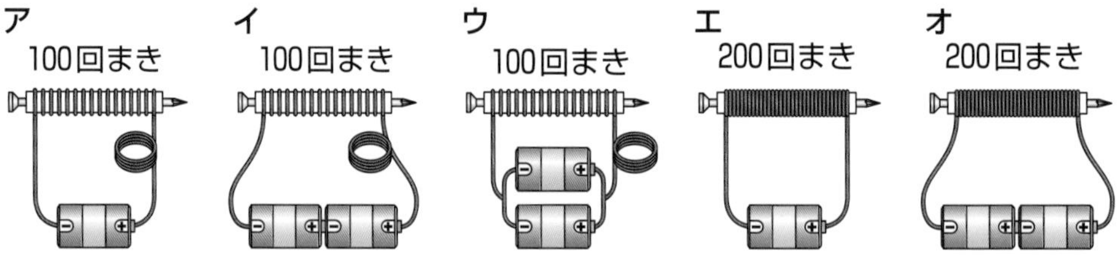

(1) 電流の大きさと電磁石の強さとの関係を調べるには，**ア**とどれを比べるとよいですか。 (　　　　)

(2) コイルのまき数と電磁石の強さとの関係を調べるには，**ア**とどれを比べるとよいですか。 (　　　　)

(3) 最も強い電磁石は，**ア**～**オ**のどれですか。 (　　　　)

(4) **ア**と同じ強さの電磁石は，**イ**～**オ**のどれですか。 (　　　　)

3 6年 **手回し発電機とコンデンサーを使って，次の実験をしました。** 1つ6点【12点】

①手回し発電機にコンデンサーをつないで，ハンドルを 50 回回す。
②コンデンサーに豆電球をつないで，あかりがついている時間をはかる。
③再び①を行ったあと，コンデンサーに発光ダイオードをつないで，あかりがついている時間をはかる。

(1) 重要 電気をためるはたらきをしているのは，手回し発電機とコンデンサーのどちらですか。 (　　　　)

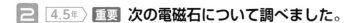

ポイント
1 (3)　かん電池の向きを逆にすると，流れる電流の向きも逆になります。
2 (4)　かん電池を 2 個並列《へいれつ》つなぎにしたとき，流れる電流の大きさは，かん電池 1 個のときと同じです。

(2)　あかりがついている時間が長いのは，豆電球と発光ダイオードのどちらですか。　（　　　　）

4　6年　電気を次の①～④のように変えて利用しているものを，ア～エから選びなさい。

1つ5点【20点】

①　電気を光に変えている。　（　　　　）
②　電気を音に変えている。　（　　　　）
③　電気を運動（動き）に変えている。　（　　　　）
④　電気を熱に変えている。　（　　　　）

ア　エレベーター　　**イ**　アイロン　　**ウ**　電灯　　**エ**　チャイム

5　6年　光電池《こうでんち》に光を当てて，モーターの回るようすを調べます。

1つ5点【25点】

(1)　光電池に当てる光の当て方を，右の図のあ，いのようにしたとき，モーターが速く回るのはどちらですか。　（　　　　）

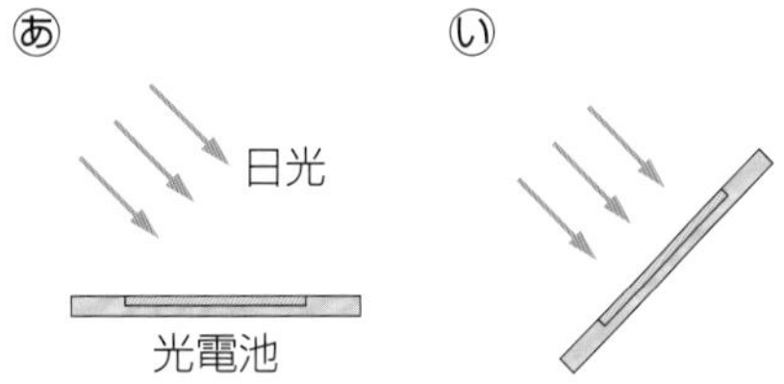

(2)　**注意**　次のア～ウで，光電池にあてはまるものをすべて選びなさい。　（　　　　）

ア　＋極と－極がある。　　**イ**　暗いところでも使える。
ウ　くりかえし使える。

(3)　光電池に当たる光を強くすると，電流の大きさはどうなりますか。
（　　　　　　　　）

(4)　光電池をつなぐ向きを反対にすると，電流の向きはどうなりますか。
（　　　　　　　　）

(5)　太陽光パネル（光電池）を使った発電方法を，何といいますか。
（　　　　　　　　）

中学サキドリ

電流《でんりゅう》の正体

回路《かいろ》に電流が流れるのは，導線をかん電池《でんち》につないだとき，導線の中で－《マイナス》の電気をもった電子《でんし》というものが，電池の－極から＋《プラス》極へ移動しているからです。

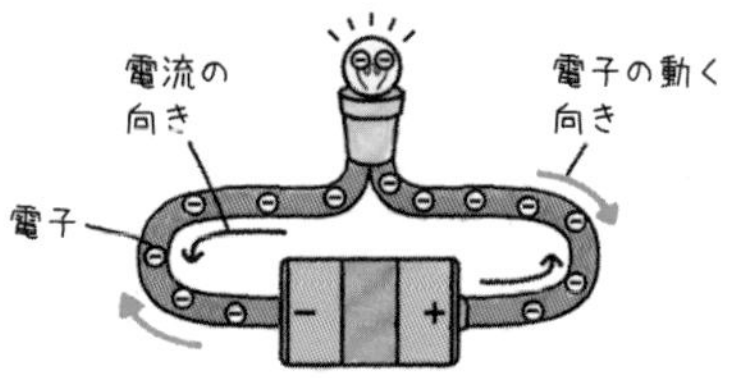

8 理科 ものの動き

答え 別冊 p.20

得点　　／100
［合格点:70点］

1 3年 **風で動く車やゴムで動く車をつくりました。それぞれの車で，ア，イのようにしたとき，遠くまで走るほうの記号を書きなさい。** 1つ5点【10点】

① 風で動く車 （　　　　）

ア 強い風を当てたとき　　**イ** 弱い風を当てたとき

② ゴムで動く車 （　　　　）

ア ゴムを短くのばしたとき　　**イ** ゴムを長くのばしたとき

2 5年 **右の図は，ふりこをふらせたときのようすを表しています。** 1つ5点【15点】

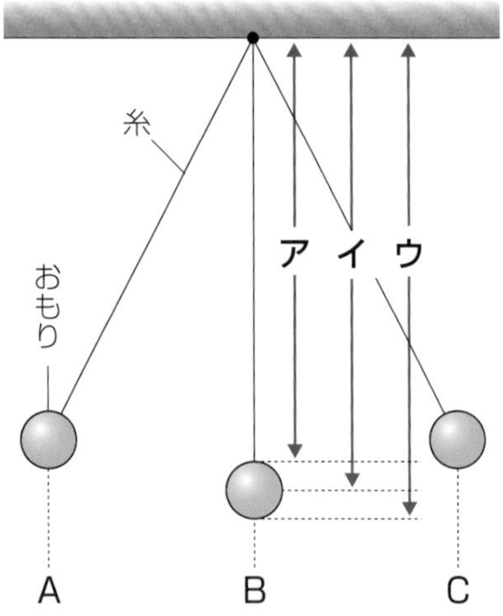

(1) ふりこの長さを正しく表しているのは，**ア**～**ウ**のどれですか。 （　　　　）

(2) 注意 ふりこの1往復は，Aからふらせ始めてどのように動いたときですか。次の**ア**～**ウ**から選びなさい。 （　　　　）

ア A→B　　**イ** A→B→C

ウ A→B→C→B→A

(3) ふりこが10往復する時間を3回はかったら，右の表のようになりました。1往復する平均の時間は何秒ですか。

（　　　　）

1回目	2回目	3回目
14.1秒	13.7秒	14.2秒

（ふりこの長さ50cm，おもりの重さ20gのとき）

3 5年 **次のあ～えのふりこをふらせて，ふりこが1往復する時間を調べます。** 1つ6点【30点】

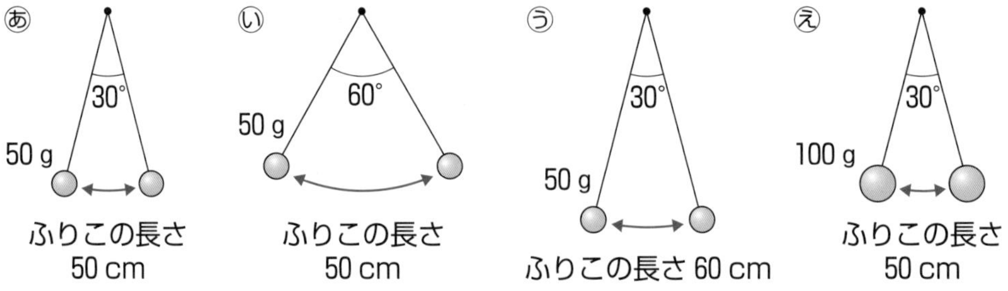

(1) 次の①～③のことを調べるためには，それぞれあ～えのどれとどれを比べればよいですか。

① おもりの重さとふりこが1往復する時間 （　　　と　　　）

ポイント
3 (1) 調べる条件以外は同じくみあわせのものを比べます。
5 (2) てこは，支点《してん》から力点《りきてん》までのきょりが長いほど，支点から作用点《さようてん》までのきょりが短いほど，小さい力でものを動かすことができます。

② ふれはばとふりこが１往復する時間 （　　と　　）
③ ふりこの長さとふりこが１往復する時間 （　　と　　）

(2) ふりこの１往復する時間がいちばん長いのは，㋐～㋓のどれですか。
（　　）

(3) **重要** ふりこが１往復する時間を決めるのは，ふりこの何ですか。
（　　）

4 3,6年 図のように，実験用てこの左のうでの２の目もりに，合計の重さが60 g のねん土の入った容器をつるしました。

1つ5点【15点】

(1) 右のうでの４の目もりに１個10 g のおもりをつるすとき，おもりを何個つるすとつり合いますか。
（　　）

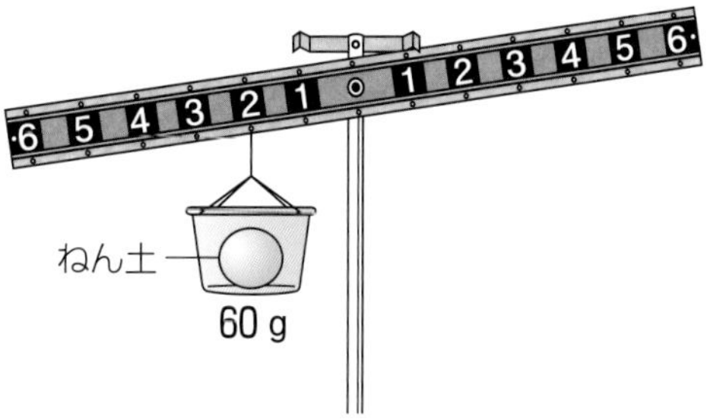

(2) 右のうでの６の目もりに10 g のおもりを１個つるしてつり合わせるには，ねん土の入った容器を左のうでのどの目もりにつるせばよいですか。 （　　）

(3) (2)で左右のうでをつり合わせたてこで，容器の中の丸い形のねん土を細長い形に変えて容器にもどしました。てこはどうなりますか。
（　　）

5 6年 右の図のくぎぬき（バール）の使い方を調べました。

1つ6点【30点】

(1) 右の図の㋐～㋒の点は，てこの３つの点のどれになりますか。

力点《りきてん》（　　）
支点《してん》（　　）
作用点《さようてん》（　　）

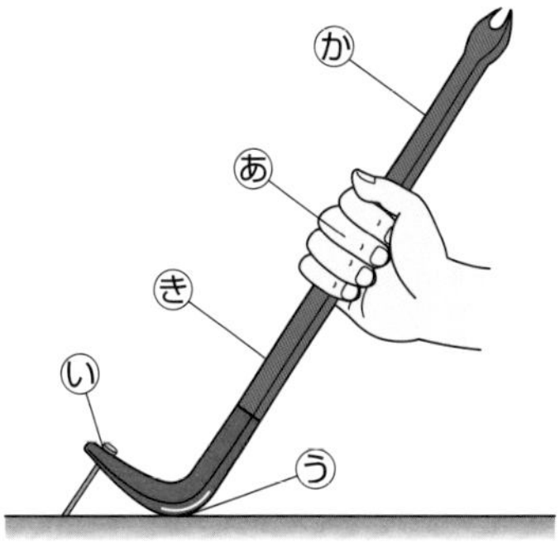

(2) 図の㋕と㋖の位置でそれぞれ力を加えてくぎをぬいたとき，㋐の位置より小さな力でくぎがぬけるのはどちらですか。 （　　）

(3) (2)で答えた理由を書きなさい。
（　　）

9 理科 天気と大地の変化

答え 別冊 p.21

得点　／100
［合格点:70点］

1 4,5年 **右の図は，晴れの日と雨の日の１日の気温の変化をグラフに表したものです。** 1つ4点【16点】

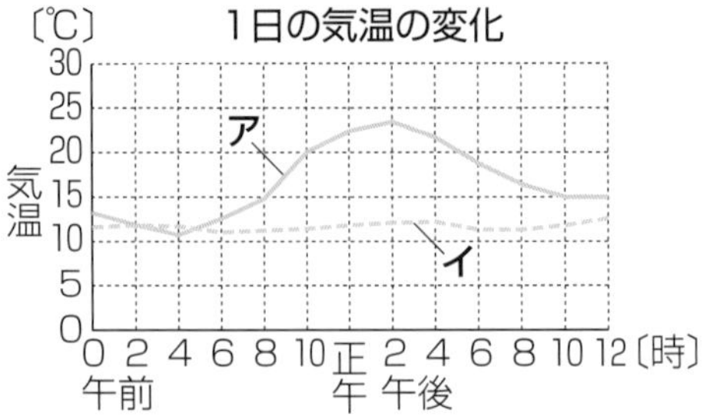

(1) 天気は，空全体を10としたときに空全体をしめる雲の量で表します。「晴れ」と「くもり」の日の雲の量をそれぞれ，(　　)に数字を書きなさい。

晴れ　0～(　　　)のとき　　　くもり　(　　　)～10のとき

(2) 雨の日のグラフは，**ア**，**イ**のどちらですか。　(　　　)

(3) 重要 (2)で答えた理由を書きなさい。　(　　　　　　　　)

2 5年 **次の雲画像は，ある月の連続した３日間のものです。** 1つ6点【24点】

あ

い
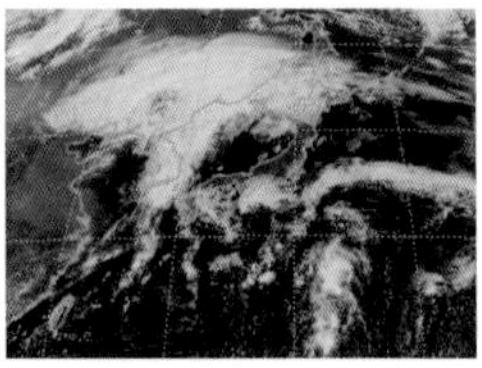
う

（気象庁ホームページより作成）

(1) あ～うを観測日の早いものから順に並べなさい。

(　　　→　　　→　　　)

(2) 日本付近の天気は，どのように変わると考えられますか。次の文の(　　)に東・西・南・北のいずれかを書きなさい。

日本付近の天気は，①(　　　)から②(　　　)へと変わっていく。

(3) 夏から秋にかけて，日本付近に近づく台風は，北と南のどちらから日本のほうへ動いてきますか。　(　　　)

3 5年 **右の図のように，土で山をつくり，みぞをつけて水を流しました。** (4)は6点,ほかは1つ4点【18点】

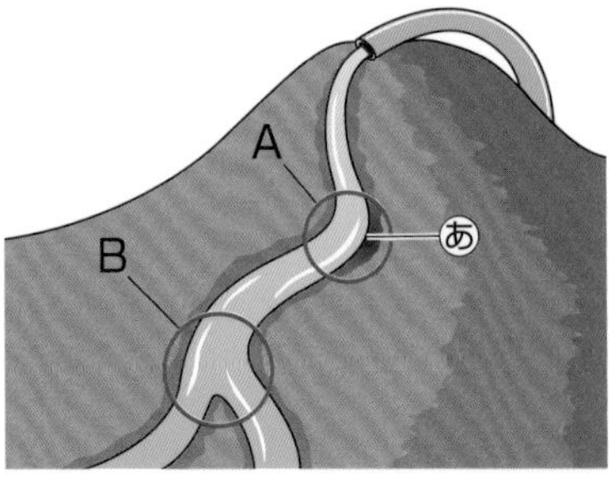

(1) Aは曲がって流れているところです。あの部分にあてはまることを，次の**ア**～**エ**から２つ選びなさい。　(　　　　)

ア　流れがおそい。　　**イ**　流れが速い。
ウ　土が積もる。　　**エ**　土がけずられる。

ポイント

2 (1)　大きな雲のかたまりの動きに着目します。
4 (1)　でい岩《がん》は，おもにどろでできている岩石です。
　(4)　石は，川の水によって流されていくうちに，大きさや形が変化します。

(2)　Bは流れがゆるやかなところです。次の**ア**～**ウ**の水のはたらきのうちBで最も大きいはたらきはどれですか。　（　　）

ア　しん食《しょく》　　**イ**　運《うん》ぱん　　**ウ**　たい積《せき》

(3)　水の量が多くなると，流れる水の何のはたらきが大きくなりますか。(2)の**ア**～**ウ**からすべて選びなさい。　（　　）

(4)　川の上流で大雨が降ったあと，下流の川の水がふえ，にごっていました。この理由を「しん食」「運ぱん」のことばを使って書きなさい。

（　　）

4　6年　次の図は，あるがけの地層を観察してスケッチしたものです。

1つ6点【42点】

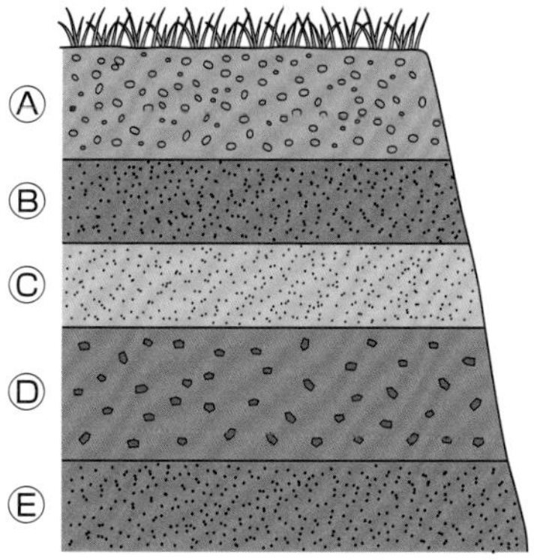

地層	つぶや石のようす
Ⓐ	丸いれきや砂のつぶがまじっている。
Ⓑ	砂のつぶ
Ⓒ	砂よりも細かいつぶ
Ⓓ	つぶを水で洗って調べると角《かど》ばっていた。小さな穴のあいた石も見られた。
Ⓔ	砂のつぶ

(1)　**注意**　Ⓐ～Ⓔの層のうち，でい岩《がん》の層と火山灰《かざんばい》の層はどれですか。

でい岩の層（　　）　火山灰の層（　　）

(2)　地層から，大昔の生物のからだや生活のあとなどが見つかることがあります。これらを何といいますか。　（　　）

(3)　Ⓐの層は，水のはたらきと火山のはたらきのどちらによってできた地層ですか。　（　　）

(4)　(3)で答えた理由を書きなさい。

（　　）

(5)　Ⓐ～Ⓔの層から，以前火山活動があったと予想できる層はどれですか。

（　　）

(6)　(5)で答えた理由を書きなさい。地層にふくまれているものから考えます。

（　　）

10
理科
太陽・星・月

答え 別冊 p.21

得点
／100
[合格点:80点]

1 3年 右の図は，太陽と棒のかげの動きを表しています。
1つ3点【6点】

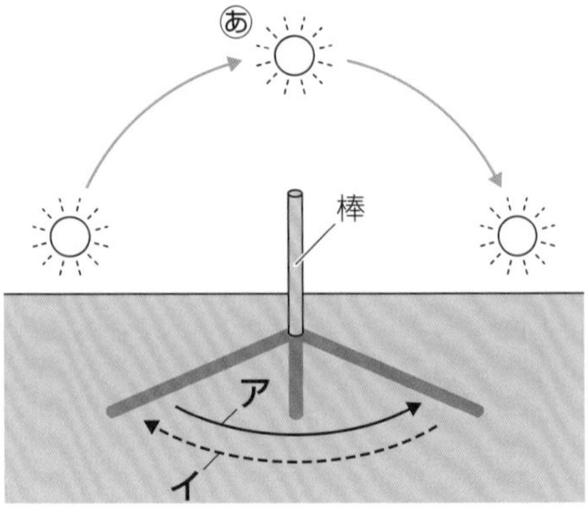

(1) (あ)は，正午ごろの太陽の位置です。このとき，太陽は，東・西・南・北のどの方位にありますか。(　　　　)

(2) 注意 棒のかげの動きを表した矢印は，ア，イのどちらですか。

(　　　　)

2 4年 右の図は，ある日の午後９時ごろのオリオン座の位置を記録したものです。
1つ4点【20点】

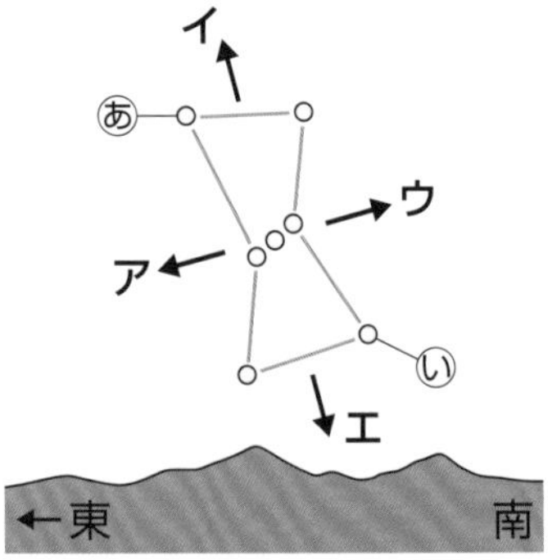

(1) オリオン座が見られるのは，夏と冬のどちらですか。(　　　　)

(2) オリオン座の(あ)と(い)の星は，どちらも１等星です。１等星や２等星などは，何によって分けられていますか。次のア～ウから選びなさい。(　　　　)

ア 星の温度　　**イ** 星の明るさ　　**ウ** 星の大きさ

(3) 赤い色の星は，(あ)と(い)のどちらですか。(　　　　)

(4) 図のオリオン座やほかの星は，時間がたつと，ア～エのどの向きに動きますか。また，そのとき星の並び方は変わりますか，変わりませんか。

動く向き(　　　　)　並び方(　　　　)

3 6年 月と太陽について調べました。
1つ4点【8点】

(1) 月の表面には，右の写真のような円形のくぼみが多く見られます。これを何といいますか。

(　　　　)

(提供：NASA)

(2) 太陽と月の光り方について，正しいものをア～ウから選びなさい。(　　　　)

ア 月も太陽も自ら光っている。

イ 月は自ら光っているが，太陽は自ら光らない。

ウ 月は自ら光らないが，太陽は自ら光っている。

ポイント

2 (3) オリオン座の１等星は，赤いベテルギウスと青白色のリゲルです。
4 (3) Dは，月の光っている面全体を地球に向けています。
(4) 月の光っている側に太陽があり，太陽の光に照らされています。

4 〈4,6年〉 図１は，さまざまな月の形を，図２は地球のまわりを回る月の位置を表しています。白い部分は光っている部分を示します。

1つ6点【42点】

(1) 図１のA，Bの月の名前をそれぞれ書きなさい。

図１

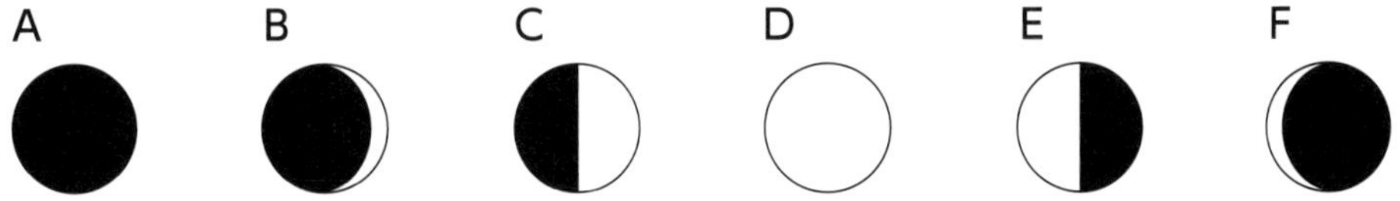

A（　　　　　）　B（　　　　　）

図２

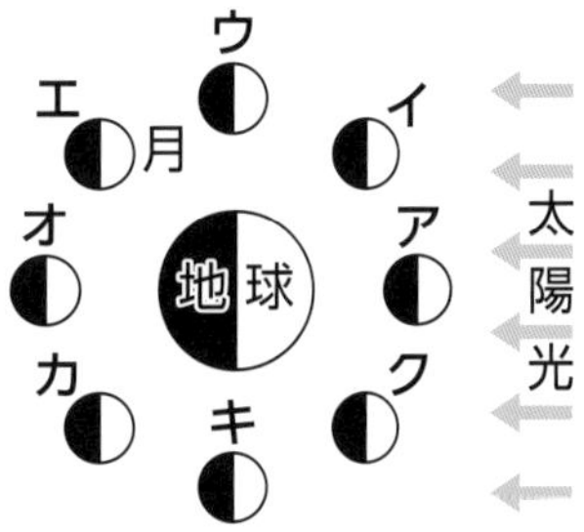

(2) 夕方，東の空に見えるのは，図１のA～Fのどの月ですか。記号を書きなさい。（　　　　）

(3) 重要 月の形が図１のD，Eのように見えるのは，それぞれの月が図２のア～クのどの位置にあるときですか。

D（　　　　　）　E（　　　　　）

図３

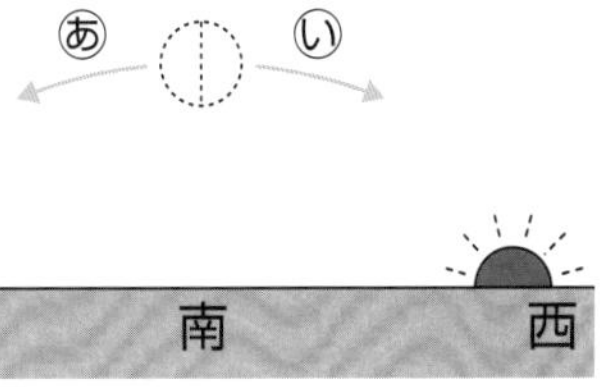

(4) ある日，図３のように，太陽が西の空にしずんでいるとき，南の空に半月が見えました。このときの半月は，右と左のどちらが光って見えますか。（　　　　）

(5) 図３の月は，このあとあといのどちらに動きますか。（　　　　）

5 〈6年〉 月の形の変化について調べました。

1つ6点【24点】

(1) 右の図のア～オを，アをはじめとして，月の形が変化する順に並べましょう。

（ア→　　　→　　　→　　　→　　　）

(2) アの月が地球から見えないのはなぜですか。（　　　　　　　　）

(3) 日によって月の形が変化して見えるのはなぜですか。

（　　　　　　　　　　　　）

(4) 満月から，次に満月が見られるのは，約何日後ですか。ア～ウから選びなさい。（　　　　）

ア　約10日後　　イ　約15日後　　ウ　約30日後

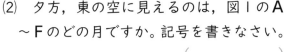

サキドリコラム

知っておこう! 中学理科

中学の理科ってどんな教科?

中学の理科では，植物や岩石，光や音などの身近な自然現象の中から，**「課題」を見つけ，調べたり，考えたりして探究していきます。**

「仮説」を立て,「実験」や「観察」を行い,「結果」を「考察」することをくり返しながら，学習を進めていきます。

課題
仮説
実験・観察
結果
考察

中学理科の攻略法

❶図・表は大きくかこう!

理科では，大切なことを図や表で整理します。まずは，ノートのスペースを大きく使って，かき写してみましょう。かきながら整理することで，流れや用語が覚えやすくなります。

×
○

❷実験の目的を意識しよう!

実験には，必ず目的があります。「何を調べる実験なのか」「何を比べる実験なのか」を考える習慣をつけましょう。先生が見せてくれる実験のお手本も，とても重要です。

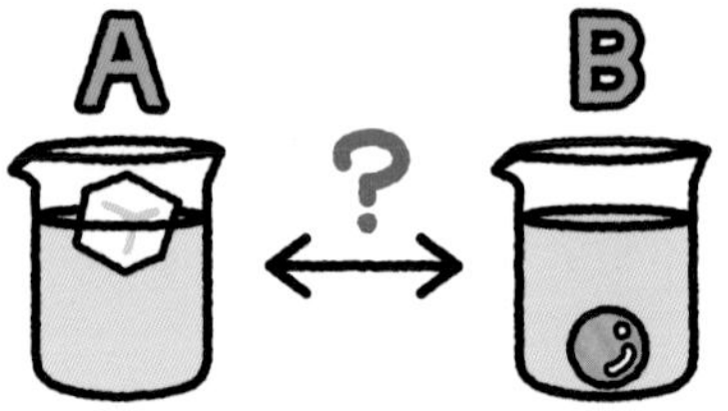
A
B
?

かくのが難しい図は
教科書をコピーして,
ノートにはるのも
おすすめ!
理科を学んで
楽器から音が出る
しくみが
わかったよ!
気になった用語や実験は
インターネットで
写真や動画を
調べてみよう!

サキドリコラム

知っておこう！ 中学国語

中学の国語ってどんな教科？

カンシン
関心
感心

中学の国語では，**「論説文」「随筆《ずいひつ》」「小説」「古典文学（古文・漢文）」などを読み，内容や表現について，小学校よりも深く学びます。**漢字は常用漢字のほとんどを学習し，文法もくわしく学びます。

また，意見文やレポートの作成，発表や討論を通して，**コミュニケーションの力**も身につけていきます。

中学国語の攻略法

❶筆者の意見をとらえよう！

文章の中で，**筆者（文章を書いた人）がどのような意見を述べているか**に注目しましょう。読みながら「筆者は何を伝えたいのだろう？」と考える習慣をつけるとよいでしょう。

❷古典は読みかたと意味を！

古文や漢文は，まず**現代と異なる読みかたや言葉の意味**を覚えましょう。読みかたが難しいところは，文章を何度も音読してマスターしましょう。

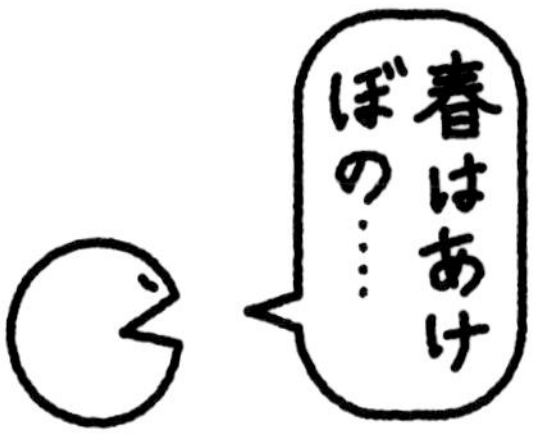
春はあけぼの……

自分の好きなマンガが古典文学から着想を得たものだったなんて知らなかった！

難しい言葉や知らない言葉は，辞書で調べてみよう！

小説や随筆をたくさん読んで，お気に入りの作品を見つけてみて！

(1) **重要** 二つの意見文に共通する良い書き方を次の**ア**～**エ**から二つ選び、記号で答えなさい。（二つ20点）

ア 初めから終わりまで意見だけを述べている。
イ 具体的な例や自分の体験を出して説明している。
ウ 最初に自分の考えをはっきりと述べている。
エ 初めに具体的な例を出してから説明している。

（　　）（　　）

(2) 大岩さんは意見文の中で、「ぼくの祖母も……楽になったと言って喜んでいます。」と書いていますが、この文を入れることで、読み手にどのような効果をあたえていますか。次の**ア**～**ウ**から選び、記号で答えなさい。（20点）

ア 身近な例を入れることで、社会全体が望んでいるということをそれとなく知らせている。
イ 身近な例を入れることで、自分の主張を支持するようにうながしている。
ウ 身近な例を入れることで、読み手に説得力をあたえている。

（　　）

(3) **重要** 二つの意見文を読んで、あなたの意見はどちらに近いですか。近い人の名前を（　）に書いて、その理由を書きなさい。（40点）

（　　　　）さんに近い。

・理由

中学サキドリ

表現力・コミュニケーション力をつける学習

・小論文…情報を読み取り、意見を書きます。
・批評文…説得力のある批評を書きます。
・プレゼンテーション…考えた案や計画を提示します。
・グループ・ディスカッション…たがいの考えを理解し合います。

作文

答え 別冊 p.24

1 「未来の社会について」というテーマで、意見文を書くことになりました。次の二つの意見文を読んで、問いに答えなさい。 〔100点〕

〈大岩《おおいわ》さんが書いた意見文〉

ぼくは、これからの社会では、ますます科学技術を発達させることが大切だと考えます。科学技術が発達すれば産業が発達し、みんなが豊かな生活を送ることができると思うからです。

今はお年寄りの多い高齢化《こうれいか》社会ですが、科学技術の発達は、福祉《ふくし》の分野でも役立ちます。例えば、電動車いすや電動ベッドなどの介護《かいご》用品や、お年寄りや体の不自由な人でも乗り降りの楽な自動車は、もう実現しています。ぼくの祖母も、昔は手動の車いすを利用していましたが、電動車いすを使うようになってからは、移動がとても楽になったと言って喜んでいます。

現在は、お年寄りや体の不自由な人のために食事の手伝いをしてくれるロボットも登場しています。今後も福祉分野の工業製品の開発は進み、高齢化社会に役立つことでしょう。

〈山本《やまもと》さんが書いた意見文〉

私は、日本の社会は、もっと福祉の分野に力を入れていったらよいと考えます。すべての人が幸せな未来に暮らすためには、他人を思いやる気持ちや福祉が大切だと思うからです。

最近、よく聞くのは「バリアフリー」という言葉です。これは、建物の出入り口にスロープを設置して車いすの人の出入りに気を配ったり、「ノンステップバス」という乗り降りするときの段差をなくしたバスを採用したりすることです。これらは、お年寄りや体の不自由な人たちの立場に立って考えた工夫です。

私の家の足の悪い祖父は、ときどき、私が買い物につきそってあげると、とても喜んでくれます。これからは、相手の立場に立って考えたり、他人にやさしい気持ちで接したりすることのできる社会にするべきだと思います。

得点
／100
［合格点:70点］

ポイント！

二つの文章（意見文）を比べるときは、それぞれの書き方の良い点や文章の工夫に着目します。そのうえで、自分の考えをまとめるとよいでしょう。

芽する一つのしくみである。

7堅い種皮を持つ種子は、土壌中の微生物などによって種皮が分解されないと、発芽しない。それゆえ、同じ年に結実した種子でも、散布された環境《かんきょう》により、発芽する時期は大きく異なる。

8「同じ年に、同じ株、同じ花にできた種子であっても、発芽する時期が異なる」というのは、種族の存続に有利に働く。散布された環境によって発芽する時期が違《ちが》えば、発芽は、何ヵ月、何ヵ年にもわたって、ぼつぼつおこる。

9自然の中では、ひどい乾燥や低温などのために、発芽した植物がすべて枯死することもあるだろう。そんなとき、まだ発芽していない種子があれば、その植物の種族を存続させることができる。

（田中修《たなかおさむ》「ふしぎの植物学」〈中央公論新社〉より）

＊阻害……じゃまをすること。　＊透過……通りぬけること。
＊肥沃……土地が肥えて、作物が育つのに適していること。

(1) ——線部①「乾燥した地域に生きる植物の種子」の発芽で重要なのは、どんなことですか。文章中の言葉を使って書きなさい。（25点）

（　　　　）

(2) **注意** ——線部②「種子たちは、どのようにして、『発芽したあとも水がある』ことを知るのだろうか。」という問いかけに対する答えが書かれているのは、どの段落ですか。1~9の段落番号で答えなさい。（15点）

（　　）段落

(3) **注意** 5~9段落は、内容によって二つに分けられます。後半の初めにあたるのは、どの段落ですか。段落番号で答えなさい。（15点）

（　　）段落

(4) **重要** ——線部③「種子が堅い種皮を持つことは、適切な場所で発芽する一つのしくみである。」とありますが、そう言える理由を説明した次の文の（　）にあてはまる言葉を、文章中からそれぞれの字数で書き出しなさい。（一つ15点）

・種子は、種皮が（①三字）によって分解されて発芽するが、そのような場所は、発芽後の成長のために必要な（②二字）があり、（③五字）であることを意味するから。

①
②
③

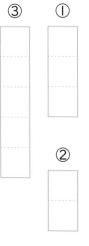

説明文の読み取り②

答え 別冊 p.24

得点　　／100
［合格点:70点］

ポイント！
各段落の要点をおさえ、段落と段落の関係を考えて、説明されている内容を読み取ります。また、指示語や接続語に注意しましょう。

1 次の説明文を読んで、問いに答えなさい。【100点】

1 多くの栽培《さいばい》植物の種子は、発芽の三条件である適切な温度、水、空気（酸素）があれば、発芽する。しかし、自然の中を自分の力で生きる植物の種子は、そんなに簡単に発芽しない。それぞれの植物種の種子は、発芽のタイミングを知る方策を身につけている。

2 ①乾燥《かんそう》した地域に生きる植物の種子は、適切な温度と水と空気があっても、発芽してはならない。発芽する際、もっとも気をつけねばならないのは、発芽後にも使える水があるかどうかである。もし、発芽後に水が不足すれば、芽生えは、たちまち枯死《こし》してしまう。それゆえ、種子たちは、発芽するときに必要な水だけでなく、発芽した後に根を張りめぐらすのに使える水が十分あるかを、発芽の際に見きわめなければならない。

3 ②種子たちは、どのようにして、「発芽したあとも水がある」ことを知るのだろうか。「種子たちが発芽するとき、そんなことまで考えていないだろう」と思われるかも知れない。「種子たちがほんとうに考えているかどうか」は別にして、「発芽したあとも水がある」ことを、種子たちが知るためのしくみは存在する。

4 乾燥地帯に生きるいくつかの植物は、種皮の中に、発芽を*阻害《そがい》する物質を含《ふく》んでいる。これらの物質は、水に溶《と》ける性質を持っている。だから、多量の雨が降って、種子が水につかれば、阻害物質は水に溶けて流れ去る。それほど多量の水がまわりにあるときに限り、からだから阻害物質がなくなり、この種子は、発芽する。発芽を阻害する物質が発芽のタイミングをはかる役目をする、わかりやすいしくみである。

5 また、種皮が硬《かた》かったり厚かったりして、発芽に必要な空気（酸素）や水が種皮を*透過《とうか》しないために、発芽しない種子がある。酸素を透過しないオナモミの種子や、水を透過しないクローバーの種子が、その例である。

6 こんな種子は、堅《かた》くて厚い種皮が微生物《びせいぶつ》によって分解されてやわらかくなると、発芽する。もし微生物が堅くて厚い種皮を分解するなら、微生物がまわりに多くいることになる。微生物が多くいるのは、水分が十分にあり、*肥沃《ひよく》な土壌《どじょう》であることを意味する。だから、種子にとって、発芽後の成長に都合がいい。③種子が堅い種皮を持つことは、適切な場所で発

年前に現れた。それまで骨を食べる動物はほかにいなかったから、つまりニッチが空白だったからだ。地上に下りて骨を持つ。それだけでも、その類人猿はしょっちゅう立たなくてはならない。

けれども、ライオンたちが食べ残した骨をそのままかむことはできない。多くの骨は、その地上に下りた類人猿の口には大きすぎる。

[　　]、もうひとつ前に進まなくてはならない。

ウシの骨を食べるときの第一のコツは、なんだっただろう。覚えているだろうか？

『口に入るほどに骨を小さくくだくこと』

これだった。

（島泰三《しまたいぞう》「人はなぜ立ったのか？――アイアイが教えてくれた人類の謎《なぞ》――」〈学習研究社〉より）

＊ボノボ……チンパンジーによく似たサル。

＊アウストラロピテクス……アフリカで生まれた最初期の人類。

(1) ――線部「それ」は、どういうことを指していますか。文章中から二十字以内で書き出しなさい。（20点）

[　　　　　　　　　　　　　　　　　　　　] こと。

(2) [　　]にあてはまる言葉を次のア～ウから選び、記号で答えなさい。（20点）

ア しかし　**イ** ところで　**ウ** そこで

（　　）

(3) **重要** ニホンザル・チンパンジーなどのサルたちに共通して発達しているものは何ですか。次の[　　]にあてはまる言葉を、文章中から六字で書き出しなさい。（20点）

・二本足で歩くのに必要な[　　　　　　]。

(4) **注意** 次の①～④について、文章の内容と合うものには○を、合わないものには×を答えなさい。（一つ10点）

① 筆者は、食べ物を両手で持つために人類が立ったという考えに賛同している。
② 骨を食べる動物は、類人猿のほかにいなかった。
③ 類人猿は、ライオンがかみくだいた骨の残りを食べた。
④ サル類は、いつも森や密林を二本足で歩く生活をしている。

①（　　）　②（　　）　③（　　）　④（　　）

説明文の読み取り①

答え 別冊 p. 24

得点 ／100
［合格点:70点］

ポイント！
文章中でくり返し使われている言葉を手がかりに、話題の中心をつかみます。また、「これ」「それ」などの指示語に注意して内容を読み取りましょう。

1 次の説明文を読んで、問いに答えなさい。【100点】

　アメリカの人類学者ゴードン・ヒューズ博士は、人類が立ち上がったのは「食べ物を両手で持ったため」と、主張した。これには、説得力がある。

　ニホンザルは両手に食べ物を持つと二本足で歩くし、走る。両手でスイカを持って走ったという話もある。サルの餌場《えさば》で一度にイモをまくと、すばしっこいサルはイモを口にくわえた上に両手につかんで二本足で走ってにげる。〈中略〉

　動物園で見ていればわかるように、チンパンジーたちもぶかっこうだけれど、ときどき二本足で立って歩く。

　森の木々の間でくらしていて、枝先の食べ物を取るためには両手を使ってのび上がったり、体全体を長くのばしたりしているために、サルたちのバランス感覚は発達している。このために、地上に下りると、必要があれば二本足で立ち上がることができる。木の上の生活で必要なそのバランス感覚によって、ニホンザルでも＊ボノボでも地上に餌があって、しかも両手がふさがるような、とくべつにたくさんの食べ物があるときには、二本の足で立ち上がることもできる。

　人類のいちばんの親戚《しんせき》は、チンパンジーたちだ。＊アウストラロピテクスは体重も脳容量もチンパンジーと変わらない。バランス感覚のよい人類の祖先は、地上に下りたときに、食べ物をつかんで二本の足で立つことはできたはずだ。

　ヒューズ博士は、「サバンナでライオンが食べ残した肉を運ぶのだ」といったけれど、それには大きな問題があった。肉を食べようと思えば、残りの肉をあさる、まだおなかの空《す》いているほかのライオンやハイエナなどとの闘《たたか》いがある。なによりも、かたい肉をかみ切る歯がなくてはならない。

　骨は地上に下りてきた人類に、ちょうどいい食べ物だった。「ちょうどいい」というのは、それがたくさんあるのに、それを食べるほかの動物がいなかったという意味で、果物を食べていた、人類の祖先の類人猿《るいじんえん》がすぐ骨を食べた、というわけではない。

　栄養のあるものが、たくさんあって、それを食べるものがいなければ、そして、それが百万年という時間の単位でつづけば、いつかはそれを食べる動物が出てくる。それがニッチ（生態的地位）である。

　地上に下りた類人猿の中に、骨を食べる種類が四〜五百万

ア　同じ言葉をくり返して、様子を強調している。
イ　問いかけて、それに対して答えている。
ウ　ふつうとは語順を入れかえ、問いかけている。

(3)　――線部「真新しい着地の匂い／真新しい革の匂い」が表すものに最も近いものを、次の**ア**～**ウ**から選び、記号で答えなさい。

ア　卒業生　**イ**　新入生
ウ　転校生

(4)　**重要**　詩にこめられた作者の思いとしてあてはまるものを次の**ア**～**ウ**から選び、記号で答えなさい。

ア　明るい春の訪れに、大きな喜びを感じている。
イ　新しい季節の気配を感じて、心も新たにしようと自分自身に言い聞かせている。
ウ　新しい生活をむかえた者を祝福しながらも、心の準備を呼びかけている。

2　**次の短歌・俳句にうたわれている情景の説明としてあてはまるものをあとのア～エから選び、記号で答えなさい。**　一つ10点【40点】

(1)　妹の小さき歩み急がせて
　千代紙買いに行く月夜かな　木下利玄《きのしたりげん》

(2)　石がけに子ども七人腰掛《こしか》けて
　ふぐをつりおり夕焼け小焼け　北原白秋《きたはらはくしゅう》

(3)　菜の花や月は東に日は西に　与謝蕪村《よさぶそん》

(4)　遠山《とおやま》に日の当たりたる枯野《かれの》かな　高浜虚子《たかはまきょし》

ア　春の野原の広々とした情景。
イ　冬の広々としてさびしげな情景。
ウ　作者の子どものころのなつかしい情景。
エ　たくさんの子どもたちの楽しげな情景。

(1)
(2)
(3)
(4)

中学サキドリ

短歌・俳句の特ちょう

中学では、短歌や俳句特有の形式や表現技法について、くわしく学習します。

例　句切れ…一つの短歌や俳句の中で、意味がいったん切れるところ。

詩・短歌・俳句の読み取り

答え 別冊 p.24

得点
／100
［合格点:70点］

ポイント！
詩の表現の工夫に注意して、こめられた作者の思いを読み取りましょう。季節感などに注意して、短歌と俳句にえがかれた情景を読み取りましょう。

1 次の詩を読んで、問いに答えなさい。　〔一つ15点【60点】〕

支度《したく》　　黒田三郎《くろださぶろう》

何の匂《にお》いでしょう
これは

これは
春の匂い
真新しい着地《きじ》の匂い
真新しい革《かわ》の匂い
新しいものの
新しい匂い

匂いのなかに
希望も
夢も
幸福も
うっとりと
浮《うか》んでいるようです

ごったがえす
*人いきれのなかで
だけどちょっぴり
気がかりです
心の支度《したく》は
どうでしょう
もうできましたか

（「豊かな言葉　現代日本の詩④　黒田三郎詩集　支度」〈岩崎書店〉より）

*着地……生地。布地。
*人いきれ……人が多く集まって、熱気がある様子。

(1) この詩は、いくつの連でできていますか。漢数字で答えなさい。
（　　　）連

(2) **注意** 第一連の表現の工夫を説明したものとしてあてはまるものを次の**ア**～**ウ**から選び、記号で答えなさい。

名まえさえ、吾一はまだ知らなかった。

（山本有三《やまもとゆうぞう》「路傍《ろぼう》の石」『現代日本の文学』〈学習研究社〉より）

＊えこじ……つまらないことにがんこに意地をはること。

＊ガクリ……大口を開いて、一気に食いつく様子。ガブリ。

(1) [A]～[D]にあてはまる言葉を次の**ア**～**エ**から一つずつ選び、記号で答えなさい。（一つ5点）

ア ほとんど　**イ** ふと
ウ かえって　**エ** なんだか

A〔　　〕 B〔　　〕 C〔　　〕 D〔　　〕

(2) **注意** [1]～[4]にあてはまる言葉を次の**ア**～**エ**から一つずつ選び、記号で答えなさい。（一つ5点）

ア 先生に言われたことが守れないのはくやしい
イ できそこないのサツマイモだろう
ウ 貯金なんて腹がへってやりきれないから、やめてしまおうか
エ この中には一つぐらい、うまいのがあるだろう

1〔　　〕 2〔　　〕 3〔　　〕 4〔　　〕

(3) ――線部①「それじゃおれも……。」は、吾一のどんな考えを表していますか。次の**ア**～**ウ**から選び、記号で答えなさい。（20点）

ア 貯金なんてやめてしまおう。
イ 腹がへるのをがまんしよう。
ウ 先生に言われたことをやり通そう。

〔　　〕

(4) **重要** ――線部②「ぴんときた」とありますが、吾一は何を思いつきましたか。具体的に答えなさい。（20点）

（　　　　）

(5) ――線部③「気にもとめなかった」とありますが、吾一はどんな事実を気にとめなかったのですか。文章中から二十六字で書き出しなさい。（20点）

中学サキドリ

古典

中学では、古文と漢文を学習します。古文は、現代文とは異なる仮名《かな》づかいに注意し、漢文は、漢字を読む順序や送りがなに注意しましょう。

物語文の読み取り②

答え 別冊 p. 23

得点 ／100
［合格点:70点］

ポイント！
人物の行動の理由をとらえ、吾一《ごいち》がどのような人物かを読み取ります。空らんにあてはめる問題は、［　］の前後の言葉や文に着目して考えましょう。

1 次の物語文を読んで、問いに答えなさい。【100点】

（吾一《ごいち》は高等小学校の二年生（今の小学校六年生）である。担任の次野《つぎの》先生に「買い食いをしないで、小づかいはなるたけ貯金するように。」と言われた吾一は、毎日母親からもらう小づかいを貯金箱に入れる日々を送っていた。）

おやつをたべないものだから、吾一は腹がへってたまらなかった。［1］と思ったが、［2］と思った。ところが、ほかの友だちに聞いてみると、友だちもみんなやめてしまったという。「①それじゃおれも……。」と、ひょいと、よわ気になりかけたが、彼《かれ》はこういう時、［A］、*えこじになる子どもだった。

「よし、それなら、おれがやり通してみせる。」

が、どうがんばってみても、腹のへることは同じだった。

ある時、彼はうちの前で、［B］、コマを落とした。取ろうと思って縁《えん》の下をのぞくと、サツマイモがワラの中にころがっている。どうしてこんな所に、おサツをころがしておくんだろう、と不思議に思ったが、そんなことよりも何よりも、吾一の頭に②ぴんときたことは、「しめた。」という、きらめきだった。

彼はさっそく縁の下にもぐりこんで、そいつを一つ取りあげた。［C］普通《ふつう》のサツマイモに比べると、少し皮の色がちがっているような気もしたが、たいして、③気にもとめなかった。皮には、［D］どろはついていなかったけれど、彼は筒《つつ》っぽのそでのさきで、なんどもこすってから、大きく*ガクリとやった。

ガクリとやってから、彼は急に妙《みょう》な顔をして、はき出してしまった。甘《あま》みがなくて、へんに水けがあるくせに、かすかすしていた。きっと、［3］と、彼は思った。

吾一はそいつをほうり出して、別のをかじってみた。それもやはりかすかすだった。［4］、と思って、四つ五つ、食いかいてみたが、どれもうまいのに当たらなかった。

「まあ、そんな所で何をしているの。」

急におっかさんの声が、上から響《ひび》いてきた。

「あら、吾一ちゃん。まあ、ダリヤをみんな台なしにしてしまって……。」

ダリヤという声を聞くと、おとっつぁんも縁がわへ飛んできた。

その時分は、ダリヤが非常に珍《めずら》しいころで、ダリヤというおハルさんはそう言いながら、苺を一粒《つぶ》[2]口に入れた。

「かなちゃんが用意してくれた苺、なんておいしいの。季節がきたら、こういうおいしいものが必ず食べられて、今はほんとうにしあわせよ。」

しみじみとそう言っておハルさんは紅茶のカップに口をつけた。

「今がしあわせだから、今までのことは、全部よかったことだって思うときもあるわね。」

将来の夢……。その将来って、今のおハルさんみたいにゆったりと、全部よかったって思える日のことを指すんだろうか。ますます③作文になにを書いたらいいか、わからなくなってしまった。

（東直子《ひがしなおこ》「いとの森の家」〈ポプラ社〉より）

(1) **重要** ――線部①「こそばゆい気持ち」とは、どのような気持ちですか。次の**ア**～**ウ**から選び、記号で答えなさい。

ア 意外なことにおどろく気持ち。
イ ほめられて照れくさい気持ち。
ウ どう答えてよいか迷う気持ち。

（　　）

(2) [1]・[2]にあてはまる言葉を次の**ア**～**ウ**から一つずつ選び、記号で答えなさい。

ア ぱくりと　**イ** のそっと　**ウ** ふっと

1（　　）　2（　　）

(3) **注意** ――線部②「現実はシビアだった」とは、どういうことを表していますか。次の[ ]にあてはまる言葉を、文章中から七字で書き出しなさい。

・おハルさんのアメリカでの生活は、

とても[　　　　　　　]こと。

(4) ――線部③「作文」とは、どのような作文のことですか。文章中の言葉を使って書きなさい。

（　　　　　　　　）

中学サキドリ

随筆《ずいひつ》

「随筆」とは、筆者が見たり聞いたりしたことなどの体験をもとにして、それについての感想や意見を、形式にとらわれず、自由に書いた文章です。例えば、日々のことを書き留めた日記ふうのものや、旅の出来事をえがいた紀行文などが随筆にあたり、中学で本格的に学習します。

物語文の読み取り①

答え 別冊 p.23

得点

／100

［合格点:70点］

ポイント！

どのような場面かをおさえて、加奈子《かなこ》とおハルさんの様子や気持ちを読み取りましょう。特に、会話の流れをおさえましょう。

1 次の物語文を読んで、問いに答えなさい。

一つ20点【100点】

加奈子《かなこ》は小学五年生になったばかり。学校から帰って家に一人でいると、知り合いの老婦人・おハルさんが訪ねてきた。

おハルさんは、私の淹《い》れた紅茶を飲みながら、かなちゃんはすっかりすてきなレディーになったわねえ、と目を細めた。レディーなんて言われたのは初めてで、①こそばゆい気持ちになった。

「まだ学校もはじまったばかりだから、のんびりできるわね。」

おハルさんが言ったひとことで、今日福原《ふくはら》先生から出された宿題のことを思い出した。

「いいえ、いきなり難しい宿題が出たんです。将来の夢を書きなさいって。」

「あら。」

「おハルさんは、子どものときに、なんて書いたんですか？　将来の夢。」

「将来の夢？　私の？」

おハルさんは、今まで見たこともないようなびっくりした顔をした。

「そんなこと、考えたこともなかったわ。学校でそんなすてきな宿題が出たこともなかったし。」

おハルさんの顔が、［ Ⅰ ］寂《さび》しげになった。

「私のころはね、今みたいに女の子がいろいろな仕事を夢見てもいい時代ではなかったの。ほとんどの女の人は、誰《だれ》かのお嫁《よめ》さんになって、その人とその家のためにつくして生きることだけが求められたのよ。」

「そうなの？　でも、おハルさんは、それだけで生きてきたわけではないですよね。アメリカに行ったり……。」

「アメリカに行ったのも家のためよ。日本で働くところがなくて、夫と働く場所を求めて行ったのだもの。言葉もぜんぜんわからないのに。それはもう、たいへんだったのよ。」

「おハルさん、アメリカには、とっても行きたくて行ったんやって、思ってました。」

「船に乗って行くときはそれなりに希望に燃えてたのよ。夢のような国に行けるんだって、自分で自分を思い切り励《はげ》ましてね。でも②現実はシビアだった。この苺《いちご》さんのようには甘《あま》くなくて、おもいっきりすっぱくって、苦かったってわけ。」

5 **次の（　）にあてはまる言葉を[　]から選び、書きなさい。** 一つ5点【15点】

(1) 学級会の司会は、ぼくが（　　）。

(2) あなたに、この本を（　　）。

(3) 明日の集会には、父が（　　）。

差しあげます　いたします
申しあげます　うかがいます

6 **次の——線部の敬語と同じ意味を表すものを[　]から選び、記号で答えなさい。** 一つ5点【15点】

(1) お客様が、料理を食べられる。（　　）

(2) 先生は明日、出張に行かれるそうです。（　　）

(3) あなたが言われることも理解できます。（　　）

ア まいる　**イ** おっしゃる
ウ めし上がる　**エ** いらっしゃる

7 **次の——線部を、〈　〉の敬語に直して書きなさい。** 一つ6点【18点】

(1) 先生が、サッカーの応えんに来る。
〈「～れる・～られる」を使った尊敬語〉（　　）

(2) 校長先生が、朝礼で話す。
〈「お～になる」を使った尊敬語〉（　　）

(3) 私が、調査の結果を報告する。
〈「ご～する」を使った謙譲語〉（　　）

中学サキドリ

丁重《ていちょう》語・美《び》化《か》語

・丁重語…謙譲語の一種で、自分の動作などを丁寧に言うことで、聞き手（読み手）に対する敬意を表す言葉。
例 私は、明日から海外旅行にまいります。

・美化語…丁寧語の一種で、だれに対する敬意でもなく、ものを上品に、きれいに表現する言葉。 例 ごほうび・お水

敬語

答え 別冊 p.23

1
敬語が使われている文を三つ選び、（　）に記号で答えなさい。 一つ4点【12点】

ア 年上の人に改まった態度をとる。
イ 私は、その意見に賛成です。
ウ 明日は早起きしてジョギングをしよう。
エ お客様を部屋にご案内します。
オ 校長先生が全校生徒の前で話されました。

（　　）（　　）（　　）

2
次の（　）に「お」か「ご」を入れて、文を完成させなさい。 一つ3点【12点】

(1) 先生の（　）住所をうかがった。
(2) 近いうちに（　）手紙を差し上げます。
(3) 市長が（　）祝いの言葉を述べる。
(4) みなさんの（　）意見をぼしゅうします。

3
重要 次の――線部の敬語の種類に合うものを［　］から選び、記号で答えなさい。 一つ4点【12点】

(1) デパートには、いろいろな品物が<u>あります</u>。（　　）
(2) 私が、玄関《げんかん》先まで<u>お送りします</u>。（　　）
(3) 先生が黒板に答えを<u>書かれる</u>。（　　）

ア 尊敬語　イ 丁寧《ていねい》語　ウ 謙譲《けんじょう》語

4
注意 次の――線部の敬語の使い方が正しければ○を、まちがっていれば×をつけなさい。 一つ4点【16点】

(1) まもなく母がこちらに<u>いらっしゃいます</u>。（　　）
(2) 市長がぼくの作品を<u>ごらんになった</u>。（　　）
(3) 先ぱいがピアノの演奏を<u>なさった</u>。（　　）
(4) 私もケーキを<u>めし上がった</u>。（　　）

得点
／100
［合格点:70点］

ポイント！
相手や話題になっている人の動作を高めて、敬う気持ちを表す場合には尊敬語を、自分や身内の人の動作をけんそんして言う場合には謙譲《けんじょう》語を使います。

5 重要 **次のことわざの意味を［　　］から選び、記号で答えなさい。** 一つ4点【16点】

(1) 花よりだんご

(2) 失敗は成功のもと

(3) 泣き面《つら》にはち

(4) ちりも積もれば山となる

ア 見て美しいものより、役立つもののほうがよい。

イ どんなに小さなものでも、数多くたまれば大きなものとなる。

ウ しくじっても今までのやり方の悪い点を直していけば、次は成功する。

エ 苦しんでいる人に、さらに心配事や苦しみが重なる。

6 **次の□に、漢数字を入れて、ことわざを作りなさい。** 一つ4点【12点】

(1) 石の上にも□年

(2) □聞は□見にしかず

7 **次のことわざと似た意味のことわざを［　　］から選び、記号で答えなさい。** 一つ4点【16点】

(1) さるも木から落ちる

(2) ねこに小判

(3) 急がば回れ

(4) 石橋をたたいてわたる

ア ぶたに真じゅ

イ 念には念を入れよ

ウ 弘法《こうぼう》にも筆の誤り

エ せいては事を仕損じる

中学サキドリ

故事成語

昔のいわれのある話（故事）からできた言葉で、人生の教えや教訓などを表し、広く使われています。主に、中国の古典に由来します。

例　五十歩百歩→「たいしたちがいはないこと」（戦場で敵から五十歩にげた者も百歩にげた者も、にげたことに変わりはないことから。）

5 国語

慣用句・ことわざ

答え 別冊 p.23

答え 別冊 p.23

1 次の文の□には、体の部分を表す漢字が入ります。その漢字を[　]から選び、□に書きなさい。

一つ4点【12点】

(1) 祖父は、この町でたいへん□が広い。 □

(2) 姉の無責任な態度に□を立てる。 □

(3) 長時間歩き続けて、□が棒になった。 □

目	首	顔	手	腹	足

2 次の慣用句の□には、体の部分を表す同じ漢字が入ります。その漢字を書きなさい。

一つ5点【20点】

(1) □が軽い　□に合う　□をはさむ　□

(2) □がさわぐ　□を打つ　□を張る　□

(3) □が痛い　□に入る　□をそばだてる　□

(4) □が回る　□が肥える　□を巻く　□

3 次の――線部の慣用句の意味に合うものを[　]から選び、記号で答えなさい。

一つ4点【12点】

(1) 兄は、合格発表を首を長くして待っている。（　）

(2) 昼時の食堂の調理場は、ねこの手も借りたいくらいになる。（　）

(3) 両チームが、優勝をかけて火花を散らす。（　）

ア たいへんいそがしい。
イ 激しく争う。
ウ 待ちこがれる。

4 次の意味の慣用句になるように、（　）にあてはまる言葉を書きなさい。

一つ6点【12点】

(1) いいかげんにごまかす。→ お茶を（　）

(2) 細かなところまで注意する。→ 気を（　）

得点　／100
[合格点:70点]

ポイント!
慣用句は、二つ以上の言葉が結び付いて、ある特別な意味を表すもので、もとの言葉の意味と区別することが大切です。また、体に関する言葉を使った慣用句も多くあります。

4 それぞれの文が似た意味になるように、□の漢字を組み合わせた熟語を、□に書きなさい。

一つ3点【9点】

(1) わくの中に名前を書き入れる。
わくの中に名前を□□する。

(2) 左右を確かめて、道を横切る。
左右を確かめて、道を□□する。

(3) 先生の許しを得て、体育の授業を休む。
先生の□□を得て、体育の授業を休む。

断　入　許　記　横　可

5 次の――線部の外来語の意味として正しいものを□から選び、記号で答えなさい。

一つ2点【6点】

(1) イメージをふくらませる。（　　）

(2) 友達にアドバイスをする。（　　）

(3) 母にメッセージを残す。（　　）

ア 伝言
イ 想像
ウ 助言

6 次の二つの言葉を結び付けて一つの言葉にし、〔　〕に書きなさい。また、（　）にはその読み方を書きなさい。

一つ4点【24点】

(1) 取る ＋ 出す
→〔　　〕（　　）

(2) 船 ＋ 底
→〔　　〕（　　）

(3) 聞く ＋ 苦しい
→〔　　〕（　　）

7 次の言葉は全て複合語です。例にならって、もとの二つの言葉に分けて書きなさい。

一つ3点【12点】

例 言い争う → 言う ＋ 争う

(1) 輸入品 （　　）（　　）

(2) 飛び上がる （　　）（　　）

(3) 見過ごす （　　）（　　）

(4) 食べづらい （　　）（　　）

和語・漢語・外来語／複合語

答え 別冊 p.22

得点　／100
［合格点:70点］

ポイント！
和語はひらがなや漢字の訓読みで表されます。漢語の多くは二字以上の熟語です。漢字で書かれている言葉でも、訓読みするものは和語であることに注意しましょう。

1 次の　　の言葉を、和語、漢語、外来語に分けて、和語・漢語は漢字で、外来語はかたかなで（　）に書きなさい。 一つ2点【12点】

じどうしゃ　くれよん　くさばな
きょうしつ　かすてら　てがみ

(1) 和語（　　）
(2) 漢語（　　）
(3) 外来語（　　）

2 次の――線の言葉が、和語なら◎を、漢語なら○を、外来語なら△を（　）に書きなさい。 一つ1点【5点】

◎朝顔の花のさく様子を観察して、ノートに記録することにした。

3 注意 次の――線部の言葉は同じ漢字ですが、意味によって読み方がちがいます。それぞれの文に合う読みがなを（　）に書き、和語なら◎を、漢語なら○を（　）に書きなさい。 一つ2点【32点】

(1) ① 色紙にサインをもらう。（　　）（　）
② 色紙でつるを折る。（　　）（　）

(2) ① あれから三月たつ。（　　）（　）
② 妹は三月生まれだ。（　　）（　）

(3) ① 名所を見物する。（　　）（　）
② かれの演技は見物だった。（　　）（　）

(4) ① 結果は一目りょう然だ。（　　）（　）
② 町が一目で見わたせる。（　　）（　）

4 次の三字熟語と同じ組み立てのものを［　］から二つずつ選び、記号で答えなさい。 一つ3点【18点】

(1) 上中下 （　）（　）

(2) 新発売 （　）（　）

(3) 入学式 （　）（　）

ア 大自然
イ 衣食住
ウ 政治家
エ 松竹梅
オ 博物館
カ 再利用

5 次の□に、「不・無・非・未」のどれか一字を入れて、三字熟語を作りなさい。 一つ3点【18点】

(1) □条件　(2) □完成　(3) □関心

(4) □完全　(5) □公式　(6) □可能

6 次の意味を参考にして、［　］にあてはまる言葉を［　］から選んで書き入れ、四字熟語を完成させなさい。 一つ3点【12点】

(1) 自分の思いどおりにできること。 自由□□

(2) 予定した日に雨が降ったら、期日を次の日、次の日と先にのばすこと。 雨天□□

(3) はじめからおわりまで。 一部□□

(4) すぐれた人は、大成するのに時間がかかること。 大器□□

始終　順延　晩成　自在

7 注意 次の四字熟語には、それぞれ一字ずつまちがいがあります。例にならって全体を正しく書き直しなさい。 一つ4点【12点】

例 一身同体 → 一心同体

(1) 日新月歩 → □□□□

(2) 短刀直入 → □□□□

(3) 絶対絶命 → □□□□

中学サキドリ

熟語の構成

・同じ漢字を重ねたもの（畳語《じょうご》）。 例 年年（年々） 刻刻（刻々）
　＊「々」は、「おどり字」といい、同じ字の重なりを表す。
・下に「的・性・然・化」がついたもの。 例 合理的 緑化
・長い熟語を省略したもの（略語）。 例 国連（国際連合）

英語
算数
社会
理科
国語

3
国語

熟語の構成／三字熟語・四字熟語

答え 別冊 p.22

得点
／100
［合格点:70点］

ポイント！
二字熟語の組み立ては、「消火」→「火を消す」のように、文の形に言いかえて考えましょう。

1

重要 **次の熟語の組み立てを□から選び、記号で答えなさい。** 一つ2点【10点】

(1) 深海・歩道・黒板（　　）
(2) 勝敗・明暗・利害（　　）
(3) 森林・救助・衣服（　　）
(4) 不足・未知・無限（　　）
(5) 乗車・開店・投球（　　）

ア　似た意味の漢字を組み合わせたもの。
イ　反対の意味や対《つい》になる漢字を組み合わせたもの。
ウ　上の漢字が、下の漢字の意味を修飾《しゅうしょく》するもの。
エ　「～を」「～に」にあたる漢字が下にくるもの。
オ　上の漢字が、下の漢字の意味を打ち消すもの。

2

次の熟語の組み立てと同じものを□から選び、記号で答えなさい。 一つ3点【12点】

(1) 寒冷・運送（　　）
(2) 発着・加減（　　）
(3) 親友・難問（　　）
(4) 習字・集金（　　）

ア　決心　イ　直線　ウ　長短　エ　尊敬

3

次の□に、「不・無・非・未」のどれか一字を入れて、熟語を作りなさい。また、（　）には熟語の読みがなを書きなさい。 一つ3点【18点】

(1) □番（　　）
(2) □来（　　）
(3) □安（　　）

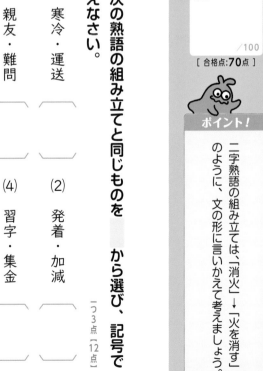

5 次の部首の漢字を［　］から選び、□に書きなさい。

一つ2点【14点】

(1) にんべん □　(2) ちから □

(3) たけかんむり □　(4) れんが □

(5) しんにょう □　(6) まだれ □

(7) もんがまえ □

動　同　度　馬　答　間　共　然　芽　道　働　起

6 注意 次の漢字の部首名を［　］から選び、記号で答えなさい。

一つ2点【12点】

(1) 菜（　　）　(2) 都（　　）　(3) 貯（　　）

(4) 進（　　）　(5) 厚（　　）　(6) 利（　　）

ア おおざと　イ りっとう　ウ くさかんむり

エ かいへん　オ がんだれ　カ しんにょう

7 次の各組の□には同じ部首が入ります。左の［　］から合う部首を選んで組み合わせ、できた漢字を書きなさい。

一つ3点【18点】

(1) 推理小①□兑を借りて②□売んだ。

木　氵　忄　言

① □　② □

(2) 方①□課後、孝②□室で勉強をする。

阝　攵　刂　頁

① □　② □

(3) 体育館の①□聿設計画が②□正びる。

辶　走　廴　鬼

① □　② □

中学サキドリ

漢字の使い方による分類

漢字の成り立ちの四分類と、左の二分類を合わせて「六書《りくしょ》」といいます。

・転注《てんちゅう》文字…もとの意味が、ほかの意味に転じたもの。

例 楽（もとは「音楽」の意味→「楽しい・楽」の意味にも使われる。）

・仮借《かしゃ》文字…漢字の音だけを借りたもの。 例 世話《せわ》・阿弥陀《あみだ》

漢字の成り立ち・部首

答え 別冊 p.22

得点　　／100
［合格点:70点］

ポイント！
漢字の成り立ちで、最も数が多いのが形声《けいせい》文字。音読みして、「紙→シ（氏）」のように漢字の音を表す部分があれば、形声文字です。

1 **次の(1)～(4)の漢字の成り立ちにあてはまるものを□から三字ずつ選び、□に書きなさい。** 一つ2点【24点】

(1) 象形《しょうけい》文字（目に見えるものの形をかたどった絵のようなものから作った文字）
□ □ □

(2) 指事《しじ》文字（形に表すことが難しい事がらを、図形や記号で表して作った文字）
□ □ □

(3) 会意《かいい》文字（もとからある字を組み合わせて、新しい意味を表すように作った文字）
□ □ □

(4) 形声《けいせい》文字（音を表す部分と意味を表す部分とを組み合わせて作った文字）
□ □ □

魚　課　岩　車　上　好　草　本　林　銅　鳥　三

2 **次の漢字を組み合わせてできた漢字を書きなさい。** 一つ3点【12点】

(1) 田＋力→□
(2) 日＋月→□
(3) 人＋立→□
(4) 鳥＋口→□

3 **次の漢字の中に、一つだけ（　）に示した成り立ちの種類とちがうものがあります。その漢字を□に書きなさい。** 一つ2点【4点】

(1) 月　耳　川　下　木　手　（象形文字）□
(2) 洋　情　効　時　個　森　（形声文字）□

4 **次の漢字の意味を表す部分を□に、音を表す部分を（　）に書きなさい。** 一つ2点【16点】

(1) 板 □（　）
(2) 河 □（　）
(3) 忠 □（　）
(4) 府 □（　）

4 次の□にあてはまる漢字を下の［　］から選び、書きなさい。

一つ2点【6点】

(1) サッカーの試合に□れる。　破　敗

(2) 来週のテストに□えて勉強する。　供　備

(3) 本だなを別の部屋に□す。　写　移　映

5 重要 次の――線部の読みに合う漢字を、□に書きなさい。

一つ3点【18点】

(1) あつい
- ① □い日が続く。
- ② 分□い本を読む。
- ③ □いお茶を飲む。

(2) つとめる
- ① 作品の完成に□める。
- ② 市役所に□める。
- ③ 会場の案内役を□める。

6 次の――線部の言葉に合う正しい熟語を選び、記号で答えなさい。

一つ3点【12点】

(1) 人工エイセイを打ち上げる。
ア 衛生　イ 衛星　（　　）

(2) 妹は、イガイな行動をとった。
ア 以外　イ 意外　（　　）

(3) アンケートにカイトウする。
ア 回答　イ 解答　（　　）

(4) 五十メートルキョウソウで一着になった。
ア 競走　イ 競争　（　　）

7 注意 同じ読み方で、意味がちがう熟語を書きなさい。

一つ4点【16点】

(1) カンシン
- ① 音楽に□□がある。
- ② 作品のできばえに□□する。

(2) タイショウ
- ① 二人は□□的な性格だ。
- ② 小学生を□□とした本を読む。

1 国語

同じ読み方の漢字

答え 別冊 p.22

得点 ／100 ［合格点:70点］

ポイント！

同じ読み方の漢字（同音異字・同訓異字・同音異義語）は、文中での漢字の意味や熟語の意味をとらえ、正しく使い分けられるようにします。

1 次の□にあてはまる漢字を下の［　］から選び、書きなさい。 〔一つ3点【12点】〕

(1)
① □快な曲が流れる。
② 父は、会社を□営している。
［軽　径　経］

(2)
① 知□を身につける。
② 探検隊を組□する。
［織　職　識］

2 まちがって使われている漢字に×をつけ、□に正しい漢字を書きなさい。 〔一つ3点【9点】〕

(1) 賛成に手を挙げた人は小数だった。 □
(2) 海低トンネルが開通した。 □
(3) 保建室で一時間ほど休んだ。 □

3 次の読み方の漢字を、□に書きなさい。 〔一つ3点【27点】〕

(1) カン
① 将来は、警察□になりたい。
② 図書□で本を借りる。
③ 五本の試験□を使って実験をする。

(2) セキ
① 長方形の面□を求める。
② 委員長としての□任を果たす。
③ 国語の成□が上がる。

(3) フク
① 毎日、予習と□習をする。
② この機械の仕組みは□雑だ。
③ 山の中□に山小屋がある。

国語

Japanese

中学入学準備 **小学の総復習全科** 改訂版

解答と解説

英語／算数／国語／理科／社会

軽くのりづけされているので，取り外して使いましょう。

英語

1 アルファベット・あいさつなど　p. 8

■1 省略
■2 (1) V　(2) M　(3) z　(4) k
■3 (1) cat　(2) pen　(3) two
(4) red　(5) bag
■4 (1) b　(2) h　(3) j　(4) f
(5) G　(6) M　(7) Y　(8) L
■5 (1) カ　(2) オ　(3) ア
(4) エ　(5) ウ　(6) イ

解説 ■1 アルファベットの字形，順番はしっかり覚えましょう。
■4 (1) b は d とまちがえないようにしましょう。
(2) h の左側の縦棒は第 1 線(一番上の線)から書き出します。n のようにならないようにしましょう。
(3) j は文字の下が第 4 線(一番下の線)までつくように書きます。上の点を書き忘れないこと。
(5)～(8)大文字は 4 線の第 1 線から第 3 線の間に書きます。
■5 英文の意味は次の通り。ア「元気ですか。」イ「天気はどうですか。」ウ「いくつですか。」エ「これは何ですか。」オ「何時ですか。」カ「はじめまして。」

2 自己紹介《しょうかい》をしよう　p.10

■1 省略
■2 (例) (1) (My name is) Tanaka Ken(.)
(2) (I like) dogs(.)
(3) (I can) run fast(.)
(4) (My birthday is) June 24th(.)
■3 (1)
(2)
(3)

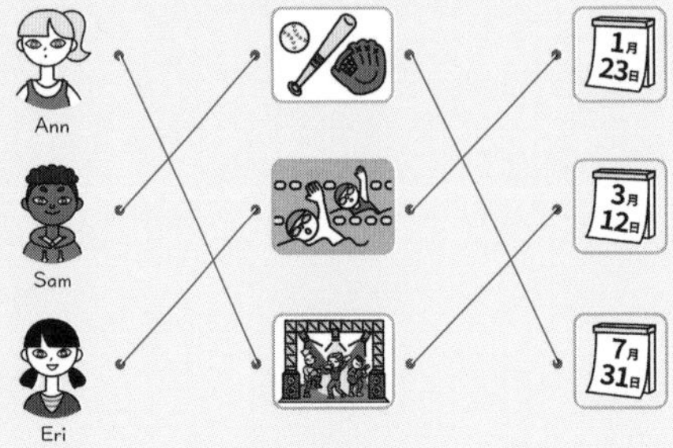

■4 (1) like　(2) can　(3) good

解説 ■2 (1) 名前を書くときは，〈姓→名〉の順でも〈名→姓〉の順でも，どちらでもかまいません。
解答例は「私の名前は田中健です。」という意味です。
(2) I like ～. は「私は～が好きです。」という意味。好きなものが「1 つ，2 つ…」と数えられる場合は，dog（犬）→ dogs のように最後に s をつけます。
解答例は「私は犬が好きです。」という意味です。
(3) I can ～. は「私は～ができます。」という意味。
解答例は「私は速く走れます。」という意味です。
(4) 誕生日を言うときは，〈月→日〉の順で言います。「日」は one(1), two(2), three(3) のようなふつうの数ではなく，1st（1 日），2nd（2 日），3rd（3 日）のように順序を表す数で表します。
解答例は「私の誕生日は 6 月 24 日です。」という意味です。
■3〈読まれた英文と意味〉(1) Hi. My name is Ann. I like music. My birthday is March 12th.
（こんにちは。私の名前はアンです。私は音楽が好きです。私の誕生日は 3 月 12 日です。）
(2) Hello. My name is Sam. I'm good at baseball. My birthday is July 31st.
（こんにちは。ぼくの名前はサムです。ぼくは野球が得意です。ぼくの誕生日は 7 月 31 日です。）
(3) Hi. My name is Eri. I can swim well. My birthday is January 23rd.
（こんにちは。私の名前は絵里です。私は上手に泳げます。私の誕生日は 1 月 23 日です。）
■4 (1)「～が好きだ」は like。have は「～を持っている」という意味。
(2)「走れる」は「走ることができる」と考えます。「～できる」は can。
(3)「私は～が得意だ」は I'm good at ～. で表します。hungry は「空腹の」。

3 人を紹介しよう　p.12

■1 省略
■2 (例) (1) This (is Riko.)
(2) (She) is my friend(.)
(3) (She) can sing well(.) または (She) is good at singing(.)
(4) (She) is kind(.)
■3 (1) イ　(2) ア　(3) イ
■4 (1) He　(2) can　(3) friendly

解説 2 (1) 手に持った写真の人や，近くにいる人を紹介《しょうかい》するときは，This is ～.（こちらは～です。）と言います。
(2) メモに「私の友達」とあるので，「彼女《かのじょ》は私の友達です。」という文を作ると考えます。「彼女は～です。」は She is ～. と言います。「私の友達」は my friend と言います。
(3) メモに「上手に歌える」とあるので，「彼女は上手に歌えます。」という文を作ると考えます。「上手に歌える」は can sing well と言います。「歌うことが得意だ」と考えて，is good at singing としてもよいでしょう。
(4) メモに「親切」とあるので，「彼女は親切です。」という文を作ります。「彼女は～です。」は She is ～. で，そのあとに「親切な」という意味の kind を続けて，She is kind. と言います。
3 〈読まれた英文と意味〉(1) This is Jeff. He is my brother. He can play basketball well.
（こちらはジェフです。彼《かれ》は私の兄[弟]です。彼は上手にバスケットボールをすることができます。）
(2) This is Ann. She can cook well. She is active.
（こちらはアンです。彼女は上手に料理をすることができます。彼女は活動的です。）
(3) This is Ken. He is good at singing. He is kind.
（こちらはケンです。彼は歌うことが得意です。彼は親切です。）
4 (1)「彼は」は he で表します。she は「彼女は」という意味です。
(2)「速く走れます」は can run fast で表します。can は「～できる」という意味です。
(3)「親しみやすい」は friendly で表します。funny は「おかしい，こっけいな」という意味です。

4 ふだんすることを言おう p.14

1 省略
2 (例) (1) (I have) Japanese and science(.)
(2) (I get up) at seven(.)
(3) (I go to bed) at ten(.)
3 (1) イ (2) ア (3) ア (4) ア
4 (1) What (2) at (3) on

解説 2 (1) 質問は「あなたは水曜日には何（の授業）がありますか。」という意味。水曜日に受ける教科名を答えましょう。解答例は「国語と理科があります。」という意味です。
(2) 質問は「あなたはふつう何時に起きますか。」という意味。あなたのふだんの起きる時間を書きましょう。「～時に」は at のあとに時刻を表す数を続けて表します。解答例は「私は 7 時に起きます。」という意味です。
(3) 質問は「あなたはふつう何時にねますか。」という意味。解答例は「私は 10 時にねます。」という意味です。
3 〈読まれた英文と意味〉(1) What do you have on Tuesdays? —I have English and P.E.
（あなたは火曜日には何〈の授業〉がありますか。—英語と体育があります。）
(2) What time do you eat breakfast? —I usually eat breakfast at seven.
（あなたは何時に朝食を食べますか。—私はふつう 7 時に朝食を食べます。）
(3) I always walk my dog at six.
（私はいつも 6 時に犬の散歩に行きます。）
(4) I usually play baseball on Sundays.
（私はふつう日曜日に野球をします。）
4 (1)「何時に」は what time で表します。
(2) 時刻を表して「～時に」は at で表します。
(3)「～曜日に」は on で表します。

5 場所を伝えよう p.16

1 省略
2 (1) (It's) on the desk(.)
(2) (It's) under the desk(.)
(3) (It's) in the box(.)
3 (1) エ (2) オ (3) ウ
4 (1) Go (2) right (3) Where (4) by

解説 2 (1) 質問は「私のペンはどこにありますか。」という意味。絵では，ペンは机の上にあります。「～の上に」は on で表します。
(2) 質問は「私のかばんはどこにありますか。」という意味。絵では，かばんは机の下にあります。「～の下に」は under で表します。
(3) 質問は「私のボールはどこにありますか。」という意味。絵では，ボールは箱の中にあります。「～の中に」は in で表します。

3 〈読まれた英文と意味〉 (1) Excuse me. Where is the park? — Go straight and turn right at the first corner. You will see it on your left.
(すみません。公園はどこですか。—まっすぐ行って，1 番目の角を右に曲がってください。それはあなたの左側に見えます。)
(2) Excuse me. Where is the hospital? — Go straight and turn right at the second corner. You will see it on your right.
(すみません。病院はどこですか。—まっすぐ行って，2 番目の角を右に曲がってください。それはあなたの右側に見えます。)
(3) Excuse me. Where is the post office? — Go straight and turn left at the first corner. You will see it on your right.
(すみません。郵便局はどこですか。—まっすぐ行って，1 番目の角で左に曲がってください。それはあなたの右側に見えます。)
4 (1)「まっすぐ行く」は go straight。turn は「曲がる」という意味。
(2)「右に」は right。left は「左に」という意味。
(3)「どこに」は where。what は「何」という意味。
(4)「～のそばに」は by ～。

6 好きなものをたずねよう / 注文や買い物をしよう p.18

1 省略
2 (例) (1) I like cats.
(2) I like bananas.
(3) (I'd) like an ice cream(.)
3 (1) ウ (2) イ，エ（順不同） (3) エ
4 (1) What (2) like (3) much

解説 2 (1) 質問は「あなたはどんな動物が好きですか。」という意味。I like ～. で自分の好きな動物を答えましょう。好きな動物を答えるときは，dog（犬）→ dogs, cat（ネコ）→ cats のように，最後に s をつける形（複数形）を使います。解答例は「私はネコが好きです。」という意味です。
(2) 質問は「あなたはどんな果物が好きですか。」という意味。あなたの好きな果物を答えましょう。好きな果物を答えるときは，banana（バナナ）→ bananas, orange（オレンジ）→ oranges のように，最後に s をつける形（複数形）を使います。解答例は「私はバナナが好きです。」という意味です。
(3) 質問は「何になさいますか。」という意味で，店員が客に注文をたずねるときによく使われます。自分の食べたいものをていねいに注文するときは，I'd like ～. を使います。解答例は「アイスクリームをください。」という意味です。
3 〈読まれた英文と意味〉 (1) Jeff, what subject do you like? — I like math.
(ジェフ，あなたは何の教科が好きですか。—ぼくは算数が好きです。)
(2) A：What would you like?
B：I'd like a hamburger and an orange juice.
A：OK.
(A：何になさいますか。
B：ハンバーガーを 1 つとオレンジジュースを 1 つください。
A：かしこまりました。)
(3) How much is it? — A hamburger is 200 yen. An orange juice is 120 yen. 320 yen, please.
(いくらですか。—ハンバーガーは 200 円です。オレンジジュースは 120 円です。320 円お願いします。)
4 (1)「何になさいますか。」は What would you like? と言います。
(2) 注文で「～をください」は，I'd like ～. と言います。簡単に～, please. と言うこともあります。
(3)「それはいくらですか。」と値段をたずねるときは，How much is it? と言います。

7 いろいろな思い出を伝えよう p.20

1 省略
2 (例) (1) (My best memory is) our school trip(.)
(2) I went to Kyoto.
(3) It was fun.
3 (1)
(2)
(3)
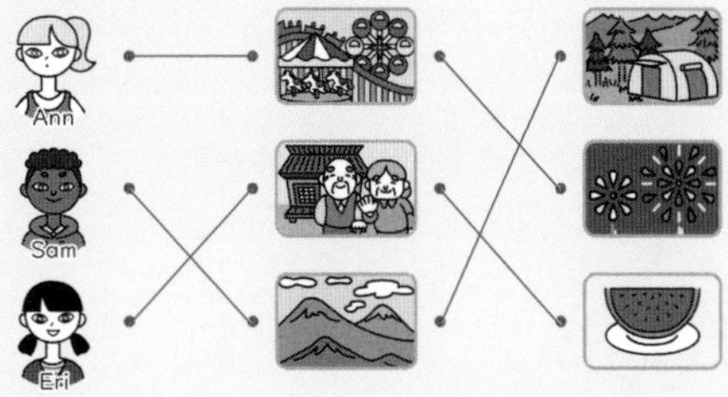

4 (1) memory (2) saw (3) ate / was

解説 2 (1) 4 線には，自分のいちばんの思い出の

学校行事を書きましょう。
(2)「～しました」という意味を表す文を書きましょう。（例）は「私は京都に行きました。」という意味。「～を見ました」というときは saw,「～を食べました」というときは ate,「～を楽しみました」というときは enjoyed を使います。
(3) It was ～. の形で，感想を書きましょう。（例）は「楽しかったです。」という意味。
3〈読まれた英文と意味〉(1) Hi. I'm Ann. I went to the amusement park. I saw fireworks.
（こんにちは。私はアンです。私は遊園地に行きました。私は花火を見ました。）
(2) Hi. I'm Sam. I went to the mountains. I enjoyed camping. It was fun.
（こんにちは。ぼくはサムです。ぼくは山に行きました。ぼくはキャンプを楽しみました。楽しかったです。）
(3) Hello. I'm Eri. I visited my grandparents' house. I ate watermelon. It was delicious.
（こんにちは。私は絵里です。私は祖父母の家を訪れました。私はすいかを食べました。とてもおいしかったです。）
4 (1)「思い出」は memory。best は「いちばんよい」という意味。
(2)「～を見た」は saw。
(3)「～を食べた」は ate。「～だった」は was。

8 将来したいことを伝えよう p.22

1 省略
2 （例）(1) (I want to) go to India(.)
(2) (I want to) be a doctor(.)
(3) (I want to) join the tennis team(.)
3 (1) ① エジプト
② ピラミッドを見ること
(2) ① サッカー選手 ② スポーツ
③ サッカー部
4 (1) want to (2) to see (3) What, be

解説 **2** (1) 質問は「あなたはどこに行きたいですか。」という意味。行きたい国や場所を書きましょう。解答例は「私はインドに行きたいです。」という意味。
(2) 質問は「あなたは何になりたいですか。」という意味。将来つきたい職業を書きましょう。解答例は「私は医師になりたいです。」という意味。
(3) 質問は「あなたは中学校で何部に入りたいですか。」という意味。ふつう運動系の部には team を，文化系の部には club を使います。解答例は「私はテニス部に入りたいです。」という意味。
3〈読まれた英文と意味〉(1) Hi, I'm Ann. I want to go to Egypt. I want to see the pyramids.
（こんにちは，私はアンです。私はエジプトに行きたいです。私はピラミッドを見たいです。）
(2) Hi, I'm Haruto. I want to be a soccer player. I like sports. I want to join the soccer team in junior high school.
（こんにちは，ぼくは晴人です。ぼくはサッカー選手になりたいです。ぼくはスポーツが好きです。ぼくは中学校ではサッカー部に入りたいです。）
4 (1)「～したい」は want to ～。
(2)「～を見る」は see。
(3) What do you want to be?（あなたは何になりたいですか。）はこのまま覚えましょう。

算数

1 整数・小数・分数 p.26

1 (1) (順に)3, 5, 9, 6, 4
(2) (順に)4, 3, 8, 7

2 (1) 7億　(2) 4000億
(3) 5080　(4) 0.3296

3 (1) 36000　(2) 80000
(3) 640000　(4) 2000000

4 偶数…0, 152, 3838, 71356
奇数…63, 77, 429, 8021

5 (1) 7, 14, 21　(2) 15, 30, 45

6 (1) 1, 2, 3, 4, 6, 12
(2) 1, 2, 5, 10, 25, 50

7 (1) 10, 20, 30　(2) 36, 72, 108

8 (1) 1, 3, 5, 15　(2) 1, 2, 4, 8

9 最小公倍数…60　最大公約数…2

10 (1) $\frac{2}{3}$　(2) $\frac{2}{5}$　(3) $\frac{4}{7}$

11 (1) $\frac{15}{18}$, $\frac{11}{18}$　(2) $\frac{5}{20}$, $\frac{12}{20}$　(3) $\frac{20}{36}$, $\frac{21}{36}$

12 (1) $<$　(2) $=$　(3) $>$

解説 **3** 求める位の1つ下の位の数字に着目し，その位の数字が0，1，2，3，4のときは切り捨てて，5，6，7，8，9のときは切り上げます。
4 整数は，一の位の数字が偶数《ぐうすう》ならば偶数，一の位の数字が奇数《きすう》ならば奇数です。0は偶数です。
5 (1) 7の倍数は，7×1，7×2，7×3，…です。
6 (1) 12の約数は，12を2つの整数の積の形で表すと，もれなく見つけることができます。
12=1×12=2×6=3×4
7 (1) 2と5の公倍数は，まず，最小公倍数の10を見つけて，それを2倍，3倍，…して求めます。
8 (1) 15は30の約数なので，15と30の最大公約数は15です。公約数は，最大公約数15の約数です。
9 12と20と30の公倍数は，最大の数30の倍数の中から，20の倍数にも12の倍数にもなっている数を見つけます。12と20と30の公約数は，最小の数12の約数の中から，20の約数にも30の約数にもなっている数を見つけます。
12 (1) $\frac{13}{4}=13\div4=3.25$
(2) $\frac{9}{20}=9\div20=0.45$　(3) $\frac{3}{8}=3\div8=0.375$

2 整数の計算 p.28

1 (1) 769　(2) 4005　(3) 10201
(4) 371　(5) 7707　(6) 6106

2 (1) 316　(2) 772　(3) 4824
(4) 2405　(5) 2555　(6) 40803

3 (1) 27　(2) 24あまり2
(3) 30あまり1　(4) 146
(5) 208あまり3　(6) 47

4 (1) 4　(2) 3あまり15
(3) 2あまり29　(4) 7
(5) 40あまり9　(6) 3あまり95

5 (1) 150　(2) 102　(3) 192　(4) 350
(5) 104　(6) 2　(7) 148

解説 **2** (4) 右のように，65×3の積は，65×7の積より1けた左にずらして書きます。

```
   6 5
 × 3 7
 4 5 5
1 9 5
2 4 0 5
```

3 あまりは，わる数より小さくなることに気をつけましょう。
(5) 商に0が立つときは，右のように，その部分の計算をはぶいて計算することができます。

```
   2 0 8
4) 8 3 5
   8
     3 5
     3 2
       3
```

(6) 3÷7で百の位に商は立たないので，32÷7で十の位から商を立てます。
5 次の番号の順に計算します。
(1) 1000−(800+50)=1000−850
=150
(2) 12+18×5=12+90
=102
(3) 200−160÷20=200−8
=192
(4) 450−25×4=450−100
=350
(5) 8×10+4×6=80+24
=104
(6) 20−12÷2×3=20−6×3
=20−18
=2
(7) (　)の中でもかけ算はひき算より先にします。
150−(30−4×7)=150−(30−28)
=150−2
=148

3 小数の計算　p.30

1 (1) 9.02　(2) 1.07　(3) 0.6
(4) 6.528　(5) 4.78　(6) 0.73
(7) 3.44　(8) 5.08

2 (1) 28.8　(2) 240.8　(3) 261
(4) 21.352　(5) 0.0952　(6) 2.1

3 (1) 2.3　(2) 1.35　(3) 0.625

4 (1) 3.4　(2) 0.75　(3) 5.2

5 (1) 27 あまり 1.9　(2) 6 あまり 3.7
(3) 23 あまり 2.9

6 (1) 2.1　(2) 0.49

解説 **1** 整数のたし算やひき算と同じように計算し，上の小数点にそろえて，和の小数点や差の小数点をうちます。

(3) 右のように，終わりの 0 を消して，答えは 0.6 とします。

$$\begin{array}{r} 0.462 \\ +\,0.138 \\ \hline 0.6\cancel{0}\cancel{0} \end{array}$$

(4) 5.8 を 5.800 と考えて計算します。

(6) 右のように，一の位に 0 を書いて，答えは 0.73 とします。

$$\begin{array}{r} 4.32 \\ -\,3.59 \\ \hline 0.73 \end{array}$$

(7) 8.3 を 8.30 と考えて計算します。

2 (3) 下のように，終わりの 0 を消して，答えは 261 とします。

(5) 右下のように，0 をつけ加えて，答えは 0.0952 とします。

(3)
$$\begin{array}{r} 3.48 \\ \times\quad 75 \\ \hline 1740 \\ 2436 \\ \hline 261.\cancel{0}\cancel{0} \end{array}$$

(5)
$$\begin{array}{r} 0.28 \\ \times\,0.34 \\ \hline 112 \\ 84 \\ \hline 0.0952 \end{array}$$

3 整数のわり算と同じように計算し，商の小数点は，わられる数の小数点にそろえてうちます。
(2)は 18.9 を 18.90，(3)は 15 を 15.000 と考えて計算します。

4 (3) 右のように，6.5 を 6.50 と考えてわり進めます。

$$\begin{array}{r} 5.2 \\ 1.25\overline{)\,6.50} \\ 625 \\ \hline 250 \\ 250 \\ \hline 0 \end{array}$$

5 あまりはわる数より小さくなります。次の式にあてはめると，答えの確かめをすることができます。

わる数×商＋あまり＝わられる数

6 商を上から 2 けたのがい数にするには，上から 3 けた目を四捨五入します。(2)で，答えを 0.5 としないように気をつけましょう。はじめの 0 は位取りを表す数字なので，けた数にふくめません。

4 分数の計算　p.32

1 (1) $\frac{6}{7}$　(2) $\frac{11}{5}\left(2\frac{1}{5}\right)$　(3) $2\left(\frac{16}{8}\right)$
(4) $2\frac{5}{6}\left(\frac{17}{6}\right)$　(5) $4\left(\frac{32}{8}\right)$　(6) $4\frac{2}{9}\left(\frac{38}{9}\right)$
(7) $\frac{1}{7}$　(8) $\frac{5}{8}$　(9) $2\left(\frac{10}{5}\right)$
(10) $3\frac{2}{5}\left(\frac{17}{5}\right)$　(11) $1\frac{4}{7}\left(\frac{11}{7}\right)$　(12) $1\frac{7}{9}\left(\frac{16}{9}\right)$

2 (1) $\frac{7}{10}$　(2) $\frac{37}{28}\left(1\frac{9}{28}\right)$
(3) $\frac{1}{2}$　(4) $\frac{5}{4}\left(1\frac{1}{4}\right)$
(5) $3\frac{5}{18}\left(\frac{59}{18}\right)$　(6) $4\frac{8}{15}\left(\frac{68}{15}\right)$
(7) $\frac{2}{15}$　(8) $\frac{11}{24}$　(9) $\frac{3}{5}$
(10) $\frac{3}{10}$　(11) $\frac{5}{6}$　(12) $\frac{5}{6}$

3 (1) $\frac{8}{9}$　(2) $\frac{5}{2}\left(2\frac{1}{2}\right)$　(3) 24
(4) $\frac{2}{15}$　(5) $\frac{2}{21}$

4 (1) $\frac{3}{8}$　(2) $\frac{9}{28}$　(3) $\frac{4}{15}$
(4) $\frac{28}{5}\left(5\frac{3}{5}\right)$　(5) $\frac{18}{5}\left(3\frac{3}{5}\right)$

5 (1) $\frac{16}{21}$　(2) $\frac{7}{4}\left(1\frac{3}{4}\right)$　(3) $\frac{12}{7}\left(1\frac{5}{7}\right)$
(4) $\frac{45}{4}\left(11\frac{1}{4}\right)$　(5) $\frac{4}{9}$

解説 **3**～**5**約分できるときは，計算のとちゅうで約分します。

1 帯分数のたし算，ひき算は，整数部分と分数部分に分けて計算します。

(6) $2\frac{4}{9}+1\frac{7}{9}=3\frac{11}{9}=4\frac{2}{9}\left(=\frac{38}{9}\right)$

(12) $4\frac{2}{9}-2\frac{4}{9}=3\frac{11}{9}-2\frac{4}{9}=1\frac{7}{9}\left(=\frac{16}{9}\right)$

2 答えが約分できるときは約分します。

(4) $\frac{5}{6}+\frac{5}{12}=\frac{10}{12}+\frac{5}{12}=\frac{\overset{5}{\cancel{15}}}{\underset{4}{\cancel{12}}}=\frac{5}{4}\left(=1\frac{1}{4}\right)$

(10) $\frac{5}{6}-\frac{8}{15}=\frac{25}{30}-\frac{16}{30}=\frac{\overset{3}{\cancel{9}}}{\underset{10}{\cancel{30}}}=\frac{3}{10}$

4 (5) 帯分数は仮分数になおして計算します。

$2\frac{7}{10}\times1\frac{1}{3}=\frac{27}{10}\times\frac{4}{3}=\frac{\overset{9}{\cancel{27}}\times\overset{2}{\cancel{4}}}{\underset{5}{\cancel{10}}\times\underset{1}{\cancel{3}}}=\frac{18}{5}\left(=3\frac{3}{5}\right)$

5 (5) $1\frac{1}{6}\div2\frac{5}{8}=\frac{7}{6}\div\frac{21}{8}=\frac{\overset{1}{\cancel{7}}\times\overset{4}{\cancel{8}}}{\underset{3}{\cancel{6}}\times\underset{3}{\cancel{21}}}=\frac{4}{9}$

5 いろいろな計算 p.34

1 (1) 810000(81万)
(2) 270000(27万)

2 (1) 3000000(300万)　(2) 60

3 (1) 156　(2) 7300　(3) 3060
(4) 320　(5) 16.8　(6) 90
(7) 18　(8) 225.4　(9) $\frac{8}{9}$
(10) 41　(11) 9　(12) $\frac{7}{12}$

4 (1) $\frac{9}{20}$　(2) $\frac{4}{5}$　(3) $\frac{5}{9}$
(4) $\frac{1}{4}$　(5) $\frac{7}{10}$　(6) $\frac{4}{3}\left(1\frac{1}{3}\right)$

5 (1) $\frac{1}{8}$　(2) 4　(3) $\frac{3}{5}$　(4) $\frac{1}{6}$

解説 **3** (1) $56+93+7=56+(93+7)$
$=56+100=156$
(3) 204 を 200+4 と考えて計算します。
(4) $72\times8-32\times8=(72-32)\times8=40\times8$
$=320$
(6) $2.5\times36=2.5\times4\times9=(2.5\times4)\times9$
$=10\times9=90$
(8) 9.8 を 10−0.2 と考えて計算します。
(9) $\left(\frac{8}{9}\times\frac{5}{7}\right)\times\frac{7}{5}=\frac{8}{9}\times\left(\frac{5}{7}\times\frac{7}{5}\right)=\frac{8}{9}\times1=\frac{8}{9}$
(10) $\left(\frac{5}{6}+\frac{7}{8}\right)\times24=\frac{5}{6}\times24+\frac{7}{8}\times24=20+21$
$=41$
(11) $\frac{3}{5}\times7+\frac{3}{5}\times8=\frac{3}{5}\times(7+8)=\frac{3}{5}\times15=9$

4 (2) $\frac{8}{15}-\frac{2}{5}+\frac{2}{3}=\frac{8}{15}-\frac{6}{15}+\frac{10}{15}=\frac{\overset{4}{\cancel{12}}}{\underset{5}{\cancel{15}}}=\frac{4}{5}$
(4) $\frac{4}{5}-\frac{1}{4}-\frac{3}{10}=\frac{16}{20}-\frac{5}{20}-\frac{6}{20}=\frac{\overset{1}{\cancel{5}}}{\underset{4}{\cancel{20}}}=\frac{1}{4}$
(6) $\frac{5}{6}-\frac{3}{5}+1.1=\frac{5}{6}-\frac{3}{5}+\frac{11}{10}$
$=\frac{25}{30}-\frac{18}{30}+\frac{33}{30}=\frac{\overset{4}{\cancel{40}}}{\underset{3}{\cancel{30}}}=\frac{4}{3}\left(=1\frac{1}{3}\right)$

5 (2) $\frac{5}{11}\times3\frac{1}{7}\div\frac{5}{14}=\frac{5}{11}\times\frac{22}{7}\times\frac{14}{5}$
$=\frac{\overset{1}{\cancel{5}}\times\overset{2}{\cancel{22}}\times\overset{2}{\cancel{14}}}{\underset{1}{\cancel{11}}\times\underset{1}{\cancel{7}}\times\underset{1}{\cancel{5}}}=4$
(4) $0.3\div1\frac{2}{5}\times\frac{7}{9}=\frac{3}{10}\div\frac{7}{5}\times\frac{7}{9}$
$=\frac{3}{10}\times\frac{5}{7}\times\frac{7}{9}=\frac{\overset{1}{\cancel{3}}\times\overset{1}{\cancel{5}}\times\overset{1}{\cancel{7}}}{\underset{2}{\cancel{10}}\times\underset{1}{\cancel{7}}\times\underset{3}{\cancel{9}}}=\frac{1}{6}$

6 平面図形① p.36

1 (1) ㋔と㋖　(2) ㋑と㋒

2 (1) 125°　(2) 55°

3 (1) 6 cm　(2) 8 cm　(3) 70°　(4) 110°

4 (1) 70°　(2) 75°　(3) 115°

5 (1) 70 cm^2　(2) 17.64 m^2　(3) 20 cm^2
(4) 24 cm^2　(5) 26 cm^2　(6) 27 cm^2

6 (1) 94.2 cm　(2) 706.5 cm^2

解説 **2** (1) 平行な直線は，ほかの直線と等しい角度で交わるので，(か)の角度は 125° です。
(2) 一直線の角度は 180° なので，(き)の角度は，
180°−125°=55°
3 平行四辺形では，向かい合った辺の長さは等しくなっています。また，向かい合った角の大きさも等しくなっています。
(1) 辺 AB と向かい合った辺 DC の長さが 6 cm なので，辺 AB の長さも 6 cm です。
(2)も(1)と同じように考えます。
(3) 角 C と向かい合った角 A の大きさが 70° なので，角 C の大きさも 70° です。
(4)も(3)と同じように考えます。
4 (1) 180° から大きさのわかっている角の和をひきます。180°−(50°+60°)=70°
(2) (い)の角のとなりの角の大きさを求めて，180° からひきます。180°−(35°+40°)=105°
(い)の角度は，180°−105°=75°
(3) 360° から大きさのわかっている角の和をひきます。360°−(100°+70°+75°)=115°
5 (1) 長方形の面積=縦×横 だから，
$14\times5=70(cm^2)$
(2) 正方形の面積=1 辺×1 辺 だから，
$4.2\times4.2=17.64(m^2)$
面積の公式は，辺の長さが小数や分数でも使えます。
(3) 三角形の面積=底辺×高さ÷2 だから，
$8\times5\div2=20(cm^2)$
(4) 平行四辺形の面積=底辺×高さ だから，
$6\times4=24(cm^2)$
(5) 台形の面積=(上底+下底)×高さ÷2 だから，
$(5+8)\times4\div2=26(cm^2)$
(6) ひし形の面積=対角線×対角線÷2 だから，
$6\times9\div2=27(cm^2)$
6 (1) $15\times2\times3.14=94.2(cm)$
(2) $15\times15\times3.14=706.5(cm^2)$

7 平面図形② p.38

1 (1) 辺 EF　(2) 角 D　(3) 3.1 cm
(4) 60°

2 (1) 三角形 CDA　(2) 三角形 OBC

3 (1) AB　(2) ㋒　(3) ㋑，㋒

4 (1) 点 G　(2) 辺 AH　(3) 辺 HG
(4) 角 D

5 (1) 点 E　(2) 辺 FG　(3) 辺 AB
(4) 角 D

6 (1) 6 cm　(2) 4 cm　(3) 85°

7 (1) 1.5 倍$\left(\frac{3}{2}倍\right)$　(2) 3.2 cm$\left(\frac{16}{5}\text{ cm}\right)$

解説 **1** (3) 辺 DE は辺 CA に対応し，その長さが 3.1 cm なので，辺 DE の長さも 3.1 cm です。
(4) 角 F は角 B に対応し，その角の大きさが 60° なので，角 F の大きさも 60° です。

2 平行四辺形は，1 本の対角線で合同な三角形に分けられます。また，2 本の対角線で 2 組の合同な三角形に分けられます。

3 合同な三角形は，次の①～③のどれかがわかれば，かくことができます。これをもとにして，どの辺の長さや角の大きさをはかればよいか考えます。
① 3 つの辺の長さ
② 2 つの辺の長さとその間の角の大きさ
③ 1 つの辺の長さとその両はしの角の大きさ

4 (1)(2) 対称《たいしょう》の軸《じく》で折り返したとき，重なる点や辺を答えます。

5 (1)(2) 点 O を中心に 180° 回転したとき，重なる点や辺を答えます。
(3)(4) 点対称な図形でも，対応する辺の長さや角の大きさは等しくなっています。したがって，対応する辺や角をさがしましょう。

6 (1) 辺 EF に対応する辺は辺 AB で，その長さは 3 cm だから，辺 EF の長さは，辺 AB の長さの 2 倍で，3×2＝6(cm)
(2) 辺 BC に対応する辺は辺 FG で，辺 BC の長さの 2 倍が辺 FG の長さの 8 cm になるから，辺 BC の長さは，8÷2＝4(cm)

7 (1) 辺 BA に対応する辺は辺 BD だから，
(6＋3)÷6＝1.5(倍)
(2) 辺 AC に対応する辺は辺 DE で，辺 AC の長さの 1.5 倍が辺 DE の長さの 4.8 cm になるから，辺 AC の長さは，4.8÷1.5＝3.2(cm)

8 立　体 p.40

1 (1) 辺 DC，辺 EF，辺 HG
(2) 辺 AB，辺 AD，辺 EF，辺 EH
(3) 面㋑
(4) 面㋐，面㋑，面㋓，面㋕
(5) 辺 DC，辺 HG，辺 CG，辺 DH
(6) 辺 AE，辺 BF，辺 CG，辺 DH

2 (1) 点 E，点 I　(2) 辺 KJ　(3) 面㋕
(4) 面㋐，面㋒，面㋔，面㋕

3 (1) 20 cm　(2) 47.1 cm

4 (1) 1440 cm^3　(2) 2.744 m^3

5 544 cm^3

6 (1) 72 cm^3　(2) 4019.2 cm^3

解説 **1** (1) 辺 HG を忘れないようにしましょう。
(5) 面㋕と平行な面は，向かい合った面㋓なので，長方形 DHGC の辺を答えます。

2 面㋐が上の面になるようにして，展開図を組み立てると，右の図のようになります。このような見取図をかいて考えます。

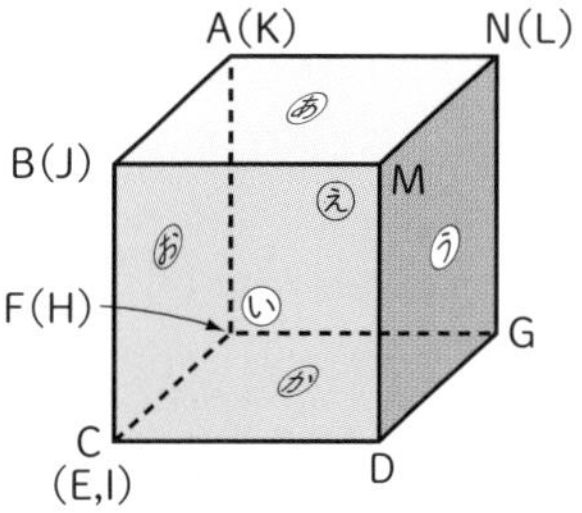

3 (1) 辺 AB の長さは，円柱の高さに等しいので，20 cm です。
(2) 辺 AD の長さは，底面の円周の長さに等しいので，
15×3.14＝47.1(cm)

4 公式にあてはめて計算します。
(1) 直方体の体積＝縦×横×高さ　だから，
8×15×12＝1440(cm^3)
(2) 立方体の体積＝1 辺×1 辺×1 辺　だから，
1.4×1.4×1.4＝2.744(m^3)
体積の公式は，辺の長さが小数や分数でも使えます。

5 [解き方 1] 縦に 2 つの直方体に分けると，
8×7×4＋16×5×4＝544(cm^3)
[解き方 2] 横に 2 つの直方体に分けると，
8×12×4＋8×5×4＝544(cm^3)
[解き方 3] 小さい直方体が欠けたものとみると，
16×12×4－8×7×4＝544(cm^3)

6 (1) 底面積は，(5＋3)×3÷2＝12(cm^2)
だから，体積は，12×6＝72(cm^3)
(2) 底面積は，8×8×3.14＝200.96(cm^2)
だから，体積は，200.96×20＝4019.2(cm^3)

9 量と単位 p.42

1 (1) km (2) m (3) kg (4) g
(5) km^2 (6) m^2 (7) cm^3 (8) L

2 (1) ㋐ mm ㋑ cm ㋒ km
(2) ① 1.4 km ② 430 cm ③ 0.36 m

3 (1) ㋐ a ㋑ ha ㋒ mL
㋓ kL
(2) ① 2700000 m^2 ② 4 ha
③ 36 a ④ 1200 mL
⑤ 8200 cm^3 ⑥ 0.00059 kL

4 (1) ㋐ $\frac{1}{1000}$ ㋑ 1000 ㋒ 1000
(2) ① 71300 g ② 6400 mg
③ 0.09 t

5 (1) ㋐ kg ㋑ t
(2) ① 1.8 kg ② 250 g ③ 8.3 t
(3) ① 37 kL ② 4.6 dL ③ 280 cm^3

6 (1) 13 回 (2) 20 時間

解説 **2** (2) 次の関係から求めます。
① 1000 m＝1 km ② 1 m＝100 cm
③ 1000 mm＝1 m
3 (2) 次の関係から求めます。
① 1 km^2＝1000000 m^2 ② 100 a＝1 ha
③ 100 m^2＝1 a ④ 1 dL＝100 mL
⑤ 1 L＝1000 cm^3 ⑥ 1000000 cm^3＝1 kL
⑥は，まず L になおすと，考えやすくなります。
5 (2) 次の関係から求めます。
① 水 1 L の重さは 1 kg
② 水 1 dL の重さは 100 g
③ 水 1 m^3 の重さは 1 t
(3) 次の関係から求めます。
① 水 1 t の体積は 1 kL
② 水 100 g の体積は 1 dL
③ 水 1 g の体積は 1 cm^3
6 (1) 重さの単位を kg にそろえると，
47 t＝47000 kg だから，
47000÷3800＝12 あまり 1400
あまりの 1400 kg を運ぶのにも 1 回かかるから，
12＋1＝13(回)
(2) 4×4×4＝64(m^3) で，1 m^3 は 1 kL だから，
この水そうの容積は 64 kL です。
したがって，水そうが満水になるまでにかかる時間は，64÷3.2＝20(時間)

10 平均と単位量あたりの大きさ p.44

1 式…(245＋250＋242＋247＋251)÷5
＝247 答え…247 g

2 (1) 式…(5＋0＋3＋4＋7)÷5＝3.8
答え…3.8 人
(2) 式…3.8×20＝76 答え…約 76 人

3 式…650÷5＝130
1080÷8＝135 答え…電車 B

4 (1) 式…0.4×8.5＝3.4 答え…3.4 kg
(2) 式…5.4÷0.4＝13.5
答え…13.5 m^2

5 (1) 式…204÷3＝68
答え…時速 68 km
(2) 式…68×4＝272 答え…272 km
(3) 式…170÷68＝2.5 答え…2.5 時間

6 (1) 式…35 分＝$\frac{7}{12}$ 時間
$5\div\frac{7}{12}=8\frac{4}{7}\left(\frac{60}{7}\right)$
答え…時速 $8\frac{4}{7}\left(\frac{60}{7}\right)$ km
(2) 式…1 時間 24 分＝$1\frac{2}{5}$ 時間
$8\frac{4}{7}\times1\frac{2}{5}=12$ 答え…12 km

解説 **1** 平均は，次の式で求められます。
平均＝合計÷個数
2 (1) 人数など，ふつう小数で表せないものも，平均では小数で表すことがあります。
3 1 両あたりの人数を求めて比べます。
4 (1) 1 m^2 あたり 0.4 kg の肥料が必要なので，8.5 m^2 の花だんに必要な肥料の重さは，かけ算で求められます。
(2) 求める面積を□ m^2 とすると，0.4×□＝5.4 となるので，□にあてはまる数は，□＝5.4÷0.4 と，わり算で求められることがわかります。
5 それぞれ次の公式にあてはめて計算します。
(1) 速さ＝道のり÷時間
(2) 道のり＝速さ×時間
(3) 時間＝道のり÷速さ
6 まず，1 時間＝60 分であることをもとにして，時間を分数で表してから，(1)は速さを求める公式に，(2)は道のりを求める公式にあてはめて計算します。

11 割合と比　p.46

1 (1) 0.75　(2) 1.6

2 (1) 9%　(2) 150%　(3) 60.9%
(4) 0.8　(5) 0.347　(6) 0.003

3 (1) 式…150×0.42=63　答え…63
(2) 式…98÷0.35=280　答え…280

4 (1) 式…1000×(1+0.2)=1200
答え…1200円
(2) 式…1200×(1−0.1)=1080
答え…1080円

5 (1) 15：19　(2) 15：34

6 (1) $\frac{3}{8}$　(2) $\frac{5}{4}\left(1\frac{1}{4}\right)$　(3) $\frac{3}{4}$

7 (1) 3：7　(2) 9：4　(3) 5：6

8 (1) $x=12$　(2) $x=15$

9 式…$5\div(5+3)=\frac{5}{8}$，$240\times\frac{5}{8}=150$
答え…150 cm

解説 **1** もとにする量は定員なので，次のように計算して求めます。
(1) 15÷20=0.75　(2) 56÷35=1.6
2 割合を表す小数 0.01 が 1%にあたるので，割合を表す小数を 100 倍すれば百分率の値《あたい》になり，百分率の値を 100 でわれば割合を表す小数になります。
3 まず，百分率を，割合を表す小数になおしてから計算します。
5 (2) 組全体の人数は，15+19=34(人) です。
6 (1) $9\div24=\frac{9}{24}=\frac{3}{8}$
(3) $\frac{9}{20}\div\frac{3}{5}=\frac{9}{20}\times\frac{5}{3}=\frac{3}{4}$
7 (1) 18：42=(18÷6)：(42÷6)=3：7
(2) 3.6：1.6=36：16=9：4
(3) $\frac{4}{9}:\frac{8}{15}=\frac{20}{45}:\frac{24}{45}=20:24=5:6$
8 (1) 28 は 7 の，28÷7=4(倍)だから，x は 3 を 4 倍した数です。
(2) 3.2：4=32：40=4：5 より，
4：5=12：x
12÷4=3(倍)より，x は 5 を 3 倍した数です。
9 姉の長さと全体の長さの比は，5：(5+3)=5：8 なので，姉の長さは全体の $5\div8=\frac{5}{8}$ にあたることがわかります。

12 文字と式　p.48

1 (1) $5\times a$(cm²)　(2) $b\times7$(円)
(3) $x\div6$(m)　(4) $1000-a\times4$(円)

2 (1) $x\times9=y$　(2) $2.4-x=y$
(3) $x\div3=y$　(4) $60\times x+90=y$

3 (1) $x\times5+100=y$
(2) ① $y=800$　② $y=900$
③ $y=1000$　④ $y=1100$
(3) 180円

4 (1) $x=55$　(2) $x=66$　(3) $x=81$
(4) $x=29$　(5) $x=9$　(6) $x=72$
(7) $x=7$　(8) $x=70$

5 (1) ㋔　(2) ㋒　(3) ㋐　(4) ㋑

解説 **1** (4) 代金=1 本の値段×本数 だから，1 本 a 円のえん筆 4 本の代金は $a\times4$(円) と表せ，おつり=出した金額−代金 だから，おつりは，$1000-a\times4$(円)
2 (4) 1 個 60 g の卵 x 個の重さは $60\times x$(g) と表せ，かごの重さは 90 g だから，全体の重さは $60\times x+90$(g) と表せます。これが y g に等しいので，$60\times x+90=y$
3 (1) ケーキ 5 個の代金は $x\times5$(円)，これと箱代を合わせた代金は $x\times5+100$(円) と表せます。これが y 円に等しいので，$x\times5+100=y$
(3) (2)で，$y=1000$ となるときの x の値をさがすと，$x=180$ があてはまるので，1 個 180 円のケーキを買ったことになります。
4 等号を縦にそろえて，次のように計算します。
(1) $x+18=73$
$x=73-18$
$=55$
(3) $x-27=54$
$x=54+27$
$=81$
(4) $x\times7=203$
$x=203\div7$
$=29$
(6) $x\div6=12$
$x=12\times6$
$=72$
(7) $x\times4+9=37$
$x\times4=37-9$
$=28$
$x=28\div4$
$=7$
(8) $x\div5-2=12$
$x\div5=12+2$
$=14$
$x=14\times5$
$=70$
5 ㋐～㋔の関係をそれぞれ式に表すと，
㋐ $40\times x=y$　㋑ $40\div x=y$
㋒ $40-x=y$　㋓ $(40+x)\times2=y$
㋔ $40+x=y$

13 比例・反比例 p.50

1 (1) 2倍，3倍，……になる。
(2) $\frac{1}{2}$倍，$\frac{1}{3}$倍，……になる。
(3) 比例の関係　(4) $y=6\times x$
(5) ① $y=48$　② $y=87$　(6) $x=4.2$

2 (1) $y=4\times x$
(2) 右のグラフ
(3) 10L
(4) 4.5分間

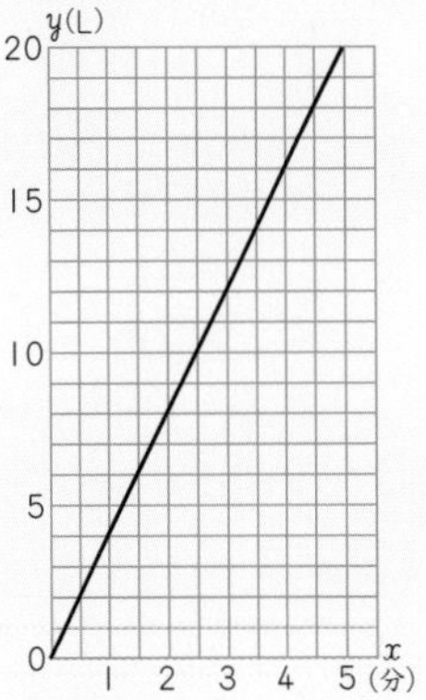

3 (1) $\frac{1}{2}$倍，$\frac{1}{3}$倍，……になる。
(2) 36
(3) 反比例の関係
(4) $y=36\div x$
(5) ① $y=4$
② $y=14.4$
(6) $x=4.8$

4 (1) 記号…(え)　式…$y=5\times x$($y=x\times 5$)
(2) 記号…(い)　式…$y=24\div x$

解説 **1** (4) 対応する $y\div x$ の値《あたい》は $6\div 1=6$，$12\div 2=6$，$18\div 3=6$，……と，いつも6になっているので，$y\div x=6$ より，$y=6\times x$
(6) $y=6\times x$ に $y=25.2$ をあてはめて，
$25.2=6\times x$，$x=25.2\div 6=4.2$

2 (1) 入る水の量＝1分間に入れる水の量×時間より，$y=4\times x$
(2) $y=4\times x$ で，$x=5$ に対応する y の値は $y=20$ だから，0の点と（x の値5，y の値20）を表す点を通る直線をひきます。

3 (4) $x\times y=36$ より，$y=36\div x$
(5) (4)の式に x の値をあてはめて計算します。
① $y=36\div 9=4$
② $y=36\div 2.5=14.4$
(6) (4)で求めた式に $y=7.5$ をあてはめて，
$7.5=36\div x$ より，$x=36\div 7.5=4.8$

4 (あ)〜(お)の関係について，それぞれ y を x で表すと，
(あ) $y=160-x$　(い) $y=24\div x$
(う) $y=100-x$　(え) $y=x\times 5$ より，$y=5\times x$
(お) $(x+y)\times 2=18$ より，$x+y=9$，$y=9-x$
したがって，y が x に比例しているのは(え)，y が x に反比例しているのは(い)です。

14 データの整理・場合の数 p.52

1 (1)

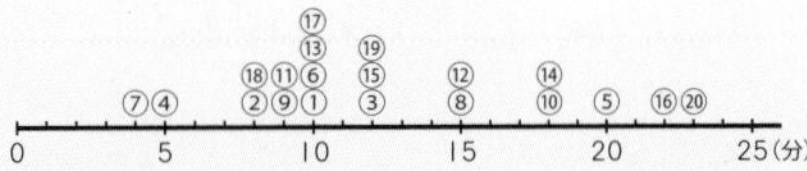

(2) 12.5分　(3) 10分　(4) 11分
(5)

通学時間の記録

時間（分）	人数（人）
以上　未満	
0 ～ 5	1
5 ～ 10	5
10 ～ 15	7
15 ～ 20	4
20 ～ 25	3
合計	20

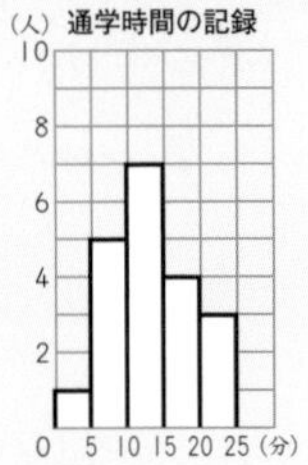

(6) 階級…10分以上15分未満
割合…35%

2 (1) 12，13，14　(2) 12通り
(3) 6通り

3 (1) 右の表
(2) 6通り

＼	A	B	C	D
A	＼	○	○	○
B		＼	○	○
C			＼	○
D				＼

4 (1) 10通り
(2) 5通り

解説 **1** (2) データの値の合計を求めると，250分だから，平均値は，$250\div 20=12.5$(分)
(3) データの中で最も多く出てくる値は10分だから，最頻値《さいひんち》は10分です。
(4) データの値を小さい順に並べたとき，10番目は10分，11番目は12分だから，中央値は，
$(10+12)\div 2=11$(分)
(6) 割合は，$7\div 20=0.35$ ➜ 35%

2 (2) (1)より，十の位が 1 のときは3通りあり，十の位が 2，3，4 のときも，それぞれ3通りずつあるので，できる2けたの整数は，全部で，
$3\times 4=12$(通り)
(3) 偶数《ぐうすう》になるのは一の位が 2 か 4 のときで，12，32，42，14，24，34の6通り。

4 (1) 右の表で，○の数が組み合わせの数を表しているので，その数を数えて10通り。
(2) どの色の色紙を使わないかを考えます。使わない色紙は，赤，白，青，黄，緑の5通りあるので，5種類からちがう4種類を選ぶ組み合わせの数は，全部で5通り。

＼	赤	白	青	黄	緑
赤	＼	○	○	○	○
白		＼	○	○	○
青			＼	○	○
黄				＼	○
緑					＼

15 文章題 p.**54**

1 式…$180 \div 3 = 60$，$60 + 20 = 80$
答え…80 cm

2 式…$800 - 100 = 700$
$700 \div 5 = 140$　答え…140 円

3 式…$2150 + 150 = 2300$
$2300 \div 2.5 = 920$　答え…920 円

4 (1) 式…$72 \div (1 + 3) = 18$
答え…18 kg
(2) 式…$(72 - 9) \div (1 + 2) = 21$
答え…21 kg

5 式…$(1520 - 1160) \div (8 - 6) = 180$
答え…180 円

6 式…$\frac{3}{5} \times \frac{2}{9} = \frac{2}{15}$，$1200 \times \frac{2}{15} = 160$
答え…160 m²

7 (1) ① $\frac{1}{30}$　② $\frac{1}{20}$
(2) 式…$1 \div \left(\frac{1}{30} + \frac{1}{20}\right) = 12$
答え…12 分

解説 **1** 下の図のように，いちばん長いリボンの 20 cm の部分をいちばん短いリボンの部分に移すと，3 本のリボンの長さは等しくなり，これは 2 番目に長いリボンの長さと同じなので，2 番目に長いリボンの長さは，$180 \div 3 = 60$(cm)

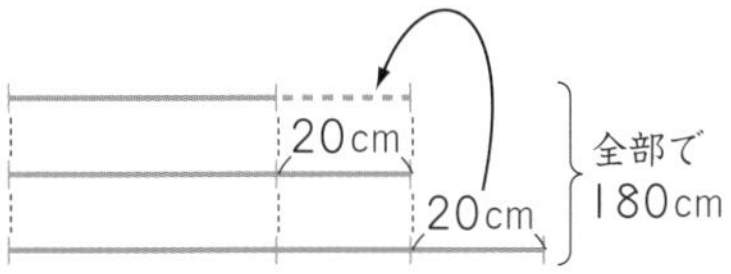

いちばん長いリボンの長さは，これより 20 cm 長いので，$60 + 20 = 80$(cm)
また，次のように考えることもできます。
いちばん短いリボンに $20 + 20 = 40$(cm) をたし，2 番目に長いリボンに 20cm をたすと，全部で，
$180 + 40 + 20 = 240$(cm)
これは，いちばん長いリボンの長さの 3 倍だから，いちばん長いリボンの長さは，
$240 \div 3 = 80$(cm)
この考え方だと，式は，次のようになります。
$180 + 20 + 20 + 20 = 240$，$240 \div 3 = 80$

3 ぶた肉 2.5 kg の値段は，
$2150 + 150 = 2300$(円)

4 (1) 72kg が小のふくろの米の重さの$(1 + 3)$倍にあたります。
(2) $(72 - 9)$kg が小のふくろの米の重さの$(1 + 2)$倍にあたります。

5 問題の図から，代金の差$(1520 - 1160)$円がケーキ$(8 - 6)$個分の代金にあたることがわかります。

6 式は，次のように，花だんの面積を求めてから，バラが植えてある部分の面積を求めてもよいです。
$1200 \times \frac{3}{5} = 720$，$720 \times \frac{2}{9} = 160$
また，次のように，1 つの式で表してもよいです。
$1200 \times \left(\frac{3}{5} \times \frac{2}{9}\right) = 160$

7 (1) ① $1 \div 30 = \frac{1}{30}$　② $1 \div 20 = \frac{1}{20}$
(2) 1 分間に入る水の量は，$\frac{1}{30} + \frac{1}{20} = \frac{1}{12}$

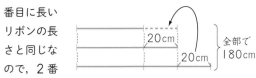

社会

1 日本の国土とくらし p.58-59

1 (1) 冬　(2) 夏　(3) つゆ（梅雨《つゆ》）
(4) ア　(5) 季節風
(6) 台風（強風）

2 (1) 海　(2) ユーラシア大陸
(3) 太平洋《たいへいよう》　(4) イ・エ〈順不同〉

3 (1) ア 奥羽《おうう》山脈　イ 紀伊《きい》山地
ウ 信濃《しなの》川　エ 利根《とね》川　オ 筑後《ちくご》川
カ 石狩《いしかり》平野　キ 越後《えちご》平野
(2) 日本の屋根（日本アルプス）
(3) 水害

4 (1) A イ　B エ　C ウ　D ア
(2) 北方領土《ほっぽうりょうど》

解説 **1** (4) なお，上越《じょうえつ》市（新潟県）は，冬の降水量が多い日本海側の気候です。
3 (2) 飛騨《ひだ》山脈，木曽《きそ》山脈，赤石《あかいし》山脈をまとめて，日本の屋根（日本アルプス）とよびます。
(3) Bの岐阜県海津《かいづ》市やCの千葉県香取《かとり》市佐原《さわら》北部は低地が広がり，水害になやまされてきました。
4 (2) Yの北方領土《ほっぽうりょうど》は日本固有の領土ですが，Xのロシア連邦《れんぽう》が不法に占領《せんりょう》しています。

2 くらしを支える食料生産 p.60-61

1 (1) ① 新潟・イ
② 山形・エ
(2) 品種改良
(3) エ→ウ→ア→イ

2 (1) みかん
(2) 宮崎県，鹿児島県〈順不同〉
(3) (例)高い値段で売れること。

3 (1) ウ
(2) (例) 各国が200海里水域（排他的経済水域《はいたてきけいざいすいいき》）を設け，他国の漁を制限するようになったため。
(3) さいばい漁業

4 (1) ㋐ 肉類（牛乳《ぎゅうにゅう》・乳製品）
㋑ 牛乳・乳製品（肉類）
㋒ 米　㋓ 生産調整（減反《げんたん》政策）
(2) 食料自給率

解説 **1** (1) 大きな川と平野はいっしょに覚えましょう。利根《とね》川は関東《かんとう》平野を流れる流域面積が日本最大の川，北上《きたかみ》川は岩手県・宮城県を流れ，下流に仙台《せんだい》平野が広がり，日本有数の米どころとなっています。
2 (3) ㋐は高知県で，なすやピーマンなどの野菜の促成《そくせい》さいばいがさかんです。
3 (1) ㋐は沖合《おきあい》漁業，㋑は遠洋《えんよう》漁業です。
4 (1) 米の消費量が減って生産量が消費量を上回り，米が余るようになったため，国は米の生産調整（減反政策）を行いました。
(2) 日本は先進国の中でも食料自給率が低い国です。

3 くらしを支える工業生産 p.62-63

1 (1) ① ㋐　② ㋓　③ ㋒　④ ㋑
(2) ㋑→㋓→㋐→㋒
(3) 関連工場

2 (1) ① 中小工場　② 中小工場
③ 大工場
(2) ㋐ 工場数　㋑ 2

3 (1) ① ウ　② イ
③ エ　④ ア
(2) 太平洋《たいへいよう》ベルト

4 (1) 自動車
(2) ① 自動車　② 船
③ 航空機　④ 鉄道

解説 **1** (2) 組み立てられた自動車は，最後にブレーキや水もれなどの検査が行われ，すべて合格したものだけが出荷《しゅっか》されます。
2 働く人が299人以下の工場を中小工場，300人以上の工場を大工場といいます。中小工場では賃金が低いなどの問題がありますが，高度な技術をもち，世界的に有名な工場もたくさんあります。
3 (1) ③中京《ちゅうきょう》工業地帯は自動車工業がさかんな豊田《とよた》市（愛知県）などがあり，日本で最も生産額が多い工業地帯です。
(2) 関東《かんとう》地方南部から九州《きゅうしゅう》地方北部にかけての海沿《うみぞ》いに，帯のように連なります。太平洋ベルトには大都市が多く，人口も集中しています。
4 (1) 高速道路が全国に発達し，宅配便などの利用も増えて，自動車の割合が高くなりました。

4 わたしたちの生活と情報・環境《かんきょう》 p.64-65

1 (1) メディア（マスメディア）
(2) ① ラジオ　② 新聞

③ インターネット
(3) ウ・エ〈順不同〉

2 (1) コンピューター
(2) 工場や農協，物流センター〈順不同〉
(3) 情報通信技術（ICT，IT）

3 ① イ　② エ　③ ウ　④ ア

4 (1) ① ㋑　② ㋒　③ ㋐
(2) 人工林
(3) ㋐ 二酸化炭素《にさんかたんそ》
㋑ 土砂《どしゃ》くずれ（山くずれ）

解説 **1** (1) メディアの中でも，テレビやラジオのような同じ情報を一度にたくさんの人に送る方法のことをマスメディアといいます。
(3) 個人情報はむやみに公開しないようにしましょう。また，情報を発信するときは正確に伝えるようにしましょう。
2 (2) 本部のコンピューターでは，発注にもとづき，商品を送る手配をします。そして，各店からの情報を整理し，よく売れる商品や売れるための方法などを各店に提案します。
3 アはなだれ防止さく，イは津波《つなみ》ひなんタワー，ウは耐震《たいしん》工事された建物，エは首都圏外郭《しゅとけんがいかく》放水路です。
4 (1) 林業の仕事は重労働なため，働く人の不足や高れい化が大きな問題です。

5 国づくりのはじまり　p.66-67

1 ① キ　② ケ　③ オ　④ ア　⑤ エ

2 (1) 十七条の憲法《けんぽう》
(2) ㋐ 仏教　㋑ 天皇《てんのう》　(3) 法隆寺《ほうりゅうじ》
(4) ウ　(5) 冠位《かんい》十二階

3 (1) 聖武天皇《しょうむてんのう》　(2) 行基《ぎょうき》

4 (1) 京都（府）
(2) ① むすめ　② 天皇
(3) (人物) 藤原道長《ふじわらのみちなが》　(記号) ウ
(4) 中臣鎌足《なかとみのかまたり》（藤原鎌足）

5 (1) ① 国風　② 寝殿《しんでん》
③ 十二単《じゅうにひとえ》
(2) かな文字　(3) 紫式部《むらさきしきぶ》

解説 **1** ②中国の歴史書『魏志《ぎし》』の倭人伝《わじんでん》には，3世紀ごろの日本の様子が書かれています。その中に，卑弥呼《ひみこ》が邪馬台国《やまたいこく》の女王として，中国（魏《ぎ》）に使いを送ったことが記されています。
2 (2) 十七条の憲法を定めた聖徳太子《しょうとくたいし》（厩戸王《うまやどのおう》）は，仏教を深く信じ，天皇中心の政治を目指しました。
3 (2) 行基はため池や水路，道路や橋などをつくる工事を行いながら仏教を広めていて，人々からしたわれていました。
4 (3) 藤原道長は11世紀の初めごろに，天皇に代わって政治を動かし，大きな権力を持ちました。
(4) 大化《たいか》の改新《かいしん》とは，645年に，中大兄皇子《なかのおおえのおうじ》と中臣鎌足が蘇我氏《そがし》をたおして始めた政治改革です。
5 (1) 書院造《しょいんづくり》は室町《むろまち》時代に発達した部屋のつくり，束帯《そくたい》は男性の正装です。
(2) 漢字をくずしたひらがなや，漢字の一部を省略したカタカナが生まれました。
(3)『枕草子《まくらのそうし》』を書いた清少納言《せいしょうなごん》とまちがえないようにしましょう。

6 武士の政治のはじまり　p.68-69

1 (1) ① イ　② ア　③ ウ
④ カ　⑤ エ
(2) ① ㋒　② ㋐　③ ㋑

2 (1) 元《げん》　(2) 北条時宗《ほうじょうときむね》　(3) イ

3 (1) 金閣《きんかく》　(2) 能《のう》　(3) 銀閣《ぎんかく》
(4) 書院造《しょいんづくり》　(5) すみ絵（水墨画《すいぼくが》）

4 (1) (国) ポルトガル　(場所) 種子島《たねがしま》
(2) フランシスコ・ザビエル（ザビエル）
(3) 織田信長《おだのぶなが》

5 ① C　② A　③ C　④ B
⑤ B　⑥ A　⑦ B

解説 **1** (1) ①②壇ノ浦《だんのうら》の戦い（山口県）で源氏が平氏をほろぼしました。⑤御成敗式目《ごせいばいしきもく》は，武士独自の法律で裁判の基準を示しました。
2 (1) 日本軍は，元軍の集団戦法や火薬兵器（てつはう）に苦しみましたが，御家人《ごけにん》たちの激しい抵抗《ていこう》と暴風雨などで，元軍は2度とも大損害を受けて，引きあげました。
3 (4) 床《とこ》の間《ま》やたたみ，障子《しょうじ》やふすまなどがありました。
5 ③外様《とざま》の大名は江戸《えど》からはなれたところに置かれました。④豊臣秀吉《とよとみひでよし》は関白《かんぱく》として天皇を補佐《ほさ》する地位につくことで，朝廷《ちょうてい》の力を利用しました。

7 江戸《えど》時代の政治と文化　p.70-71

1 (1) ① ア　② エ　③ カ　④ ク

(2) 絵踏《ふ》み

(3) (例) キリスト教の信者ではないことを証明させるため。

(4) 島原《しまばら》・天草一揆《あまくさいっき》　(5) ウ・エ〈順不同〉

2 (1) 武家諸法度《ぶけしょはっと》　(2) 徳川家光《とくがわいえみつ》

3 (1) 参勤交代《さんきんこうたい》

(2) ア・ウ〈順不同〉

4 (1) ① 江戸《えど》　② 政治

③ 大阪　④ 経済（商業）

(2) ① イ　② ア　③ ウ

(3) 近松門左衛門《ちかまつもんざえもん》　(4) 本居宣長《もとおりのりなが》

(5) 杉田玄白《すぎたげんぱく》　(6) 寺子屋《てらこや》

解説 1 (5) オランダと中国はキリスト教を広める心配がなかったため，長崎での貿易を許されました。オランダ商館は出島《でじま》に移し，中国人を唐人《とうじん》やしきに住まわせました。

2 (2) 徳川家光が参勤交代の制度を武家諸法度に加えました。

3 (2) とくに領地が江戸から遠くはなれた外様の大名にとっては厳しい制度でした。

4 (2) ①は各地を回って味わい深い俳句《はいく》をよんだ人物です。②は全国を歩いて日本地図をつくった人物です。③は浮世絵《うきよえ》をえがいた人物です。

(4) 研究を通じて，日本人の古くからの考え方を明らかにしようとしました。

(5) 医学の発展や蘭学《らんがく》に大きなえいきょうをあたえました。

8 開国と明治維新《めいじいしん》　p.72-73

1 (1) (使者) ペリー　(場所) エ

(2) 日米和親条約《にちべいわしん》　(3) ア・オ〈順不同〉

(4) 日米修好通商条約《にちべいしゅうこうつうしょう》

(5) ウ・キ・ケ〈順不同〉

(6) ① 領事裁判《りょうじさいばん》（治外法《ちがいほう》）

② 関税自主《かんぜいじしゅ》

2 ア 廃藩置県《はいはんちけん》　イ 殖産興業《しょくさんこうぎょう》

ウ 地租改正《ちそかいせい》

3 (1) 大日本帝国憲法《ていこくけんぽう》　(2) ドイツ

(3) ① 天皇《てんのう》　② 帝国議会（国会）

③ 貴族院《きぞくいん》　④ 徴兵《ちょうへい》（兵役）

(4) ア・エ〈順不同〉

4 (1) (人物) 与謝野晶子《よさのあきこ》

(戦争) 日露《にちろ》戦争

(2) ア

解説 1 (3) アは函館《はこだて》（北海道），オは下田《しもだ》（静岡県）です。

(5) ウは新潟，キは神戸《こうべ》（兵庫），ケは長崎です。

(6) 明治政府は江戸時代に結ばれた不平等条約の改正に取り組み，1894 年に外務大臣陸奥宗光《むつむねみつ》が領事裁判権の撤廃《てっぱい》に成功しました。また，1911 年に外務大臣小村寿太郎《こむらじゅたろう》が関税自主権の回復に成功しました。

2 イ…明治新政府は国内の産業を発展させようと，富岡製糸場《とみおかせいしじょう》（群馬県）などの官営工場を建設しました。そして，外国人技術者を招いて，進んだ技術や知識を取り入れました。

3 (4) 20 才以上の男女すべての人に選挙権があたえられたのは第二次世界大戦後の 1945 年です。現在，選挙権は 18 才以上にあたえられています。

4 (1) この詩には，作者の自分の弟への心配だけでなく，戦争に反対する気持ちがこめられていました。

(2) 賠償金《ばいしょうきん》を得ることはできませんでした。

9 太平洋《たいへいよう》戦争と戦後の日本　p.74-75

1 (1) ドイツ，イタリア〈順不同〉

(2) ウ　(3) オ

(4) ① 疎開《そかい》　② 配給（切符《きっぷ》）

(5) 沖縄県　(6) 原子爆弾《げんしばくだん》（原爆《げんばく》）

2 ① サンフランシスコ平和条約

② 6　③ 義務

3 (1) 1947（昭和《しょうわ》 22）(年) 5 (月) 3 (日)

(2) イ→オ→エ→ウ→ア

(3) ① エ　② オ　③ イ

④ ウ　⑤ ア

4 イ

解説 1 (2) 日本は石油やゴムを求め，イギリスやフランスなどが支配していた東南アジアへ軍隊を進めました。

(3) 日本がハワイの真珠湾《しんじゅわん》にあったアメリカの軍港を奇襲《きしゅう》し，同時に東南アジアのマレー半島のイギリス軍を攻撃《こうげき》して，太平洋戦争が始まりました。

2 ③子どもを一定の期間学校に通わせることを保護者に義務づけた制度を，義務教育とよびます。

3 (2) アは 1956 年，イは 1945 年，ウは 1951 年，エは 1950 年，オは 1946 年のことです。

(3) ①警察《けいさつ》予備隊はのちに自衛隊となりました。④沖縄はアメリカに占領《せんりょう》されたままでした。⑤国際連合は，第二次世界大戦後に発足《ほっそく》しました。

4 ア…国際連合ではなく国際連盟です。ウ…南京《ナンキン》郊外《こうがい》ではなく，北京《ペキン》郊外でのしょうとつがきっかけで日中《にっちゅう》戦争が始まりました。エ…満州事変《まんしゅうじへん》が起こったころは，世界中が不景気でした。

10 わたしたちのくらしと政治

p.76-77

1 (1) ㋐ 立法《りっぽう》　㋑ 行政《ぎょうせい》　㋒ 司法《しほう》
(2) Ⓐ ア　Ⓑ カ　(3) 三権分立
(4) ① ㋑　② ㋐　③ ㋒　④ ㋑
⑤ ㋐　⑥ ㋐

2 ① A　② B　③ C
④ A　⑤ C

3 ① カ　② ウ　③ ア　④ オ
⑤ イ　⑥ エ

4 イ・オ〈順不同〉

5 (1) A 市長　B 市議会
(2) 条例　(3) (満)18 才以上
(4) 税金

解説 1 (2) Ⓐ国民は選挙によって国会議員を選ぶことができます。Ⓑ国民の世論《せろん》(よろん)は内閣《ないかく》の政治にえいきょうをあたえます。
(4) ①⑤条約を結ぶのは内閣で，承認《しょうにん》するかどうかを判断するのは国会です。②法律案《ほうりつあん》をつくって国会に提出するのは内閣や国会議員で，法律を定めるのは国会です。
2 ④主権《しゅけん》をもつ国民の代表者で構成される国会が，国の政治権力（国権）の最高機関とされています。
4 天皇《てんのう》は内閣の助言と承認にもとづいて，憲法で定められた国事行為《こくじこうい》を行います。
5 (4) 道路や橋，公共施設《しせつ》などを整備するお金や，警察や消防の仕事にかかるお金などに税金が使われています。

11 世界の中の日本

p.78-79

1 ①中華人民共和国《ちゅうかじんみんきょうわこく》（中国《ちゅうごく》）・イ
②アメリカ合衆国《がっしゅうこく》（アメリカ）・ケ
③サウジアラビア・カ
④ブラジル・コ
⑤大韓民国《だいかんみんこく》（韓国《かんこく》）・ウ

2 (1) ニューヨーク（市）
(2) 国際連合憲章（国連憲章）
(3) ウ
(4) ① 国連児童基金（ユニセフ）
② 国連教育科学文化機関（ユネスコ）
(5) 政府開発援助《せいふかいはつえんじょ》（ODA《オーディーエー》）
(6) 非政府組織（NGO《エヌジーオー》）
(7) 持続可能な社会

解説 1 ①一人っ子政策は 2015 年に廃止《はいし》されました。現在，中国は日本の最大の貿易相手国でもあります。③イスラム教徒は経典《きょうてん》の「コーラン」にもとづく生活を送っています。④ブラジルから日本へ働きに来ている日系《にっけい》ブラジル人も多くいます。⑤古くから朝鮮《ちょうせん》半島との文化の交流が行われたため，日本と共通する点が多くあります。
2 (1) 国際連合（国連）は 1945 年に 51 か国で発足し, 2021 年 8 月現在, 193 か国が加盟しています。
(4) ②ユネスコは世界遺産の登録も行っています。
(5) 政府開発援助の 1 つに青年海外協力隊の活動があります。

理科

1 こん虫，生き物と自然　p.82-83

1 (1) (あ) 頭　(い) むね　(う) はら
(2) ① (い)　② (あ)　③ (い)
(3) ア，イ

2 (1) (あ)→(え)→(い)→(う)
(2) (え)　(3) (い)　(4) さなぎ
(5) ア，イ

3 (1) ア…秋　イ…冬
ウ…夏　エ…春（または夏）
(2) イ

4 (1) イ→オ→エ→ア→ウ　(2) 食物連さ
(3) イ

5 (1) (あ)…酸素　(い)…二酸化炭素
(2) (う)…二酸化炭素　(え)…酸素

解説 **1** (1)(2) こん虫のからだは，頭・むね・はらの3つの部分からできていて，むねに6本のあしがあります。
2 (1) モンシロチョウは，たまご→幼虫《ようちゅう》→さなぎ→成虫《せいちゅう》の順に育ちます。
(2) モンシロチョウの幼虫は4回皮をぬいで，からだが大きくなります。
3 (1) ア…オオカマキリは，秋にたまごをうみます。イ…ヒキガエルは，冬になると土の中ですごします。ウ…アブラゼミは，夏に成虫のすがたで見られます。エ…ツバメは，春になると南の国から日本にやってきて巣をつくり，春から夏にかけてたまごをうんでひなを育てます。
4 (3) イネなどの植物は，日光が当たるとでんぷんなどの養分をつくります。動物は，自分で養分をつくり出せないので，植物やほかの動物を食べて養分をとり入れています。
5 動物も植物も呼吸《こきゅう》によって酸素をとり入れ，二酸化炭素を外に出します。また，植物は日光が当たると二酸化炭素をとり入れ，酸素を出します。

2 植物のつくりとはたらき　p.84-85

1 (1) ア（と）ウ　(2) ア，エ
(3)（例）種子《しゅし》に発芽《はつが》に必要な養分がふくまれているから。

2 (1) ア…花びら　イ…めしべ
ウ…がく　エ…おしべ
(2) エ　(3) イ

3 (1) めばな　(2)（例）ほかの花の花粉《かふん》がめしべにつかないようにするため。
(3) Ⓐ　(4) 受粉《じゅふん》　(5) 種子

4 (1)（例）葉に日光が当たらないようにするため。
(2) ヨウ素液　(3) 右の図
(4)（例）葉に日光が当たること。

解説 **1** (1) 水の条件だけがちがっていて，それ以外の条件が同じものを選びます。
(2) インゲンマメの種子が発芽するには，水，空気，適当な温度の3つの条件が必要です。イは空気が不足し，ウは水が不足し，オは温度が低いためインゲンマメは発芽しません。発芽に光は必要ないため，エは発芽します。インゲンマメが成長するときは，発芽の条件に加えて光と肥料が必要です。
2 (2) 花粉はおしべの先の小さなふくろの中でつくられます。
(3) めしべのもとのふくらんだ部分が実になります。
3 (1) めしべのあるめばなを使います。
(3)(4) 実ができるためには，めしべの先に花粉がつくことが必要です。これを受粉といいます。
4 (1) アルミニウムはくでおおいをすると，日光が当たりません。
(2) でんぷんがふくまれているかどうかを調べるには，ヨウ素液を使います。アルコールは葉の緑色をぬくはたらきがあります。緑色をぬくことで，ヨウ素液による葉の色の変化を見やすくします。
(3) 葉に日光が当たった部分は，でんぷんができるので青むらさき色に変化します。

3 人のからだ，生き物のたんじょう　p.86-87

1 (1) 関節《かんせつ》　(2) イ

2 (1) おす　(2) エ→イ→ア→ウ

3 (1) 受精《じゅせい》　(2) 子宮《しきゅう》
(3) ア…たいばん　イ…へそのお
ウ…羊水《ようすい》

4 (1) ①…胃　②…大腸　③…消化管《しょうかかん》
(2) 消化　(3) 小腸

5 (1) じん臓　(2) 肺
(3) かん臓

6 (1) でんぷん　(2) A　(3) ウ

解説 **1** (1) うではひじのところで曲がるようになっていて，関節といいます。
(2) うでをのばすときは，アの筋肉がゆるみ，イの筋肉が縮みます。うでを曲げるときは，アの筋肉が縮み，イの筋肉がゆるみます。
2 (1) メダカのおすは，せびれに切れこみがあり，しりびれは平行四辺形に近い形，めすは，せびれに切れこみがなく，しりびれは三角形に近い形をしています。
(2) うみつけられたばかりのたまごには，あわのようなものが見られます。
3 (1) 女性の卵《らん》（卵子《らんし》）と男性の精子《せいし》が結びつくことを受精といい，受精した卵を受精卵《じゅせいらん》といいます。
(2) 受精卵は，子宮の中で育ちます。
(3) ア…たいばんでは，子どもが必要な養分などを母親からもらい，いらないものを母親にわたしています。　イ…たいばんと子どもをつないでいます。ウ…液体《えきたい》で，子どもをしょうげきなどから守っています。
4 (3) 消化された養分は，水分とともに小腸で吸収されます。
5 血液は，心臓のはたらきによって全身に送り出され，酸素や二酸化炭素，養分や不要になったものなどをとかしこんで運んでいます。
(3) 小腸で吸収された養分は，血液によってかん臓に運ばれて，一部はかん臓でたくわえられます。
6 でんぷんは，だ液のはたらきによって別のものに変えられるので，だ液を入れた試験管Aは，ヨウ素液を加えても青むらさき色に変化しません。

4 ものの性質，水のすがた　p.88-89

1 (1) 空気　(2) もとにもどる。(上がる。)
2 (1) ア　(2) イ
(3) ㋐…大きくなる（ふえる）
㋑…小さくなる（へる）
㋒…空気　㋓…金属
3 (1) ウ　(2) カ　(3) 水
4 (1) ふっとう　(2) 変わらない。
(3) ㋐…液体《えきたい》　㋑…気体《きたい》
5 (1) 0℃　(2) ㋒
6 (1) エ　(2) 蒸発《じょうはつ》
(3) (例) 空気中の水蒸気《すいじょうき》は，上空に運ばれて雲になり，雨や雪となって地上にもどってくる。

解説 **1** (1) とじこめた空気に力を加えると，空気は体積が小さくなりますが，とじこめた水に力を加えても水の体積は変化しません。
(2) おし縮められた空気は，もとの体積にもどろうとする性質があります。
2 試験管の中の空気の体積が変わることで，せっけん水のまくがふくらんだりへこんだりします。
3 (1) 金属は，熱せられたところから順にあたたまります。
(2) 水は，熱せられて温度が高くなった水が上へ動き，上にあった温度の低い水が下に動いて全体があたたまります。
(3) 空気は，水と同じように動きながら全体があたたまっていきます。
4 (3) ㋐の湯気《ゆげ》は，水蒸気《すいじょうき》が空気中で冷やされて水のつぶになったもので，液体です。ふっとうしている水の中から出てくるあわ㋑は，水が気体の水蒸気になったものです。
5 (1)(2) 水は0℃になるとこおり始め，すべての水が氷になるまで，0℃のままです。
6 (1) 氷水を入れたコップの外側についた水てきは，空気中にふくまれている水蒸気が氷水の入ったコップに冷やされて水になったものです。
(2)(3) 地球上の水の一部は，蒸発して水蒸気になり空気中にふくまれています。空気中の水蒸気は上空に運ばれて雲になり，雨や雪になって地上にもどってきます。

5 もののとけ方と水《すい》よう液《えき》　p.90-91

1 (1) 60 g　(2) ウ　(3) ア
2 (1) ウ　(2) ろ過《か》　(3) ア
(4) (例) (加熱して) 水よう液の水を蒸発《じょうはつ》させる。
3 (1) ア，エ　(2) アルカリ性
(3) ウ，エ，オ
4 (1) イ　(2) ウ　(3) ちがうもの
(4) ①…○　②…○　③…×

解説 **1** (1) 水よう液の重さ＝水の重さ＋とかしたものの重さ　なので，食塩水の重さは，50 g＋10 g＝60 g です。
(2) 10 g＋5 g＝15 g の食塩はすべてとけますが，15 g＋5 g＝20 g の食塩ではとけ残りができます。
(3) 食塩は，水の温度が高くなってもとける量はあまり変わりません。

2 (1) 水よう液は，とけているものは全体に一様に広がっていて，時間がたっても水よう液のこさはどこも同じです。
(3) ㋐の液には，ミョウバンがとけています。
(4) 水よう液にとけているものをとり出すには，水よう液を冷やす方法と水よう液の水を蒸発させる方法があります。
3 (1)(2) 赤色のリトマス紙を青色に変化させる水よう液はアルカリ性，青色のリトマス紙を赤色に変化させる水よう液は酸性です。赤色，青色のどちらのリトマス紙も変化させない水よう液は中性です。
(3) 気体がとけている水よう液は，水を蒸発させてもあとに何も残りません。
4 (3) 水よう液にとけた金属は，別のものに変わります。実験では(2)で残った固体《こたい》が，塩酸にあわを出さずにとけることから確かめられます。
(4) 鉄は，うすい塩酸にはあわを出してとけますが，炭酸水は弱い酸性なので入れても変化がありません。炭酸水にも長い間つけておくと，ほんの少しとけていきます。

6 光と音の性質，ものの燃え方 p.92-93

1 (1) ウ
(2) 温度が上がる（高くなる）。
(3) ア
2 (1) 大きい　(2) ふるえ
(3) 聞こえなくなる
3 (1) ウ　(2) ウ
4 (1) ㋐…ちっ素　㋑…酸素
㋒…二酸化炭素
(2) 二酸化炭素
5 (1) ウ　(2) ㋑
(3) 燃やす前…変化しない。
燃やしたあと…白くにごる。
(4) ①…酸素　②…二酸化炭素
③…イ
(5) 酸素

解説 1 (2)(3) 鏡ではね返した日光を集めた部分の温度が高くなります。虫めがねで小さい範囲《はんい》に日光を集めるほど，黒い紙ははやくこげます。
2 (2)(3) 音が出ているとき，ものはふるえています。糸電話の糸をとちゅうでつまむと，ふるえは止まり，声は聞こえなくなります。
3 酸素をふくんだ新しい空気が入ると，ものは燃え続けます。
4 (2) 人がはいた空気で，体積の割合が大きくなるのは，からだの中で不要になった二酸化炭素です。
5 (2)(4) ろうそくなどが燃えると，酸素の一部が使われ，二酸化炭素ができます。酸素が少なくなると，火は消えてしまいます。
(3) ろうそくなどを燃やしたあとの空気では，二酸化炭素が多くふくまれているため，石灰水《せっかいすい》は白くにごります。

7 磁石《じしゃく》・電磁石《でんじしゃく》・電気のはたらき p.94-95

1 (1) 鉄　(2) S《エス》極　(3) S極
2 (1) イ　(2) エ　(3) オ　(4) ウ
3 (1) コンデンサー　(2) 発光ダイオード
4 ① ウ　② エ　③ ア
④ イ
5 (1) ㋑　(2) ア，ウ
(3) 大きくなる。(強くなる。)
(4) 反対向きになる。　(5) 太陽光発電

解説 1 (2) 方位磁針のN《エヌ》極と電磁石のS極が引き合っています。
(3) かん電池の向きを逆にすると，電流《でんりゅう》が流れる向きも逆になるので，電磁石の極も逆になります。
2 (1) 電流の大きさがちがって，それ以外の条件が同じものを選びます。
(2) コイルのまき数がちがって，それ以外の条件が同じものを選びます。
(3) 電流の大きさが大きいほど（直列《ちょくれつ》につなぐかん電池の数が多いほど），コイルのまき数が多いほど，電磁石は強くなります。
(4) かん電池を2個並列《へいれつ》つなぎにしたとき，流れる電流の大きさは，かん電池1個のときと同じです。
4 私たちのくらしでは，電気を光・音・運動・熱などに変えて，利用しています。
5 (1) 光電池《こうでんち》に対して垂直《すいちょく》に光を当てるようにしたほうが大きい電流が流れます。

8 ものの動き p.96-97

1 ① ア　② イ
2 (1) イ　(2) ウ　(3) 1.4秒
3 (1) ①…㋐（と）㋓　② ㋐（と）㋑
③…㋐（と）㋒
(2) ㋒　(3) 長さ

4 (1) 3個　(2) 1
(3) つり合う。(変わらない。)

5 (1) 力点《りきてん》…(あ)　支点《してん》…(う)　作用点《さようてん》…(い)
(2) (か)　(3) (例) 支点から力点までのきょりが長くなるから。

解説 **2** (1) ふりこの長さは，糸をつるした点からおもりの中心までの長さです。
(3) (14.1 秒＋13.7 秒＋14.2 秒)÷3÷10＝1.4 秒

3 (1) 調べる条件以外は同じにして比べます。
(2)(3) 1往復の時間は，ふりこの長さによって決まり，おもりの重さやふれはばには関係しません。ふりこの長さが長いほど1往復の時間が長くなります。

4 てこをかたむけるはたらきは，おもりの重さ×支点からのきょり（目もりの数）になります。左右のうでのてこをかたむけるはたらきが等しいと，てこは水平につり合います。
(1) 左のうでのてこをかたむけるはたらきは，60 g×2＝120 g なので，右のうでにつるすおもりの重さは，120 g÷4＝30 g より，30 g です。したがって，30 g÷10 g＝3 より，3個のおもりを4の目もりにつるすとつり合います。
(2) 右のうでのてこをかたむけるはたらきは，10 g×6＝60 g なので，60 g÷60 g＝1 より，1の目もりにつるすとつり合います。

5 (2)(3) くぎぬきでは支点から作用点までのきょりは一定です。支点から力点までのきょりが長いほど，作用点に加わる力が大きくなり，小さい力でくぎがぬけます。

9 天気と大地の変化　p.98-99

1 (1) 晴れ…8　くもり…9
(2) イ　(3) 気温の変化が小さいから。

2 (1) (あ)→(う)→(い)　(2) ①…西　②…東
(3) 南

3 (1) イ，エ　(2) ウ　(3) ア，イ
(4) (例) 大雨によって上流でしん食《しょく》される土の量がふえ，たくさんの土が下流に運《うん》ぱんされたから。

4 (1) でい岩《がん》の層《そう》…Ⓒ　火山灰《かざんばい》の層…Ⓓ
(2) 化石《かせき》　(3) 水（のはたらき）
(4) (例) 水のはたらきで角《かど》が丸くなったれきや砂《すな》のつぶが入っているから。
(5) Ⓓ　(6) (例) 地層《ちそう》に火山灰がふくまれているから。

解説 **1** (1) 空全体を10としたとき，雲の量が0～8のときを「晴れ」，9～10のときを「くもり」とします。

2 (1)(2) 日本付近では，雲はおよそ西から東へ動くので，天気もおよそ西から東へと変わります。

3 (1) 水が曲がって流れているところでは，外側は流れが速く，土がけずられ，内側は流れがおそく，土が積もります。
(3) 水の量が多くなると，地面をけずるしん食や土をおし流す運ぱんのはたらきが大きくなります。

4 (1) でい岩は，おもに砂より細かいつぶのどろでできています。火山灰の層にふくまれるつぶは，角ばっているのが特ちょうです。
(3)(4) 水のはたらきによってできた地層にふくまれるれきや砂のつぶは，丸みを帯びています。

10 太陽・星・月　p.100-101

1 (1) 南　(2) イ

2 (1) 冬　(2) イ　(3) (あ)
(4) 動く向き…ウ　並び方…変わらない。

3 (1) クレーター　(2) ウ

4 (1) A…新月《しんげつ》　B…三日月《みかづき》
(2) D　(3) D…オ　E…キ
(4) 右　(5) (い)

5 (1) (ア)→イ→ウ→オ→エ
(2) 月が太陽の方向にあるから。
(3) (例)（地球から見て，）月と太陽の位置関係が変わるから。　(4) ウ

解説 **1** (1) 太陽は，東から南の空を通って，西へと動きます。正午ごろには南の空にあります。
(2) かげは，太陽の反対側にできるので，西から北を通って，東へと動きます。

2 (2) 星は明るいほうから1等星，2等星…と分けられています。
(4) 星も太陽と同じように，東から南の空を通って，西へと動きますが，星の並び方は変わりません。

3 (2) 月は，太陽の光をはね返して光っています。

4 (2) 満月は，夕方，東の空に見えます。
(3) Aはア，Bはイ，Cはウ，Dはオ，Eはキ，Fはクの位置にあるときに見えます。
(4) 月が光って見える側に太陽があります。
(5) 月も，太陽や星と同じように，東から南の空を通って，西へと動きます。

国語

1 同じ読み方の漢字　p.126-127

1 (1) ①軽　②経　　(2) ①識　②織
2 (1) ×小→少　　(2) ×低→底
(3) ×建→健
3 (1) ①官　②館　③管　(2) ①積　②責　③績
(3) ①復　②複　③腹
4 (1) 敗　(2) 備　(3) 移
5 (1) ①暑　②厚　③熱
(2) ①努　②勤　③務
6 (1) イ　(2) イ　(3) ア　(4) ア
7 (1) ①関心　②感心　(2) ①対照　②対象

解説 **5** (1)①「暑い」は，体全体で感じる気温の高さ，③「熱い」は，物にさわってみて感じる温度の高さを表す言葉です。(2) ①「努める」は「一生けん命にはげむ」,②「勤める」は「会社などで働く」,③「務める」は「役目を受けもつ」の意味です。
7 (1) ①「関心」は「特に心を引かれること」,②「感心」は「深く心を動かされること」という意味です。(2) ①「対照的」は「正反対であること」,②「対象」は「目的とする相手・目当て」という意味です。

2 漢字の成り立ち・部首　p.124-125

1 (1) 魚・車・鳥　　(2) 上・本・三
(3) 岩・好・林　　(4) 課・草・銅
2 (1) 男　(2) 明　(3) 位　(4) 鳴
3 (1) 下　(2) 森
4 (1) 木・反　(2) 氵・可　(3) 心・中
(4) 广・付
5 (1) 働　(2) 動　(3) 答　(4) 然
(5) 道　(6) 度　(7) 間
6 (1) ウ　(2) ア　(3) エ　(4) カ
(5) オ　(6) イ
7 (1) ①説　②読　　(2) ①放　②教
(3) ①建　②延

解説 **3** (1)「下」は指事《しじ》文字，(2)「森」は会意《かいい》文字です。
4 (1)「反」は「ハン」，(2)「可」は「カ」，(3)「中」は「チュウ」,(4)「付」は「フ」という音を表します。
7 (1)は「訁（ごんべん）」,(2)は「攵（ぼくにょう）」,(3)は「廴（えんにょう）」の漢字です。

3 熟語の構成／三字熟語・四字熟語　p.122-123

1 (1) ウ　(2) イ　(3) ア　(4) オ　(5) エ
2 (1) エ　(2) ウ　(3) イ　(4) ア
3 (1) 非・ひばん　　(2) 未・みらい
(3) 不・ふあん
4 (1) イ・エ　(2) ア・カ　(3) ウ・オ
5 (1) 無　(2) 未　(3) 無　(4) 不
(5) 非　(6) 不
6 (1) 自在　(2) 順延　(3) 始終　(4) 晩成
7 (1) 日進月歩　　(2) 単刀直入
(3) 絶体絶命

解説 **1** 二字熟語は，訓読みの言葉に直したり，文の形に言いかえたりして確かめます。(1)「深海（深い海）」，(2)「勝敗（勝つ・敗れる）」，(3)「森林（森と林）」，(4)「不足（足りない）」，(5)「乗車（車に乗る）」などとなります。
7 全体でまとまった意味をもつ四字熟語です。(1)「日進月歩」は「学問や技術などが，たえず進歩すること」，(2)「単刀直入」は「前置きせずに，すぐに大事な話に入ること」，(3)「絶体絶命」は「どうにもならない，せっぱつまった状態」という意味です。

4 和語・漢語・外来語／複合語　p.120-121

1 (1) 草花・手紙　　(2) 自動車・教室
(3) クレヨン・カステラ
2 (順に) ◎・○・○・△・○
3 (1) ①しきし・○　②いろがみ・◎
(2) ①みつき・◎　②さんがつ・○
(3) ①けんぶつ・○　②みもの・◎
(4) ①いちもく・○　②ひとめ・◎
4 (1) 記入　(2) 横断　(3) 許可
5 (1) イ　(2) ウ　(3) ア
6 (1) 取り出す・とりだす
(2) 船底・ふなぞこ
(3) 聞き苦しい・ききぐるしい
7 (1) 輸入＋品　　(2) 飛ぶ＋上がる
(3) 見る＋過ごす　　(4) 食べる＋つらい

解説 **3** 訓読みであれば和語，音読みであれば漢語です。
6 (1)「取り」(3)「聞き」のように，動詞が上にくるとき，多くは形が変わります。(2)は「ふね→ふな」「そこ→ぞこ」と読み方が変わります。

5 慣用句・ことわざ　p.118-119

1 (1) 顔　(2) 腹　(3) 足
2 (1) 口　(2) 胸　(3) 耳　(4) 舌
3 (1) ウ　(2) ア　(3) イ
4 (1) にごす　(2) 配る（つかう）
5 (1) ア　(2) ウ　(3) エ　(4) イ
6 (1) 三　(2) 百・一
7 (1) ウ　(2) ア　(3) エ　(4) イ

解説 **2** 慣用句には，体の部分の名前や体に関係する言葉を使ったものが多くあります。三つのうち，まず，□に入る漢字が限定しやすいものを探し，残りの二つはどうか，と考えましょう。
7 (1)とウは「どんな名人でも失敗することがあるということ」，(2)とアは「価値のあるものでも知らない人には役立たないということ」，(3)とエは「物事は，あせって急ぐとかえって失敗しやすいということ」，(4)とイは「用心のうえにも用心を重ねること」という意味です。このように，似た意味のことわざはまとめて覚えておきましょう。

6 敬語　p.116-117

1 イ・エ・オ（順不同）
2 (1) ご　(2) お　(3) お　(4) ご
3 (1) イ　(2) ウ　(3) ア
4 (1) ×　(2) ○　(3) ○　(4) ×
5 (1) いたします　(2) 差しあげます
(3) うかがいます
6 (1) ウ　(2) エ　(3) イ
7 (1) 来られる　(2) お話しになる
(3) ご報告する

解説 **2** 原則として，和語には「お」，漢語には「ご」をつけます。
4 (1) 身内の動作を表すので，尊敬語は使いません。謙譲《けんじょう》語の「まいります」が適切です。(4)自分の動作なので，謙譲語の「いただいた」が適切です。
5 (1)は「する」，(2)は「あたえる・やる」，(3)は「行く」の謙譲語が入ります。
6 (1)〜(3)は「〜れる・〜られる」を使った尊敬語，イ〜エは特別な言葉を使った尊敬語です。同じ意味を表す尊敬語は，まとめて覚えておきましょう。

7 物語文の読み取り ①　p.114-115

1 (1) イ
(2) 1 ウ　2 ア
(3) たいへんだった
(4)（例）将来の夢を書く作文。

解説 **1** (1)「こそばゆい」は「くすぐったい」という意味です。「レディーなんて言われたのは初めて」であることから，気持ちを想像しましょう。
(2) 1は表情が何かをきっかけに変わる様子，2は苺《いちご》を口に入れる様子を表す言葉です。
(3)「シビア」は「厳しい」という意味。似た意味の表現を探します。前のおハルさんの言葉「アメリカに行ったのも，……」に注目しましょう。
(4) 文章の前半に「難しい宿題……将来の夢を書きなさいって。」とあります。また，──線部③の前の部分にも「将来の夢」とあります。

8 物語文の読み取り ②　p.112-113

1 (1) A ウ　B イ　C エ　D ア
(2) 1 ウ　2 ア　3 イ　4 エ
(3) ア
(4)（例）サツマイモを食べてしまうこと。
(5) 普通のサツマイモに比べると，少し皮の色がちがっている

解説 **1** (2) □の前後に着目して選びます。1，2はあらすじをふまえたうえで考えましょう。直前の「吾一《ごいち》は腹がへってたまらなかった」から判断しましょう。3はサツマイモと思いこんで食べたことから，4は二つ目もおいしくなかったことと，四つ，五つとかじってみたことから考えましょう。
(3) 直後の「ひょいと，よわ気になりかけたが」に着目しましょう。吾一は，貯金をするためにおやつを食べないでいたので，腹がへってしかたがなかったのです。それなのに，友だちは先生から言われた貯金をやめてしまっていました。それで，吾一も「貯金をするために腹がへるのをがまんするくらいならやめてしまおうか」と考えたのです。
(4) 吾一は「腹がへってたまらなかった」「どうがんばってみても，腹のへることは同じだった」とあるように，とにかく腹がへってしかたがなかったのです。ここから考えて，吾一の思いをとらえましょう。

9 詩・短歌・俳句の読み取り p.110-111

1 (1) 四
(2) ウ
(3) イ
(4) ウ
2 (1) ウ　(2) エ　(3) ア　(4) イ

解説 **1** (1)「連」とは，詩を内容によって分けたもので，ふつう一行空きで表されます。
(2) 第一連とは，初めの二行のことです。「何の匂《にお》いでしょう」は問いかけ。また，ふつうの語順ならば「これは／何の匂いでしょう」となるところですが，入れかえて，「何の匂いでしょう」という問いかけを印象深く表しています。
(3) 直前の一行から，季節は春であることをおさえましょう。春は新学期の季節です。「真新しい着地《きじ》」は新しい制服，「真新しい革」は新しいランドセルやかばん，革ぐつなどを表すと考えられるので，そこから判断しましょう。
(4) 第四連に注目するとよいでしょう。第四連では「心の支度《したく》（準備）」ができたかを問いかけています。
2 (1)・(2)は，子どもたちの様子です。場面の情景をおさえましょう。(3)は春，(4)は冬の情景です。

10 説明文の読み取り ① p.108-109

1 (1) サバンナでライオンが食べ残した肉を運ぶ（19字）
(2) ウ
(3) バランス感覚
(4) ①○　②○　③×　④×

解説 **1** (3) ニホンザルやチンパンジーなどの例を挙げて述べている段落に着目して，共通する言葉を探します。第四段落の「……サルたちのバランス感覚は発達している。このために，……」の部分に注目しましょう。
(4) ①は初めの段落に「これには，説得力がある。」とあります。②は後半の「地上に下りた類人猿《るいじんえん》の中に……それまで骨を食べる動物はほかにいなかった」からわかります。③は後半の「けれども」以降に着目しましょう。「ライオンたちが食べ残した骨を……できない」とあるので，不適切です。④「サル類は，いつも……二本足で歩く生活をしてい」たわけではないので，不適切です。

11 説明文の読み取り ② p.106-107

1 (1)（例）発芽後にも使える水があること。
(2) [4]
(3) [7]
(4) ①微生物　②水分　③肥沃な土壌

解説 **1** (1) 直後の一文の「もっとも気をつけねばならないのは」に注目しましょう。発芽で大切な条件が書かれています。[3]段落に二度出てくる「発芽したあとも水がある」という部分を使ってまとめても正解です。
(2) [3]段落の終わりに「『発芽したあとも水がある』ことを，種子たちが知るためのしくみ」とあります。この「しくみ」の内容を説明した[4]段落が「答え」にあたります。
(3)「堅《かた》くて厚い種皮」を持つ種子の発芽するしくみと，種子の発芽の時期が異なることの利点の説明に分けられます。
(4) 直前の一文の「だから」に注目し，その前の二文で説明されている内容をとらえましょう。

12 作文 p.104-105

1 (1) イ・ウ（順不同）　(2) ウ
(3)（例）大岩・福祉の分野で役立つ工業製品は，科学技術の発達によって，さらに向上していくと思うから。
（例）山本・これからますます高齢化社会が進むので，相手の立場を思いやるやさしい気持ちや福祉がより重視されると思うから。

解説 **1** (1) どちらの意見文も，「〜と考えます」と最初に自分の考えを述べています。また，大岩《おおいわ》さんは電動車いすや電動ベッドなどの介護《かいご》用品や祖母のことなど，山本《やまもと》さんは「バリアフリー」のスロープや「ノンステップバス」，祖父のことなどの例を出して説明しています。具体例や自分の体験などを入れることで，意見の説得力が増します。
(3) 選んだ意見文の内容をふまえた理由が書けていれば，正解とします。理由を答えるので，文末は「〜から。」「〜ので。」などとします。

実力チェック 英語

[1] (1) イ　(2) ア　(3) ア　(4) イ

[2] (1) ① バスケットボール
② (例) 速く走る(こと。)
(2) ① (例) (亜美の)夏休みの思い出(について。)
② (例) 魚つり

[3] (1) イ　(2) ア　(3) イ　(4) ア

[4] (1) go　(2) play　(3) can
(4) Turn　(5) saw　(6) want

解説 [1] 〈読まれた英文と意味〉 (1) What sport do you like? — I like baseball.
(あなたはどんなスポーツが好きですか。—ぼくは野球が好きです。)
(2) Where is my book? — It's in the bag.
(ぼくの本はどこにありますか。—かばんの中にあります。)
(3) What time is it? — It's two fifteen.
(何時ですか。—2時15分です。)
(4) How much is this? — It's four hundred fifty yen. (これはいくらですか。—450円です。)

[2] (2) ①英文を聞いて全部の単語を正確に聞き取れなくても，前後関係などからだいたいの話の流れをつかめるようになりましょう。中学校のリスニングでも，必要とされる力です。
〈読まれた英文と意味〉 (1) Hi, I'm Chris. I'm from Canada. I like basketball. I can run fast. I want to be a teacher in the future.
(こんにちは，ぼくはクリスです。ぼくはカナダ出身です。ぼくはバスケットボールが好きです。ぼくは速く走れます。ぼくは将来教師になりたいです。)
(2) A：Hi, Ami. How was your summer vacation?
B：Hi, Tom. I went to the lake. I enjoyed fishing. I ate grilled fish. It was delicious.
A：That's great!
(A：やあ，亜美。夏休みはどうでしたか。
B：こんにちは，トム。私は湖に行きました。魚つりを楽しみました。焼き魚を食べました。とてもおいしかったです。
A：それはすてきですね！)

[3] (1) 質問は「天気はどうですか。」という意味。イ(晴れています。)を選びます。アは「月曜日です。」という意味。
(2) 質問は「あなたの誕生日はいつですか。」という意味。ア (3月18日です。) を選びます。イは「私はサッカーボールがほしいです。」という意味。
(3) 質問は「あなたはふつう何時に起きますか。」という意味。イ (私はふつう7時に起きます。) を選びます。「～時に」は，at ～と言います。アは「私は犬を2ひき飼っています。」という意味。
(4) 質問は「何になさいますか。」という意味で，店員が注文を取るときによく使います。ア (スパゲッティをください。) を選びます。イは「810円です。」という意味。

[4] (1)「学校に行く，通う」は go to school。elementary school は「小学校」という意味。
(2)「(楽器を)演奏する」は play the ～と言います。play は「(スポーツを)する」というときにも使います。
(3)「見られる」は「見ることができる」と考えて,「～できる」という意味の can を選びます。
(4)「曲がる」は turn。文の最初なので，大文字で書き始めます。
(5)「見た」は saw。
(6)「～したい」は want to ～。junior high school は「中学校」という意味。

実力チェック 算数

1 (1) 15.6　(2) 0.0703　(3) 3.4
(4) 0.48

2 (1) $\frac{6}{5}\left(1\frac{1}{5}\right)$　(2) $\frac{1}{6}$　(3) $\frac{3}{4}$
(4) $1\frac{1}{2}\left(\frac{3}{2}\right)$

3 (1) 24 cm^2　(2) 12 cm^2　(3) 48 cm^2

4 1570 cm^3

5 (1) 時速 48 km　(2) 192 km
(3) 2 時間 30 分

6 (1) 20　(2) 10.5　(3) 500

7 (1) 8：11　(2) 13：7　(3) 3：4

8 (1) ×　(2) △　(3) ○

9 みかん…90 円，りんご…120 円

解説 **2** (4) $2\frac{1}{14}-\frac{2}{5}\div0.7=2\frac{1}{14}-\frac{2}{5}\div\frac{7}{10}$
$=2\frac{1}{14}-\frac{2}{5}\times\frac{10}{7}=2\frac{1}{14}-\frac{4}{7}=2\frac{1}{14}-\frac{8}{14}$
$=1\frac{15}{14}-\frac{8}{14}=1\frac{7}{14}=1\frac{1}{2}$

3 (1) 4×6＝24(cm^2)
(2) 5×4.8÷2＝12(cm^2)
(3) (3＋9)×8÷2＝48(cm^2)

4 (5×5×3.14)×20＝1570(cm^3)

5 (1) 144÷3＝48(km) ➜ 時速 48 km
(2) 48×4＝192(km)
(3) 120÷48＝2.5(時間) ➜ 2 時間 30 分

6 (1) 600÷3000＝0.2 ➜ 20%
(2) 70×0.15＝10.5(dL)
(3) □×0.08＝40，□＝40÷0.08＝500(m)

7 (1) 32：44＝(32÷4)：(44÷4)＝8：11
(2) 6.5：3.5＝65：35＝13：7
(3) $\frac{2}{3}:\frac{8}{9}=\frac{6}{9}:\frac{8}{9}=6:8=3:4$

8 対応する x と y の値《あたい》の間に，
「$y\div x$＝決まった数」の関係があれば比例，
「$x\times y$＝決まった数」の関係があれば反比例です。
(1) $y\div x$ も $x\times y$ も決まった数にはならないので×。
(2) $x\times y=24$ が成り立つから，反比例で△。
(3) $y\div x=6$ が成り立つから，比例で○。

9 2 通りの買い方で，りんごの個数は同じだから，
代金の差 1080－990＝90(円) は，
みかん 8－7＝1(個) 分の代金になります。
これより，みかん 1 個の値段は 90 円で，りんご 1 個の値段は，(990－90×7)÷3＝120(円)

実力チェック 社会

1 (1) A イ　B エ　C ウ　D ア
(2) (例) 夏でも比かく的すずしい気候。

2 ① ウ　② エ　③ ア　④ イ

3 (1) 十七条《じゅうしちじょう》の憲法《けんぽう》
(2) イ・エ〈順不同〉
(3) 仏教　(4) 藤原道長《ふじわらのみちなが》
(5) イ・エ・カ〈順不同〉

4 (1) 徳川家康《とくがわいえやす》　(2) 関ヶ原《せきがはら》の戦い
(3) 参勤交代《さんきんこうたい》（の制度）　(4) 武家諸法度《ぶけしょはっと》
(5) 徳川家光《とくがわいえみつ》
(6) (例) 大名《だいみょう》は，移動のたびに人手と費用がかかった。

5 (1) ① イ　② エ
(2) 三権分立《さんけんぶんりつ》（権力分立）
(3) ① ㊐　② ㋑

解説 **1** (1) アは北海道の根釧《こんせん》台地，イは秋田平野，山形県の庄内《しょうない》平野，新潟県の越後《えちご》平野，ウは群馬県の嬬恋村《つまごいむら》，長野県の野辺山原《のべやまはら》，エは高知平野，宮崎平野を示しています。

2 ① 四日市《よっかいち》ぜんそくは，三重県の四日市市で発生しました。②③ 水俣病《みなまたびょう》にかかった人は，手足がしびれたり，目や耳が不自由になったりする症状《しょうじょう》が出ました。④ イタイイタイ病は，富山県の神通川《じんづうがわ》下流で発生しました。上流の鉱山《こうざん》から出されたカドミウムが原因でした。

3 (1)(2) 聖徳太子《しょうとくたいし》は十七条の憲法を定めた人物で，法隆寺《ほうりゅうじ》などを建て，仏教の教えを広めようと考えました。
(4)(5) ㋑の歌をよんだ藤原道長が活やくした時代は平安《へいあん》時代で，日本風の文化（国風《こくふう》文化）が栄えました。紫式部《むらさきしきぶ》の『源氏物語《げんじものがたり》』や清少納言《せいしょうなごん》の『枕草子《まくらのそうし》』はこのころの作品です。

4 (1)(5) 徳川家康は江戸幕府《えどばくふ》の初代将軍，徳川家光は第 3 代将軍です。
(6) 江戸でのくらしや大名行列にかかる費用が藩《はん》の支出の多くをしめていました。

5 (3) ①は裁判所《さいばんしょ》の国会に対する役割，②は国会の内閣《ないかく》に対する役割にあたります。

実力チェック 理科

［1］ (1) 株《かぶ》A　(2) 水てき（水のつぶ）
　(3) 葉　(4) 気《き》こう　(5) 蒸散《じょうさん》

［2］ (1) 57 g　(2) 変わらない。
　(3) ミョウバン　(4) イ　(5) ア

［3］ (1) エ　(2) 地層《ちそう》　(3) れき岩《がん》

［4］ (1) ア　(2) イ　(3) 4個

解説 ［1］(1)(2) ふくろの内側が白くくもったのは，水てきがついたからです。根からとり入れられた水は，くきを通って葉まで運ばれ，空気中に出ていきます。

(3) 株AとBを比べると，葉があるかないかのみがちがっています。

(4) 気こうは葉の裏側に多くあります。

［2］(1)(2) 水《すい》よう液《えき》の重さは，水の重さととかしたものの重さを足したものです。とけ残りがあってもなくても，全体の重さは同じになります。

(4) 食塩は水の温度を 60°Cまで上げても，とける量が 18.5 g ですべてとかすことができません。水の量を 100 mL（g）にふやすと，18.0 g×2＝36.0 g までとけるのですべてとかすことができます。

(5) ミョウバンは水の温度を 60°Cに上げることで 28.7 g までとかすことができます。水の量を 100 mL（g）にふやしても，8.3 g×2＝16.6 g までしかとかすことができません。

［3］(1)(2) 最初に土を流しこんだとき，つぶの大きい砂《すな》が先にしずみ，次にどろが積もります。その後，もう一度土を流しこむと，最初にできた層の上に同じように層が重なって，エのようになります。こうしてしま模様《もよう》に砂やどろなどが積み重なったものが地層です。

［4］(3) イの左うでのてこをかたむけるはたらきは，30×2＝60 です。左右をつり合わせるには，右のうでの 1 の目もりに，60÷1＝60　60÷10＝6 より，6個のおもりをつるせばよいので，6－2＝4 より，おもりの数を4個ふやします。

実力チェック 国語

［1］ (1) お父の死んだ瀬
　(2) ア
　(3) 壮大な音楽をきいているような気分
　(4) （例）自分がおいもとめている，父をやぶったクエではなかったから。
　(5) ① 青い宝石　② 黒い真珠
　　③ 刃物
　(6) 瀬の主（幻の魚）

［2］ (1) ① 公正　② 構成　③ 後世
　(2) ① 納　② 治

解説 ［1］(1) 直前の母の会話文に注目しましょう。「おまえ（太一《たいち》）が……いついいだすかと思うと」とあります。母は太一の心の中を推《お》し量っています。

(2)「屈強《くっきょう》な若者」であること，父をなくした「母の悲しみさえも，せおおうとしていた」ことの両面をおさえましょう。

(3)「耳にはなにもきこえなかったが，」のあとの，たとえの表現をとらえましょう。

(4) 直後の一文「おいもとめているうちに，不意に夢は実現するものだ。」に注目しましょう。太一はクエなら何でもよいというわけではなく，父が命を落とす原因となった巨大《きょだい》なクエを「おいもとめていた」のです。「父を負かしたクエではなかったから。」などの内容でも正解です。

(5) 太一が巨大なクエを発見し，観察する場面から，細かい表現に注意して読み取りましょう。

(6) 太一が巨大なクエについて考えている文をおさえます。文章の終わりのほうに「これ（巨大なクエ）が……かもしれない。」とあります。この一文からあてはまる言葉を探します。

［2］(1) 同音異義語を書き分けます。①「公正」は「平等で正しいこと」，②「構成」は「全体の組み立て」，③「後世」は「のちの時代」の意味です。

(2) 同訓異字を書き分けます。①「納める」は「相手のもとにわたす」，②この場合の「治める」は「政治を行って，世の中を安定させる」の意味です。この他に「修める（学問や技を身につける）」「収める（中にしまう，手に入れる）」もあります。

③